融化的雪国

叶渭渠先生
纪念文集

许金龙·编

山西出版传媒集团

北岳文艺出版社

叶渭渠（1929—2010）

叶渭渠（1929—2010），中国社会科学院日本研究所研究员。1956 年毕业于国立北京大学东方语言文学系。曾任日本早稻田大学、学习院大学、京都立命馆大学客座研究员及横滨市立大学客座教授。著有《叶渭渠著作集》（三卷：《日本文化通史》《日本小说史》《日本文学思潮史》）、《日本文化史》（图文本）、《冷艳文士川端康成传》，与唐月梅合著《日本文学史》（全四卷六册）、《日本人的美意识》等以及随笔集《樱园拾叶》《扶桑掇琐》《雪国的诱惑》《周游织梦》等四卷。译有川端康成的《雪国》等系列小说、散文约二百万字，与唐月梅合译有加藤周一的《日本文学史序说》、山崎丰子的《浮华世家》、紫式部的《源氏物语》等。主编名作家集二十套，共约一百五十卷。

叶渭渠先生伉俪留存的业绩
将为诸多研究者所承继（代序）

依田憙家　著　许金龙　译

可以说，叶渭渠先生是中国的日本研究，尤其是包括日本古典文学在内的日本文学研究之第一人者吧。

自明治以来，日本和中国的各种交流可谓繁盛，很多留学生从中国来到日本，他们在中国现代化进程的各个领域以及两国的文化交流方面做出了巨大贡献，这是事实。与此同时，在第二次世界大战之前，他们中的大多数人以"通过日本学习欧美"为主要目的；在日本古典文学的研究和翻译领域，倒是欧美的研究者更早着手；因而可以说，在中国真正展开日本研究，是在新中国成立之后。

叶渭渠先生和唐月梅夫人，是新中国成立之后的、包括日本古典文学在内的日本文学研究的第一人者，这么说大致是不错的。每当我阅读叶先生伉俪的学术著作和论文之际，都会为他们深厚的艺术考察和实证性研究而深铭五内，认为"在中国的日本文学研究也正式开始了"。

　　每次访问北京，我都想要尽可能见到叶先生伉俪，而贤伉俪也总是热情地将我迎到自己家中。叶先生伉俪同样经常访问日本，他们也总是腾出时间光临寒舍，且数度一同旅行，这也已成为让我为之眷念的回忆。叶先生逝世前不久，我曾造访先生府上，我们相约于我再度访问北京之际从容相聚，不料先生很快便逝去了，真是令人唏嘘不已。

　　不过，叶先生伉俪留存下来的业绩，今后将会为诸多研究者所承继下去吧。

依田憙家，早稻田大学名誉教授

目　录

第一辑：永远的怀念

第二辑：融化的"雪国"

第三辑：永远的哲学之路

第四辑：寡欲勤奋

附录：著述与编年

一封永远激励着我的信

叶渭渠

中学时代，我喜爱文学，参加课外的文艺活动，比如办墙报，作文写诗，参与话剧演出活动，而且多次担纲了主角。课余阅读剧作成为我的爱好之一，其中曹禺先生的《雷雨》《日出》，是我之最爱。正是这些作品中那些最伟大的人文情怀同最深刻的对人性探索相结合所产生的艺术精神，几十年来一直在震撼着我的心灵，梦想有一天能与这位大师邂逅。

等待了几十年，机缘终于在1982年10月的一天到来了。这一年，曹禺先生要率我国戏剧家代表团访日，他邀我和月梅到他府上介绍日本文艺界的情况。席间，我们谈日本文学，谈日本戏剧，也向先生试推荐了几篇当时流行的日本中短篇小说，其中有拙译川端康成的《雪国》。同时，我们也聆听了先生许多宝贵的教诲。先生谈道，一个艺术家也好，学者也好，不要浪费自己有限的生命，要为社会挥尽自己的才智，死而

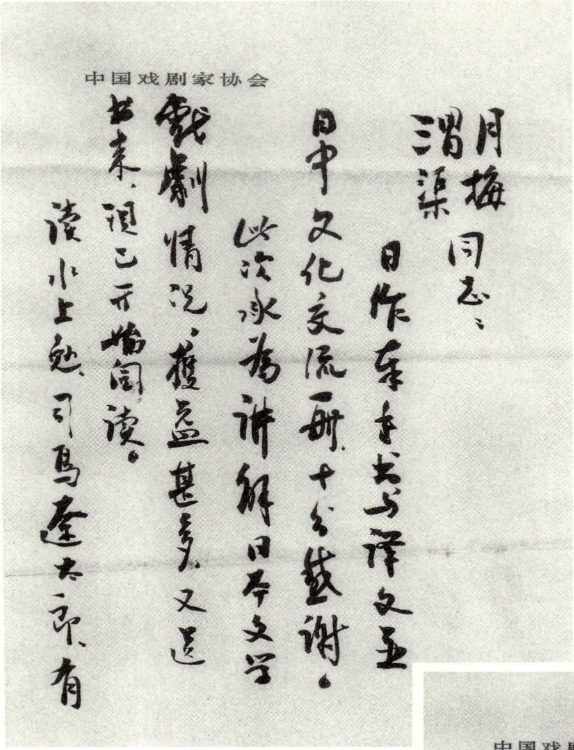

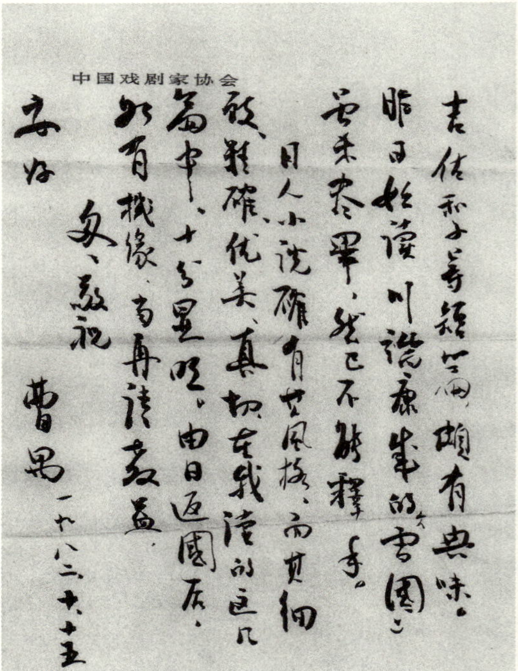

后已……这句话感人至深。

近距离地与这位大师畅谈了近三个小时，进行心灵对心灵的交流，深深感受到了先生的人格魅力和艺术力量。当我们告辞时，先生家人已在餐厅备好了晚餐招待，盛情难却，我们一边用餐，一边继续谈似乎谈不完的话题。回家的路上，特别是那句"战士应该死在战场上，演员应该死在舞台上，作家应该死在书桌上……"的格言，不断浮现在我的脑海里，深深地潜藏在我的心间，一直激励着我不敢怠惰地走在求学求知的道路上。

令后辈意想不到的是，没隔几天先生来函，在我们读来，与其说是感谢我们为他"讲解"日本文学戏剧情况，毋宁说是激励我们奋进。先生在信中特别谈到"昨日始读川端康成的《雪国》，虽未尽毕，然已不能释手"，让我振奋不已。因为这部译作经过一段波折于此前一年出版后，就被人著文指责为《雪国》是"描写五等妓女出卖肉体"，译介者是"嗜痂成癖"，"被（译介者）蒙蔽眼睛的不在少数"，并且武断地说"川端小说只有少数两三种可以介绍过来"。

曹禺先生这封信函里的话，这二十多年来一直激励着我排除杂音，不懈地翻译和研究川端康成，尽力做了自己应做的工作。可以说，这封信函的推动力，一直渗透在迄今我译出的二百万字的川端康成作品中。

以书会友　以信函交感

叶渭渠

　　几十年来，与文人学士交往，少不了以书会友，以信函交感，结下了不解的翰墨之缘。其中与刘白羽先生邂逅，是在我任职国家对外文化联络委员会之时，"对外文委"经常与中国作协合作招待日本作家访华代表团。白羽先生是著名的大作家，又曾先后担任文化部副部长、总政治部文化部部长，兼任中国作协副主席，经常参加中日作家的联谊活动。我是小青年，为代表团活动做些打杂的工作，而先生是"高山仰止，景行行止"的大人物，对他只是景仰，无缘近距离交流。

　　我们的结缘在于刘白羽先生对日本作家川端康成和画家东山魁夷情有独钟。他曾多次建议出版社出版他们的散文，于是中国青年出版社请唐月梅译出东山魁夷的《美的情愫》准备出版，时任责编特请刘白羽先生作序。责编将东山书稿送去先生府上，我特别拜托责编也将拙译《川端康成散文选》一起送上，想不到白羽先生高兴地说出"我像把美的

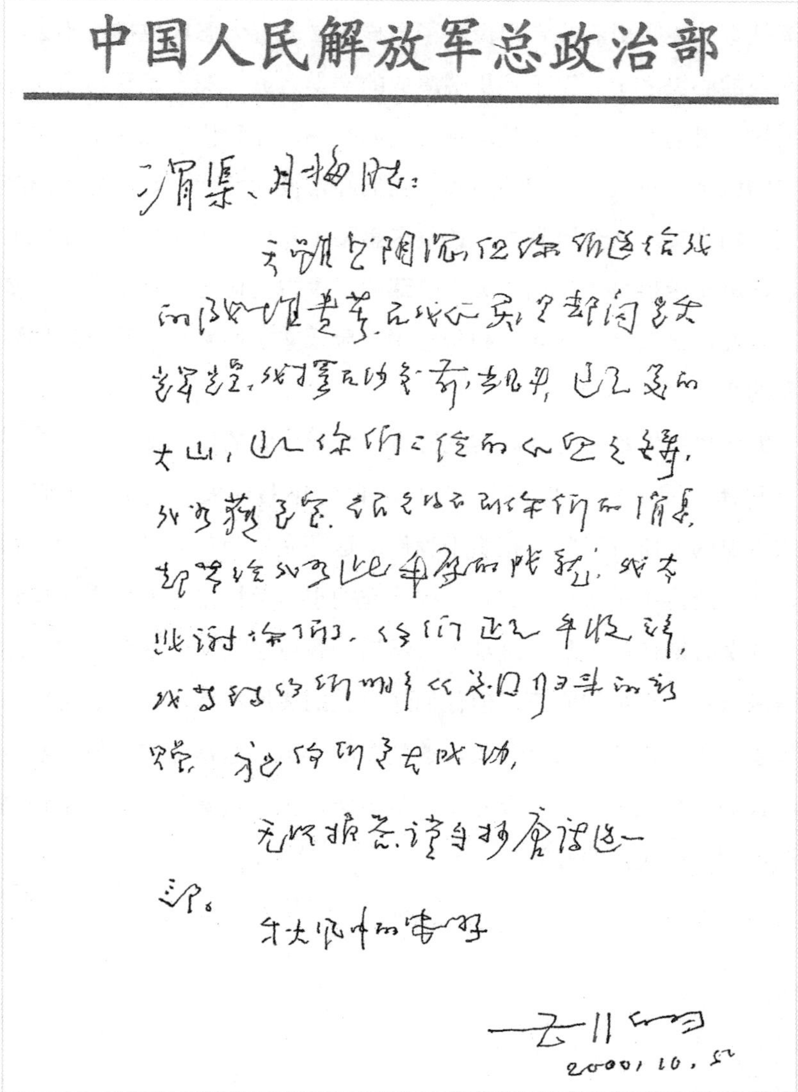

中国人民解放军总政治部

润渠、丹梅同志：

　　（手写信件内容）

2000, 10. 52

世界一下都拥抱在自己的怀中了"这句动人的美言来。他还在序文《东山魁夷的宇宙》中深情地说："我的确喜爱川端的作品，每读辄有一种清淡纯真的美吸引着我，那像影子一样内含的魅力怎样也拂它不去，融化在我的心灵之中。"正是川端康成的文学之美，契合了我与白羽先生心灵对心灵的对话。也正是这种心灵的交感，让我们彼此有了书与信函往来的机会，拉近了我们的距离。我们经常彼此互赠书籍，先生出版了《刘白羽文集》（全十卷），还签名惠赠于我们。我谨呈川端康成的译作，他就来函盛赞"川端心灵中蕴藏的日本古文化之美有多么深，多么厚"，并鼓励我继续为译介和研究川端康成文学而努力，暖融融地温暖着我的心。

更让我终生难忘的是，当我们将一些新出版的日本文学、日本文化专著和译作谨呈先生雅正时，先生派他的秘书送来了先生新出版的精装成六册的《唐诗风貌》相赠于我们。这是先生晚年历经多年的辛勤耕耘，从全唐诗中精选出1322首，用清秀的小楷手抄出来的，集中反映了唐代各个时期诗的风貌。这部宝书激活了我更多的文学细胞。书中还附来信函云："天虽然阴沉，但你们送给我的成堆贵著，在我心灵里却闪耀辉煌，我摆在沙发前书几头，这是美的大山，这是你们二位的心血之铸，我如获至宝……"如今先生已故多年，先生这封信函的字字句句都深深地刻印在我们的心间！

第一辑

永远的怀念

叶渭渠先生纪念文集

他就要像美丽的日落一样离开这个美好的世界，又像同样美丽的月出一样即将去另一个同样美好的世界。

他说一切都好，让我们放心。

倚梅斋留影

叶渭渠先生八十岁生日全家照

与孙儿们在一起

怀念父亲叶渭渠

叶健

像母亲经常和我说起的那样，我也总是不相信父亲真的已去世，总认为他是去一次长久的远行，期盼着有一天他能回来。

2010年11月30日，父亲和母亲一起在富利广场为我摆下生日宴，饭后在家切蛋糕并合影留念。没想到，这竟是我和父亲最后的合影。十一天后，父亲便匆匆地离开了我们。这次回国是"Intel（英特尔）"为了奖励我工作了十四年而给的两个月假期。我非常庆幸能陪着父亲走完他人生最后的旅程。这一次，我为父母天天做饭。父亲一生为儿女、为家里付出，冥冥之中上天能让我在父亲最后的日子孝敬他绵薄，也算稍得欣慰。

从我记事起，父亲就是又当爹又当娘，陪伴我成长。那时候妈妈做日文口译，工作非常忙，经常出差，一年没有几个月能待在家里，我和妹妹的生活都是由父亲照料。困难时期，为了给我增加营养，父亲在当

难忘的五十三岁生日合影

时水獭胡同的家里养了一只老母鸡。每天中午，不管风吹雨打，他都要从单位骑车回家捡鸡蛋，然后喂我吃。在河南五七干校时，我和妹妹到镇上上学要走五里路，中午不能回家，父亲便每天送饭到镇上给我们。父亲的爱像一座山，在我成长过程中给了最坚实的依靠。正是这个坚强后盾才使我勇敢地跨出自费留学这一步，才有了今天的生活。

父亲，您知不知道儿子的心里有多痛，有多后悔，有多自责，有多无助！我总是设想，在您发病的时候，如果我知道怎样处理，怎么医治，也许您就不会这么早离开我们。在救护车里，我紧紧握着您的手，却无力挽留您的生命，那种无奈是我一生的痛，挥之不去！

父亲，您就这么走了！带着我们的悲伤，带着我们的思念，也带着您用一生"寡欲勤奋"换来的翻译、研究成果。回首往事，我深深地感到，您的爱早已融入我生活的每一个角落。没有父亲的日子，让我突然品尝到寂寞与孤独！失去方知珍惜。阴阳两隔，残酷而无奈，我十分后悔没能在您身边多尽几年孝道。

　　父亲，您以自己的言行为我们树立了榜样。您对待工作勤勤恳恳，对待学术精益求精，对待父母孝字为先，对待子女百般呵护，对待朋友真诚以待。现在细细回想，父亲的每一个眼神、每一句教导、每一个细小的生活片段，无不饱含父亲的爱。

　　眨眼间，您辞世已经两年，脑海中依然经常浮现您的音容笑貌，虽然阴阳相隔，但生活中的点点滴滴，仿佛就在昨天。多想再和您唠唠家常，谈谈工作；多想再听您语重心长的嘱咐；多想再听见您那朗朗的笑声。

　　亲爱的爸爸，希望您在天国一切都好。请您在天国为儿孙祝福吧！让您的荫泽保佑孙儿们快乐成长。

　　　　　　　　　　　　　　　　　　　2013 年 1 月 25 日

我亲爱的爸爸

叶云

现在写纪念文章于我实在是件很艰难的事，它会提醒我这个世界上最疼我的人不在了，而这是我至今不想面对和接受的。于是，笔多次拿起多次放下。

这次回京到旧屋收拾东西发现了二十五年前爸爸从日本写给我的信，一句"我亲爱的女儿"又让我禁不住泪流满面。两年了，我仍清晰地记得接到哥哥从北京打来电话的情形，当时我完全不敢相信自己的耳朵——几天前和爸爸通电话时不是还好好的吗？电话中，他嘱咐我下次回京要把旧版《红楼梦》带回去，因北京家中的新版书太沉不容易躺在床上看。他还嘱咐我一定不要忘记在过圣诞、春节和生日时替他和妈妈给孩子们红包。圣诞是入乡随俗，而春节则为了让下一代不要忘了中国的文化。放下哥哥的电话，去找护照才意识到我最不愿意发生的事就这么突然来了，我这一生所经历的最深、最无私的爱就在那一刻终止了。

平生第一次，我知道了天要塌下来的感觉。我大哭，想把爸爸哭回来；我哭自己没能在他身边陪伴，他这样匆匆地离去，没能给我留下一句话和一个字。

这两年，我脑海里不断浮现出爸爸爽朗开怀大笑的样子等等有关爸爸的画面。在河南息县五七干校时，爸爸每天中午骑车穿过田埂到明港镇给我和哥哥送午饭，饭后带我们去明河游泳，我经常会骑在爸爸的背上让他背着我游来游去。现在想来，被下放到农村的爸爸精神上应该是非常痛苦的，而爸爸的慈爱却让我度过了无忧无虑的童年。从干校回京后，爸爸被分到人民文学出版社，他从那里借出了很多中外名著。这些书带给我丰富的精神食粮，对我的教养和品格的形成都有着很大影响。上中学时，我爱上了摄影，爸爸就把卧室变成暗房和我一起洗照片。上大学报到时，爸爸和妈妈骑车载着行李把我从城东送到城西。大学期间，每个暑假我都要和朋友们一起旅游，他都全力支持我去增长见识，虽然当时家里并不宽裕。出国留学时，爸爸为了能亲自送我，便缩短了

难忘的基韦斯特之旅

在日本的研究访问。临行前，我们还去了前门那家刚开张的中国第一家肯德基。2010年夏天我们离开北京时，大病初愈的爸爸亲自送我们到楼下。坐在车里，我们渐行渐远，看着他冲着我们招手，我心中有许多不舍，但无论如何没想到这竟是我们的永别。

爸爸对我，身教多于言传。在印象中，我不记得他是否对我说过要怎样做人，但我亲眼见他为人正直，不阿谀奉承，孝顺母亲，关爱家人，善待同学、同事、学生、家里的阿姨和医院的护工。他曾经为维护恩师的名誉不惜得罪当时日本文学界的所谓权威。他把脑溢血中风不能行走的奶奶从香港接到北京侍奉多年。身为大哥，爸爸在弟妹们需要帮助的时候总会及时地伸出援手。和爸爸妈妈一起生活几十年，我从没有见过他俩吵过一次架红过一次脸。对儿女，爸爸更是细腻关怀、默默付出。家里的阿姨在乡下的亲戚来访，爸爸同样热情接待。同事学生来家交谈之后，爸爸还总喜欢请人家吃饭。爸爸听说医院护工的孩子考学缺少复习书，病愈回家后便立即网购直接送到孩子手里。妈妈说爸爸喜欢安排，但他的安排总是以他人为先，总是想着要公平地对待身边的每一个人。

我非常怀念我们在一起度过的许许多多美好快乐的时光。爸妈到纽约参加我的毕业典礼，我们一家四口开着一辆二手车横穿美国。途中，我们要经过多个国家公园，尤为惊险的是这二手旧车竟在一百多度的高温下穿过了死亡谷。后来，我们又一起去夏威夷看海看火山看热带雨林，去坐加勒比海游轮。我们一起去墨西哥坎昆看玛雅古迹，在国家海洋公园看孩子们和海豚游泳，已七十五岁的爸爸饶有兴致地和妈妈一起登上了玛雅金字塔。在金字塔顶，我记录下了难忘的瞬间——惧高的昕昕扑到外公的怀里，外公紧紧地把她搂住。从小到大，我对父亲的依赖和父亲对我无保留的付出又传到了我女儿身上。

昕昕应是孙辈里和外公在一起生活时间最长、得到关爱最多的一个。问昕昕对外公记忆最深的是什么，她说是外公的耐心和无时无刻给予的爱，这个爱让她感到温暖。她说想让更多的人也感受到这种温暖。上高中后，她很积极地参与并组织多种慈善活动，给需要帮助的人传递爱的信息。今年夏天，昕昕第一次拿到暑期打工挣的钱就给外婆买了礼物。外婆说，如果外公看到这一切一定会非常开心。

爸爸清心寡欲苦心钻研日本文学，除此之外没有什么爱好。我最熟悉的画面就是爸妈在各自的书桌前写作。他和妈妈从来都没有节假日的概念，一年三百六十五天，几乎每一天的作息时间都是一样的。小时候，我非常羡慕其他小朋友周末时可以全家一起去公园玩。为了做好研究，爸爸与时俱进，很早就学会了用电脑和电子邮件。为了他的日本文学史，爸爸学会用扫描仪扫描了几百张图片。2009年爸爸八十大寿，日本所为他祝寿并召开了作品研讨会。他非常高兴，特别嘱咐我去现场拍照、录像，并让我刻制成光盘送给好友亲朋。那天，我听到了爸爸的同事和学生们对他的赞许和敬仰，摄下了他几十年的研究成果——上百种由爸爸撰写、主编和翻译的图书。我为有这样的父亲而感到骄傲。

我想，爸爸最不舍和放心不下的应该是与他相知相爱一辈子的那个人。爸爸请放心，我和哥哥一定会照顾好妈妈的。

"穿过县界长长的隧道，便是雪国。"这是爸爸翻译的川端康成《雪国》里的经典名句。相信爸爸一定会在长长隧道尽头的天国看着我们，等着我们。爸爸，在天上我们一定还会是相亲相爱的一家人。

2012年12月12日

永远的怀念

叶佩娟

　　大哥叶渭渠离世已近两年，可我一提到此锥心刺肺之事，仍双手颤抖，禁不住流泪。我对大哥的怀念是永远的。

　　大哥是一位对国家有特殊贡献的译作家、日本文学专家；而对叶家诸弟妹和众后辈而言，他是家长，是长辈。大哥对我们的关爱，我和家人终生难忘。"文革"时，我和夫婿陈克章在省级大学任教。当时，因为大学派系武斗激烈、社会动荡不安，我们在未知会大哥的情况下，贸然带着三名子女和同事的女儿上京投靠。那时，他家连保姆共五人，住在两间小房子里。他们竟让出一间房让我们住了好几个月。70年代中期，我因腰疾上京投医，还带了两个子女随行。同样，大哥给予我们温暖的接待和照顾，就像回到家一样。

　　2010年中秋节前后，我到北京探访兄嫂，当时双膝刚做过人工关节置换手术两个月。这一住就是十天。十天里，我目睹两位年近八旬的老人天天伏案工作。大哥的计算机资料井井有条，要找什么资料给我或向我介绍什么，一投手就可得到。他家客厅高到顶的两列书柜藏书丰富，排列有序；他的计算机桌周围及书桌两侧都叠满各种资料，可是一点不凌乱。他热情地向我介绍了中国社会科学院日本研究所为贺他八十大寿而召开的作品研讨会以及恩师季羡林老先生至为珍贵的评价等等。听着，听着，我也为自己能有这么一个大哥而自豪。这十天，我真正被大哥"寡欲勤奋"的身教感动了。有个小插曲，我探访一位九旬老友后遇雨，在住宅大厦楼下滑倒，鼻子肿了，上唇流血，大哥大嫂急忙为我找药，生怕我双膝人工关节受损，并让我到医院检查。我当时觉得还可以，便答应返港后再去看医生。返港后，活动一多，拖至12月10日晚上10时我才拨长途电话问候大哥。他很高兴地告诉我，他的状况比9月时还好，同时又问我的双膝情况如何，在京择

叶渭渠先生与弟妹们

的一跤有无影响等等。谁料，放下电话后半小时，他便因心脏病发不治。翌日清晨，我接到加拿大三弟的来电，得知噩耗，晴天霹雳般，难以置信。之后漫长的几个月里，我茫然不知所措，甚至逃避与嫂嫂通电话，怕自己控制不住情绪。

上天冥冥，大哥离世前，我们有十天的相聚、最后的通电问候。大哥的话言犹在耳，但竟成永别。鸣呼哀哉，真舍不得他，实是无奈！

还有一事值得一提，南越变色后，家母回到香港定居，但不幸于1982年春节前中风偏瘫。在港的兄弟姐妹轮流照顾了两个多月，但因条件不好，无法照顾好失语偏瘫的母亲。于是，两位弟弟护送母亲于当年清明节上京，交由大哥大嫂照顾。1989年10月，母亲因心肺衰竭无疾而终，安静离世。七年里，大哥大嫂侍母至孝，我等同胞手足实在感激不尽。我想，诸弟妹及亲人都会踏着大哥的足迹，坚定地活下去，活得更有意义。安息吧！敬爱的大哥！我和家人谨向您在天之灵鞠躬致敬！

忆兄长

叶渭延

2010年12月11日星期六晚上10点半，大哥在北京市垂杨柳医院因心脏病抢救无效逝世，终年八十二岁。那天凌晨大嫂给我打电话时，蒙特利尔还是晚上，我正在吃晚饭。和大嫂通电话时，我泣不成声。大哥对我亲如严父，本应赴京奔丧，但大嫂说，大哥遗言，希望"悄悄地来，静静地走"，一切从简，不给大家添麻烦。我挂上电话后立即通知在香港亲友——小华、嘉雯、四弟……

2008年，大哥为替我汇款给周生生买项链送给赵静，在银行排了很长时间的队，并因此受凉感冒。几天后，他便因心脏病复发而住院，后又植入心脏起搏器。2009年，我和赵静到北京的时候，还特别去探望他，他还请我们吃北京烤鸭。大哥心脏病复发，有些是因我而起，大哥虽不说，但我心里知道，大哥只字不提，更觉大哥伟大，今次大哥西去，我未能送最后一程，有点遗憾。大哥是个一生永不言休的高尚学者，正如他家挂着"寡欲勤奋，淡泊明志"条幅描述的那样，是我们的楷模。他虽驾鹤西去，但他的音容将永远活在我们心中。嘉雯在她的Blog（博客）上说，大哥曾在《扶桑掇琐》书中引述过一位画家的话，让她更深刻地领悟到人生的哲理："倘使花儿永不凋谢，我们也永存于地球上，那么两者的邂逅就不会引起什么感动了吧。花儿行将凋谢才显出其生命的光辉。在体会到花儿很美的心灵深处，爱惜着在地球上的短暂期间得以邂逅的这份喜悦。"

儿时，大哥一直是我的偶像。西安事变发生的时候，大哥当时还是年龄很小的小学生。他放学回家就躺在地上嚷着："蒋介石死了。"我的外祖父是典型的国民党员，他上前斥责大哥。不料，大哥站起来指着楼梯说："你走吧！你走吧！这是我们的家！"小小年纪，有如此勇气，敢反抗封建家庭中长者的权威。那时我才三岁。到我们懂事的时候，听妈妈说起此事，我们仍惊讶大哥的勇气，但其中更多的是佩服。记得读小学四年级的时候，我顽皮好玩，下课时和同学在走廊拿着水枪追逐游戏，结果给高年级管纪律的同学捉住。那个同学要抄名记过、没收水枪，可当他听到我的名字后便问我："叶渭渠是你什么人？"我回答说："是我大哥。"出乎意料的是，那个管纪律的同学不但没有抄我的名字，还把水枪还给了我。他只是告诫我不要再拿出来玩了，并要我把水枪收好。在我小小的心灵里，"大哥真棒！"原来，大哥当时是学生自治会主席；每周周会校长训话后，他也会发言勉励同学们。因此，同学们都认识他。年纪稍长，我喜欢到大哥房间里阅读小说，读了《西安事变》《四大家族》《七君子》等爱国书籍。后来才知道，大哥当时是地下学联读书会的负责人。后来，大哥做"地下报纸"，当时我还偷偷替大哥将报章放在学校的课室内。大哥和大嫂谈恋爱时，我还是带信的"红娘"。新中国成立后，在妈妈的支持下，大哥回到祖国。1986年，我在日本东京和分别了三十多年的大哥重逢，大家都年已半百，不胜唏嘘。最后一次和大哥见面，是2009年，我和赵静到北京探望大哥大嫂。想不到一年后，大哥却以世长辞，我未能回京奔丧，送大哥最后一程，深感遗憾。

往事回忆永难忘

叶渭年

　　大哥比我大七岁，儿时在一起生活，大家比较了解。父母很严厉，但若是管教不适当时，大哥便会提出自己的看法，并坚持自己的意见，从不屈服。在兄弟姐妹们中，父母打骂他最多，但也最疼爱他。

　　大哥思想进步，中学时便参加了学校里的进步组织，这对我们影响很大。他1952年回国后，经常将祖国的情况告诉我们。1957年，我和五妹也回到了祖国。当时，我和五妹在北京华侨辅习学校上学，周末便到大哥家。大哥与大嫂新婚，小小的房子只有十二平方米，睡床前只能放一张可折叠的帆布床，只能睡一人。于是，每到周末，我和五妹只能轮流到大哥家住。大哥大嫂热情款待，从无怨言，还不收我们的粮票（当时粮食短缺，粮票定量）。生活上，大哥大嫂对我们无微不至地照顾和关怀，如同父母，真使我们感动，一生难忘！妹妹的男友（后来成为妹夫）没考上大学要复读，大哥大嫂便供给他一年的伙食费（当时不用交学费），每月12.5元，而大哥工资只有62元。大哥大嫂非常乐于助人，从不考虑自己，这使我更敬佩大哥大嫂的为人。

　　参加工作后，思想方面有什么问题，学习和生活上有什么问题，我们都向大哥大嫂请教。1981年母亲在香港中风，失语，半身不遂，不能行动，大哥大嫂便接妈妈到北京度晚年，精心照顾。当时，他们的居所在团结湖，没有电梯。妈妈去医院看病时，兄嫂背着妈妈下楼梯，照顾妈妈尽心尽力。大哥永远是我们学习的榜样！

　　如今，大哥驾鹤西去，但他的精神、为人处世的点点滴滴，永远印刻在我心里！每当回想起诸多往事，怀念之情不由得涌上心头，禁不住热泪盈眶！安息吧！敬爱的大哥，我们永远怀念你！

2012年12月

怀念姐夫——叶渭渠

　　唐锡世

一

父辈谋生离家乡，

哥[1]姐自小居安南，

弟处穷根扎瘦壤，

隔海相望北部湾。

政府[2]腐败风糜烂，

百姓苦难心愤懑，

学生头头坐不住，

组织游行斗敌顽。

---

[1]　哥：在南方，尤其在海南，民间称姐夫为"姐哥"，也简称"哥"。

[2]　政府：指越南解放前的南方吴庭艳政权。

西贡傀儡逞疯狂，
中国胞波战犹酣，
异国他乡饮血泪，
仰眺北斗盼故乡。
祖国解放东方亮，
丹青疾归圆梦想，
考取北大东语系，
品学兼优吐芬芳。

二

弟遇良机落京城，
哥弟相识"文革"前，
哥学"文"矣弟学"理"，
"文理不通"尚精神。
每访亲自忙茶点，
热情爽朗又殷勤，
谦逊恭让易亲近，
朴实无华不媚人。
家着简洁外端庄，
为人低调不张扬，
板式六楼老蜗宅，
卧房挥毫"寒士斋"。
老骥伏枥两相伴，

早先手写换键盘，
满屋书刊加文稿，
楹楗渊薮书目墙。
厅间名师翰墨宝，
林林赋"书香门第"，
谢德萍"寡欲勤奋"，
赵朴老"把春来报"。

三

节俭操持家风好，
民主和议乐陶陶，
有次气氛显异样，
只见幼女泪汪汪，
爸爸抚摸又规劝，
妈妈错怪认不当，
弟问到底为何故，
缘因友家一块糖。
弟娘奔儿住厂旁，
儿患肺痨必住院，
编个谎言"出远差"，
姐家老乡帮大忙，
出院返厂续休养，
姐夫让去喝煲汤，

因他孩小弟犯难，

不嫌不弃赛往常。

母瘫十载己照料，

童颜焕发没褥疮，

"久病床前无孝子"，

人见人赞"孝儿郎"。

夫妻和睦称"叶ょう君さん"，

携手合作闯难关，

"晴天""雨天"互激励，

胸无杂念天地宽。

四

眨眼五十多年前，

"军国主义"灰复燃，

中日"文化"频来往，

夫妻口译挑大梁。

中日两国未复交，

民间交流搭桥梁，

"中岛"[1]"清水"[2]勤造访，

风口译介勇担当。

俗言冤家不聚首，

[1] 中岛：指中岛健藏，时任日中文化交流会会长。
[2] 清水：指清水正夫，日本松山芭蕾舞团团长。

"乒乓外交"转地球，

首脑政治顺民意，

中美建交拔头筹。

中美"和好"冲击波，

日本外交面抉择，

"鸽""鹰"之争谁胜数，

"稳健""田中"坐热锅。

前期"交流"起发酵，

效仿美国谁奈何，

"田中"[1]径直中南海，

中日复交解冤仇。

五

"文革"风暴卷波澜，

文化系统首战场，

是非颠倒混黑白，

对外文委"放"河南。

俩口携家上"干校"，

小儿留京弟帮忙，

弟逢探亲过明港，

---

[1]　田中：指田中角荣，时任日本首相。

新窑新人新战场。

文人制砖属"首创",

扣坯码垛倒在行,

"既练胳膊练腰板",

"干活虽累省心烦"。

当地农民甚无奈,

物质尤丰市场远,

此情此景过电影,

车内"架桥"至京城。

三年"干校""炼自我",

知天之年下定夺,

"弃政从文还真我",

"寡欲勤奋"刻心窝。

回京口译改笔译,

喜得所长鼎相助,

"求学求知摸着走",

译介东瀛报国人。

六

"文革"后期兴大片,

日片《砂器》[1]赶热演,

---

[1] 电影《砂器》根据松本清张同名小说改编,1974 年拍片,同年获日本电影一等奖。《砂器》(剧本)桥本忍等著、叶渭渠译,人民文学出版社 1976 年出版。

处女译作还配音，

"话意贴切破天惊"！

砂制器皿质脆弱，

山沟乞丐小主角，

偶遇良机得书读，

苦攻音乐名登科。

耳濡目染变龌龊，

争当"大藏"[1]金龟婿，

篡改户籍换身世，

摇身一变公子哥。

威逼原配把胎堕，

郊外流产没救活，

躲避亲人将家挪，

砸死养父"保乐窝"。

竟将"宿命"谱大曲，

大行不道必自殁，

亲生父母没法变，

前途命运在拼搏。

该片借案奉警察，

"血统""宿命"大喧哗，

掩盖"私有制"本质，

罪恶滋生源于它。

---

[1]　"大藏"大臣：日本国政府大臣，相当于我国的财政部长。

七

处女译作《蟹工船》[1]，

左派"小林"[2]是原创，

渔工血泪斗争史，

窥孔"帝国"的真相。

八十年前谓东洋，

政治、经济生危机，

对内欺压外侵犯，

百姓遭殃乌烟瘴。

"工厂倒闭""村破产"，

"失业""流离""饥没饭"，

"破烂不堪""废工船"，

变身移动"罐头厂"，

廉价劳力剥蟹肉，

"条船仍赚几十万"。

"酒徒""猪仔""流浪汉"，

"粪坑""地狱""冷藏"床，

"粗米""清汤""身浮肿"，

---

[1] 小林多喜二著、叶渭渠译：《蟹工船》，人民文学出版社1973年版。该小说1929年3月30日发表。

[2] "小林"，指小林多喜二（1903—1933），小说大家，生前是日本共产党左派党员，是日本无产阶级作家同盟中央委员兼书记长。1933年2月20日，由于叛徒告密被捕，当晚即遭杀害。著作有《蟹工船》《沼尾村》《防雪林》《1928年3月15日》等多部反映工、农、革命家生活、斗争情况的小说。

"便梗五天""泻药藏"。

劳动竞赛促生产,

身体有恙也得干,

干活最少将"烙形",

"死他一二算不上"。

"鄂"[1]"勘"[2]狂风"玻碴"浪,

破船颠簸命更悬,

同行友船求救命,

船长监工愣不管。

"玩命苦干为个啥?"

"挣个小钱好回家?"

监工举枪活恶煞:

"为日本帝国效劳,

为国干活同打仗,

豁出命死也得干!"

破船刮到苏联岸,

苏联社会另个样,

"俄国,大家都幸福",

"无产阶级最伟大!"

"日本干活老受穷,

不干活者逞威风,"

"赤化"宣教"理正当",

---

[1] "鄂":指鄂霍次克海。

[2] "勘":指勘察加。

"工人联合才最强。"

"拼死干活似牛马",

"它不把咱当人看,"

"停工停产对着干",

船上工人全反抗,

"打倒监工"天回荡,

船长监工靠边站,

帝国军舰开过来,

"早先宣传帮百姓,

却抓代表梦惊断,

原来他们狗一邦",

"早知不派咱代表,"

这样斗争"要再干"。

哪有剥削哪斗争,

哪有压迫哪反抗,

工人觉醒天地撼,

"小林"书、序齐呐喊:

"原始剥削极悲惨,

工人劳动似囚犯。"

"不愿被宰割的人们联合起来!

必须反对帝国主义(侵略)战争!"

《蟹工船》书刚出版,

统治阶级极恐慌,

立令禁止它发行,

叛徒告密他被杀。

"小林"被害仅三十,

日本人民失精华!

鲁迅唁电"先驱者":

"日中人民是弟兄,

敌人用血来画线,

'小林'用血来洗线,

踏着'小林'的血路,

我们携手共前进!"

"小林"一生虽短暂,

引擎工农万古芳,

译者震撼其浩气,

亲身恭立他碑前。

八

《雪国》[1]初版赠弟书,

哥姐心血全倾注,

细腻、语美、意透彻,

真实、虚幻挺鲜活。

"战后"汇集修《雪国》,

---

[1]　《雪国》是日本文豪川端康成花十二年时间写成的一部中篇小说,1948 年修改定稿。
　　叶渭渠、唐月梅将其翻译成中文,于 1981 年 9 月由山东人民出版社出版。

文豪"川端"[1]的杰作，

《雪国》《古都》《千只鹤》

列为"诺"奖代表作。

东方"诺"奖人不多，

"川端"获奖数第二，

世界公认"美"文学，

"译作"出版却遭搁。

《雪国》译作起反响，

"赞偿""反对"各有说，

大师曹禺直称赞：

"始读《雪国》难释手，

细致、精确、又优美。"

大家刘白羽问候：

"'美的大山'获至宝，

贵著作闪耀辉煌。"

八十年代已"开放"，

"思想禁区"仍泛滥，

《雪国》、"川端"被画杠，

"政治责任""不敢扛"。

纷争问题在色"黄"，

"五等妓纯卖色相"，

---

[1] "川端"，指川端康成（1899—1972），他一生创作了一百三十多部（篇）作品，都以中短篇为主。1968年，凭借《雪国》《古都》《千只鹤》获得诺贝尔文学奖。他在日本乃至世界文坛素负盛名。

再深造诣不考量，

"祸水"出版"谁敢当"。

翻译大作本就难，

竟有"框框"把路挡，

巴别塔人重沟通，

学术问题决不让。

"好色"各国不一样，

中国以"红"示喜庆，

日本视"红"为凶相，

中国以"白"标贞洁，

日本以"白"大崇尚，

"好色"中文为贬义，

日本倾"华美""情趣"。

"不以中文解日文"，

不以己好代人好，

不以己恶为人恶，

文化差异重切磋。

为求证"精神特质"，

两年追踪他足迹。

《雪国》舞台在汤泽，

三十年代的"川端"，

多年来此搜素材，

详记高菊诸信息。

《雪国》主角叫驹子，

驹子原型即高菊，

高菊贫农人口多，

生活困难无着落，

高菊十一就被卖，

少女艺妓受折磨，

"玩弄""践踏""心不愿"，

"环境"逼出"两面胶"，

勤学苦练苦挣扎，

一面"媚、俗、又撒泼"，

一面"求正经生活"，

"只要'环境'有许可，

我想生活干净些"，

几年后跳出火坑，

找了裁缝成新家。

既现"弱者"的"哀鸣"，

更对"环境"的控告，

"纯卖色相"理何在？！

《雪国》译作遭遇战，

累坏身体毁心脏，

今成高校必读课，

谁对谁错自评判。

姐夫研判的"川端"，

"诺"奖亮点有"三三"[1],

川端自己有解答：

"日本、东方，加西方。"

九

桑榆暮景渐淡然，

哥姐"计划"[2]却铺张，

长久伏案体质降，

多次劝说"改也难"。

荣获"科研"一等奖[3]，

"四史"考研"必参考"[4]，

"'论文'引用"列在前，[5]

"高产伉俪"揭谜底：

"高的评价和奖励，

焕发迟暮的活力"，

---

[1]　关于川端康成"三三"的提法，参见叶渭渠著《1999年12月于清华大学的讲演》，
　　　原载于《扶桑掇琐》，湖北教育出版2002年版，第229—252页。

[2]　"计划"：指《中日文化交流丛书》《东方文化集成》等创作、出书计划。

[3]　叶渭渠、唐月梅合著《日本文学史》（全六卷）荣获第二届中国社科院离退休人员优
　　　科研成果奖一等奖。

[4]　"四史"，指叶渭渠、唐月梅合著的《日本文学史》（全六卷）、《日本文学思潮史》、
　　　《日本文化史》（图文本）、《20世纪日本文学史》等四部论著，被20多所大学（包
　　　括台湾师范大学）列为考研必读参考书。

[5]　中国社科出版社2007年出版的《中国人文社会科学学术影响力报告》（2000—2004）
　　　中排名外国文学学科论文引用前十名作者中，叶渭渠名列第六名。

"我不多的余生中，

分秒必争永不停！"

十

侨居逆境苗苗壮，

丹青绸缪报国门，

干校磨炼"还真我"，

恩师、所长呵护陈。

"寡欲勤奋"座右铭，

"晴朗""阴雨"俩泰然，

二百余卷译、编、着，

硕果峥嵘照后人。

附：与姐姐唐月梅家书

姐姐：

今将拙作献上，不妥之处，请您修改，把关。谢谢！

恭祝新年全家快乐！安康！

弟　锟世

弟媳　文陵　敬上

2011年12月25日

怀念

马丽娜

这是最后一通电话。

女儿晓雪："爷爷好！"

爷爷："雪雪，我们马上就要见面啦。爷爷带你去看杂技，给你买蛋糕，像给爸爸过生日买的那种。好不好？"

儿子菲斌："爷爷好，身体怎么样？"（自从姥爷过世，儿子就不自觉地在问候老人时加上了一句"身体怎么样"。）

爷爷："菲菲，爷爷身体很好。奶奶是爷爷的饲养员，把爷爷照顾得很好。你不要担心。爷爷等你回来，带你去吃你最喜欢的北京烤鸭。好不好？"（爷爷每每爱用幽默诙谐的词语"饲养"来揶揄自我。）

最后，电话交到我的手上："小丽，小健不在家，辛苦你了，我们北京见。"

第二天，我又打电话过去确定接机事宜，但无人接听。我想，可能是出去吃饭还没有回来吧。然而，一两个小时过去了，打电话过去，还是没人接。我开始有点担心了。这种担心是从我的父亲病重时养成的，最怕打电话回家无人接听，或是半夜凌晨接到家人的电话。我想：会不会出什么事了？能出什么事呢？不会有事的！

几个小时后，终于接到先生从北京打来的电话："告诉你一个坏消息……我们刚从医院回来，爸爸去世了。"

怎么可能？怎么可能！昨天还好好的，今天怎么就过世了呢？

放下电话，好不容易稳住了神，我把这个坏消息告诉了儿子和女儿："爷爷刚刚passaway（去世）。"他们先是"啊"了一声，实在不敢相信这是真的，之后眼泪便夺眶而出，坐在那里一动不动，任凭眼泪不停地流。

我轻声问女儿："你还记得姥爷去了什么地方吗？"

那是同年六月的一个周末，我们和朋友们一起去加州的Whiskey（威士忌湖）露营。吃过晚餐，朋友们聊天的聊天，休息的休息，只有我和女儿跑到湖边想看日落。刚到湖边，眼见橘红色的太阳就要落下，我马上拿起相机拍下这美好的景色。然而，太阳没有继续下落，反而冉冉升起。这时，我才意识到，这不是日落，而是月出。这是我生平第一次看到月出，没想到竟和日落一样美丽。它虽然少了几分热烈的光芒四射，但多了几分宁静的优美。

第二天回到家，听到电话答录中国内家人的留言，才知道父亲过世了。我强忍眼泪对已是泪流满面的女儿说："其实，姥爷已经和我们告别过了。就在我们看月出的时候。姥爷告诉我们，他就要像美丽的日落一样离开这个美好的世界，又像同样美丽的月出一样即将去另一个同样美好的世界。他说一切都好，让我们放心。"

　　我是用这种方式来安慰自己和孩子们。只要相信过世的家人去了另一个美好的世界，就会减少几分悲伤而增加几分思念。

　　自从父亲过世，我的脑中常常浮现他的身影。而今，又多了孩子爷爷的身影。他和亲朋好友谈天时开怀大笑的画面，他和孙辈们玩捉迷藏时和蔼可亲的画面，他半睡半醒之间一手撑着头一手摇扇哄孙儿入眠的画面，他在电脑前专注写作的画面，还有他做拿手好菜红烧肉的画面……家人和他在一起的生活点滴不时浮现眼前。

　　记得我和先生刚结婚的时候没有自己的住房，我的父母建议我们和他们住在一起。那时，我的姐姐、哥哥都已结婚搬离了父母的住处，家中有我们住的地方。然而，公公没有同意。他怕给亲家添麻烦，坚持把他和婆婆的房间腾出来让我们住。他们在老式住房那促狭的厅里放了一张单人床和一张小得不能再小的书桌。每天晚上，婆婆早些先睡，凌晨三点起床，开始她一天的写作。公公则等到大家都睡了，才睡在过道里架起的折叠床上。每天早晨，在我们大家起床之前，他就已经把折叠床收好，挪到婆婆的单人床上睡了。家里虽然挤，但过得和乐融融。每天晚饭后，大家都会挤到先生奶奶的房间里，看护的阿姨给奶奶擦澡，婆

参加菲菲的高中毕业典礼

婆给奶奶按摩逐渐萎缩的身体，公公则站在奶奶的床前跟奶奶说笑来哄她开心。奶奶当时虽然已经失语，但能够透过神情表达喜怒哀乐。全家最能逗奶奶开心的，就是我的先生——奶奶的长孙。只要他在奶奶面前一站，不用说一句话，奶奶就会咯咯地笑个不停。把奶奶安顿好后，大家就挤在一张长沙发上看电视聊天。就这样，几个月后，我们先后出国留学，离开了公公婆婆家。

虽然我们离家远了，但公公仍然关心着我们的一切。每当我们遇到困难，公公都会伸出援手帮忙解决。记得菲斌七岁那年，我们的工作都特别忙。由于公司产品升级换代，我所在的研发部门不仅工作日晚上加班加点，周末也要加班。公公知道后，劝我们把孩子送回北京过暑假，好解决我们的后顾之忧。刚回北京时，孩子想妈妈哭个不停，公公想尽办法让他高兴起来：带他买玩具，去公园和游乐场，请邻居家同龄的小朋友来家里一起玩……公公还坚持每天带菲斌去游泳。每次游泳回家的路上，都要带他在卖羊肉串的小店里吃上几串才回家。那时家里还没有装空调，每个闷热的夏夜，都是公公为菲斌摇着扇子哄他入睡。为了照顾菲斌，公公只好在周末孩子去姥姥、姥爷家时赶他的工作，但他没有半句怨言，反而乐在其中。暑假结束了，菲斌由姥姥、姥爷陪同回美国，在机场呜呜地哭问爷爷能不能在北京上学。

两年后，女儿晓雪出生了。姥姥和姥爷来美国帮忙照顾了一年后要回北京了。那时，公公和婆婆并不和我们住在一起。为了解决我们的困难，公公特意让婆婆过来帮忙照顾晓雪，周末再回去跟他团聚。每天他们互通电话，互报平安，还在电话中讨论写作。不知不觉一年过去了，晓雪在两岁生日那天已经能背诵十四首唐诗。更让爷爷、奶奶高兴的是，晓雪很善于活学活用。一天早晨，看到后院被夜雨打落一地的花，晓雪一手拉着奶奶，一手指着院子说："奶奶，奶奶，你看！夜来风雨声，花落知多少。"公公说这是婆婆的功劳。我想，这无疑也包含着公公的无私付出。这一年里，两位老人两处奔波，给他们的生活带来多大的不便！

公公最后一次来美国是在2008年，当时两位老人专程来参加菲斌的高中毕业典礼。看到他们的孙子即将进入大学，二老比我们都兴奋。公公先是上网查询大学的信息，告诉我们这所大学有好几位教授都是诺贝尔奖得主，师资很强。而后，又跟随我们驱车四小时去学校实地参观。图书馆、教学楼、餐厅、宿舍，所有地方都亲自去看，还不时给菲斌提出建议："你看，宿舍离图书馆这么近，你晚上可以到图书馆学习，这样效率比较高。"离开学校时，公公特意让我们在校门口停车，与菲斌拍照留念。

这也是公公、婆婆和我们最后一次一起出游。公公喜欢大海，神秘的阿拉斯加是他最向往的地方之一。我们计划了很久，但因各种原因一拖再拖。最终，还是我们一个朋友父亲的意外过世促使我们马上定好了去阿拉斯加的游轮，我们不想像朋友那样在心中留下对长辈的遗憾。公公非常期待这次旅行，称它为阿拉斯加梦之旅。出发前，公公就在网上搜索有关阿拉斯加和所停港口的资料，从阿拉斯加冰川的形成到阿拉斯加人文历史，他都一一阅读、细细研究。他还向去过阿拉斯加的亲友们取经，预订每个停靠港口要参加的旅游项目。在这七天的行程里，公公是我们家唯一一个看到日出、日落、白夜和日月同辉的人。阿拉斯加的夏天，白天很长，夜晚很短，而且天气变化多端，要想看到所有美景奇观还真不容易。夜晚，大家都睡了，他还站在甲板上等待奇观的出现；清晨，大家仍在梦中，他又第一个站在甲板上等待美景的来临。令公公最兴奋的，就是坐直升机飞越阿拉斯加冰山上空，一览壮丽冰川河流湖泊，并且降落在冰川上欣赏美景。我想，也许正是对大海的爱和对生活的爱才让七十九岁高龄的他精力如此充沛。他在游记中这样写道："面对这一山麓冰川的奇景，我变得有点陌生，仿佛到了另一个星球。我久久地沉醉在这种冰川的壮观奇景之中。"想起这段话，我的心中有了一丝丝安慰。现在他也许正在另一个星球继续他的梦之旅。

菲斌和晓雪在爷爷、奶奶的关爱中长大。令我们深感欣慰的是，孩子们在爷爷对他们的关爱中渐渐学会了关爱和帮助他人。菲斌上小学时，每逢生日都会请求我们买甜甜圈带到学校，与同学和老师分享。上高中时，他好几次问我们同样的问题："能不能再多捐一些钱？明天就是截止日，我们班的捐款有点少。你们可以从我的压岁钱里扣。"上大学后，学生会组织活动经常需要找住的地方，菲斌多次带同学来家里小住，有时一来十几个，整个客厅睡满一地。有时，我们也难免觉得儿子的请求有些麻烦，不好决定时，我会问先生"如果这要求是你提出来的，你爸爸会不会答应"来寻找答案。女儿晓雪从小就爱帮助小朋友和老师做事情，帮小朋友系鞋带、擦眼泪、开矿泉水瓶盖；美术课后，帮老师洗好笔再放回原处。今年，晓雪还被选为学校的学生会副主席，她所组织的第一项活动，就是在谢师日那天将早餐送到每位老师的办公桌上，感谢老师们的辛劳。我们相信，公公的在天之灵看到孩子们的成长，一定会为他们高兴的。

两年过去了。公公，您一切可好？我们大家都很想念您。婆婆有我们大家照顾，请您放心！

"爸——"

蒋祖棣

　　"叫我爸时拖长了，这样：'爸——'。"

　　新婚的妻子在跟我娓娓讲述她和父亲的故事。

　　"这样叫，我爸就知道我需要帮助，比如：'爸——有蚊子'。"

　　"我爸听到后，就会马上采取行动。"

　　"我爸就这么对我。"

　　"怎么样？"

　　妻子叶云略带得意地问道。不待我回答，她接着孩子似的追了一句："你能这样吗？"

　　这是二十多年前的事。新婚燕尔，二人彼此讲述了多少故事和希望，已经不能详细回忆了。可随着妻子的这段故事，我以一位新成员的身份加入了这个家庭，认识这位父亲的大幕便徐徐地拉开了。

父亲对女儿有求必应，对女儿关怀备至，这是我最初所能想象的妻子自幼所得到的父爱。每次用餐，这位父亲都是把最好的食物预留给奶奶，然后挑出盘中的精华放在女儿的碗里。多少次听到他对女儿衣食住行的问询，多少次看到他为了女儿趋步走下六楼去了商场。这无微不至，不就是父爱的全部吗？

不，且远不止如此。日复一日，我切身地感受到，这个家庭中的父爱，大大超出了我起初的想象。这是一种想女儿之所想，担心女儿之所念的爱；是从来没有听到过责备，从来都是支持的爱；是只见过主动给予和付出，没见过一刻犹豫、一丝保留或一次拒绝的爱；甚至是把儿女的所有朋友当成自己的朋友，尽其所能款待或帮助儿女的朋友的爱。这位父亲，用他的真诚和热情，使得这个家庭无比的温暖。这温暖，像明媚的阳光抚慰着每一位家庭成员。每一位来家里的亲属和朋友，都毫无例外、不同程度地体会过这种温暖。

和妻子、亲友一道体会这一幕幕无私和无限的爱，逐渐在我的内心引起了共鸣和震撼。这爱显然是一种超乎寻常的力量。不知何时，我开始琢磨家庭中这种无处不在且又难以捕捉的力量。它来自广东人的淳朴？来自越南堤岸封存良好的中国传统？来自叶氏族内传承的忠厚家风？或许都对。

偶读《道德经》，读到老子的"大音希声，大象无形"，老子用无法捕捉来形容道的极至境界，猛然想到，这正是我在探寻的那种无形的、无约束的、恢宏和崇高的力量。"大象无形"，老子以幻影似的虚无，表述出现实中最大的存在。这位父亲，以他的轻风细语和潜移默化，以他的始终如一和无怨无悔，日积月累，年复一年，用他的方式，把这宗教和哲学宝库中典藏的圣训实实在在地诠释了出来。

由"大象无形"的父爱，才能领悟四书《大学》里"为人父，止于慈"的训诫。其精髓不仅在于"慈"，而更在于"止"，在于除了慈祥、关爱和奉献外不可附加任何情绪的冲动或刻意地保留。"止于慈"是古人对父爱所能憧憬和规范的最高境界。人们可能无法想象，在这个极为普通的家庭里，"大象无形"般"止于慈"的父爱，竟是如此贴近，如此简单和如此真实。

接下来随着女儿和儿子的降临，我也成为人父。这"大象无形"和"止于慈"的父爱，像一把无形的尺，向我扑面而来。孩子幼时，我常以为自己为人比较传统，"为人父，止于慈"似乎不难做到。孩子逐渐长大，彼此难免意见相左，不时也会有冲突发生；扪心静思，才知为父之难，远胜于为人之难；才知点点滴滴，始终如一的"止于慈"是何等难以企及的修养；才知"大象无形"是何等高尚的境界。不过换个角度，恰是由于这面光芒四射的明镜和无形的尺，恰是由于对这位父亲的崇敬和模仿，才使我对自己的不经意和懒惰有相当的约束。我的子女也由此获益，在多数时间内可以从我这里得到关爱。

回到开头妻子问我的问题，我显然不能像她父亲那般伟大，但我的确一直在努力。"君子多乎哉？不多矣！"

"《诗》有之：'高山仰止，景行行止。'虽不能至，心向往之。"

我以心面对这位父亲，对他的赞颂可借司马迁对孔子所发的这段仰慕之词来表达。对父亲的去世，家人的悲痛不可言表。但随着他的仙逝，一座令人敬仰的丰碑却竖立起来。在他的灵前，我能以心奉上的，就是"至仁无亲""止于慈""大象无形"和"高山仰止"的赞誉。他的厚爱，高尚和完美，以及后人对这种精神境界的仰慕和追求，是我们和后辈享用不尽的财富。

傍晚，我们常常和儿子一道出去散步。

夜幕初降，繁星显现。"爸爸，外公是在天上吗？"六岁的儿子仰着头问。这几个月来，他已经这样问了好几遍了。

"外公能看见我吗？"

"当然。"

"我可以跟外公说话吗？"

"你想跟他说什么？"

"我想他了。"

无语和内心的轰鸣。真想牵着儿子的手，和妻子一道仰天呼唤：

"爸——"

2012年12月于美国加州

外公

蒋泽昕

2010年12月初，这个月似乎和其他的月份没什么不同：又是三十天一个循环的上学，校内和校外课程，辅导班和各种考试。这时已是假日的季节。感恩节刚刚过去，空气中散发着圣诞节的气息。从本地电台播放的圣诞歌曲，到每户人家前院摆设的节日灯饰，到处都在提示：这是欢快的时节、给予的时节和爱的时节。美国广播公司的《圣诞节二十五日》已经开始播放，星巴克咖啡店也推出了圣诞节专供的红杯子和薄荷摩卡。"Costco（好市多）"里设立了很大的毛绒玩具区，里面放满了驯鹿、雪人、玩具熊和圣诞老人。生活看来一切如常。可是我的世界却在这个12月里寒冷的一天彻底地发生了变化。

我依然清晰地记得这一天。我正在父母刚买不久的上下床的下铺睡觉。我记得电话铃声响得很早，也就是早上六点吧。妈妈接了电话，我枕在熊猫枕头上半睡半醒，试图听妈妈在说什么。妈妈挂了电话，我想问她谁打的电话，可是还没问，就看她坐在沙发上哭泣。这时我知道大事不好，我感到可能和外公有关。我带着对坏消息的畏惧，盯着妈妈的眼睛。妈妈吐出了几个字："外公死了。"

我呆住了。这不可能，我的外公，我最好的朋友，我的保护人是不可能故去的。这不可能，我不可能永远看不到他，听他的故事，和他一起在比萨屋享用夏威夷比萨。可是，真实的场景在我眼前：妈妈在抽泣，爸爸呆在那里，电话横躺在沙发上。弟弟刚刚醒来，问妈妈为什么哭。我把他拉到一边，告诉他发生的事。我们的外公，我们每次去中国看他时他都带我们去钓鱼的外公，再也不能带我们去钓鱼了。

说到这里，我被一阵阵回忆所冲击。跟外公去钓鱼，用十元人民币买一条钓到的小鱼带回家里；跟外公一起爬上墨西哥齐琴伊察的大金字塔，在悬崖峭壁般的塔顶紧紧偎缩在外公怀里向外张望。还有大量看似平常的记忆，却成为我充满快乐的童年的印记。我开始意识到这个已经发生的现实：我失去了我最好的朋友，我的人生导师，我唯一熟知的外祖父。

人生中有这样的时刻，它把一个人的生命分成前后两段。对我来说，外公的去世正是这样的时刻。在此之前，一切如常，期末考试就要开始，节日和寒假将要来临。在此之后，考试和假期在我脑海里变得无足轻重。外公去世，成了我无法回避的现实。在此之前，我是个刚从小学过渡到中学的天真少年。在此之后，我因为失去了对自己头十四年影响最大的人而不得不长大。在此之前，我把每个人的行为都视为理所当然；在此之后，我懂得了感激妈妈、爸爸、外婆、奶奶以及我的朋友和亲人。正是这个时刻，迫使我长大，迫使我体会失去亲人的痛苦，也令我意识到周围的亲人对我是多么重要。正是这个时刻，我体会到外公在我的生活中占了多大的位置，他的存在和支持对我来说是何等的不可缺少。我最后悔的是，未能向他说谢谢，感谢他为我和我的将来所做的一切。

　　失去亲人后总有遗憾；该说的没说，该做的没做，尤其是一种"为什么偏偏我没做"的负疚感。记得2010年8月我最后一次看到外公。他从楼上下来向坐在出租车里的我们招手说再见。我真不应该离开他，我真应该用更长的时间和他在一起，告诉他我爱他，感谢他教会了我"什么是欢喜，什么是爱"。我应该问问他的过去，问问他对我的期望，问问他从他的前辈那儿继承的哪些传统希望我继续传承下去。如果我知道在这次道别后他只有几个月的生命，我会把这些都做完。可是由于我的天真和不懂事，我什么都没做，没有向他表达他对我有多么重要。我非常负疚和遗憾没有接他打来美国的最后的电话，没能记住他在何时跟我说的最后的话。真遗憾他再看不到我高中毕业，更遗憾我和他的交流由于加重的课程和自己对互联网迷恋而减少，以致没有对这位世界上最好的外公表达过感激之情。

　　死亡的确像一柄双刃的利剑，它让人们痛苦和煎熬，但也让人们从

与外公外婆在白沙滩

愈合的过程中探究自己。外公的去世让我学会了更多地感激和珍赏别人，认识到家庭的重要，以及平常微不足道的小事的重要。甚至在来世，外公依然在教我如何成为一个更好的人，教我真正有意义的生活：爱，家庭和希望。还记得回北京时他总是带我去公园，去钓鱼，去冷饮店；还记得他总是用来写作的手写板；还记得他对咖啡和冰激凌的热衷；更记得他对家庭的奉献和给周围所有人的温暖。虽然外公现在不能和我们在一起了，但我知道，他正在看着我，看着我的弟弟和我的父母。这给了我力量，让我沿着他引以为傲的道路来修正自己的人生，把生命延续下去。

外公，我保证我会努力学习。我保证我会像你对我们所有人那样照顾妈妈、爸爸和外婆。我保证像你一样富有同情心、善待周围的人。我保证我会照顾天天，让他体会到你给我的爱。我保证会尽力使你以我为荣。谢谢你给我的爱、你对我的教导，和留传给我的精神财富。谢谢你给我的一切。

外公，我爱你。我很想念你。

2013年1月

叶渭渠先生纪念文集

第二辑

融化的『雪国』

穿过县界长长的隧道，便是雪国。夜空下一片白茫茫。火车在信号所前停了下来。

叶渭渠先生日本文化研究学术研讨会暨八十寿辰纪念合影

叶渭渠夫妇与日美学者在武汉

2000 年福冈国际研讨会合影

在叶渭渠祝寿和学术研讨会上的发言提纲

何方

兹代表个人做点发言，请大家指正。

首先感谢李薇所长倡议举办这样一个既祝寿又进行学术研讨的盛会，值叶渭渠同志的研究精神和研究成果能够彰显于世，也为后来的年轻朋友树立了一个学习的榜样和典范。这是日本研究发展史上一个创举，一个伟大的创举。这叫作巨眼识英雄。

其次，向叶渭渠同志的八十华诞致以衷心的祝贺。祝他健康长寿，在学术上永葆青春。祝他和唐月梅同志继续携手共进，在日本文化和日本文学的介绍和研究中结出更多更大的硕果，为社会不断做出新的贡献。叶唐不可分。

谈点叶渭渠同志的研究。

个人以为，叶渭渠同志的学术生涯有三方面的贡献。

一是开创了中国的日本文化研究，填补了中国日本研究的一项空白。

　　二是这应当看作是一个创新，为这方面的开拓趟出了一条路。日本文化的研究对我们中国有非常重要的作用。一方面是因为日本无论是经济建设，工业化、城市化、现代化，还是社会建设、宪政法制社会的成熟，都走在我们前面，有许多东西值得借鉴。另一方面，日本曾经是我们吸取西方文化，所谓西学东渐的中转站，包括许多外来技术和外来语汇。第三，中日都属东方文化，我们应该借鉴日本是怎样吸收和融合西方文化的，是怎样对待普世价值的，以便于我们参考。而且日本文化没有适合我们的现成体系可搬，还需要我们自己钻研和开创。在这方面，叶渭渠同志开了个头。这是他在学术上的一项重大贡献，应当得到承认和重视。当然，叶渭渠同志在日本文化研究上，或许只起了叫开门的工作，开始对日本传统文化进行初步探索。涉及日本文化传统，就需研究传统文化的积淀、渗透和体现，特别是政治文化。

　　三是在日本文学的研究上，包括日本文学史和作家的研究，叶渭渠都达到中国的高水平，他的著作之丰和质量之高，是得到中国东方学界的公认的，当然同行中也难免有不同的反应，那多半是出于互相切磋，竟或是"木秀于林，风必摧之"。

　　四是对日本文学的介绍。他不但翻译了日本的很多文学作品，还写了许多评介的文章。他对川端康成的研究和评介给我留下很深的印象，单是翻译和论著就有近十本。他和唐月梅对三岛由纪夫的译介评论还在中国的日本文学界引起一阵不大不小的风波。

　　我们向叶渭渠同志学习点什么。

　　首先，要有所追求，有一定抱负，人活在世上总要做点事情，为社会做点贡献。叶渭渠选定了目标坚持到底，毫不动摇。

　　其次，要有鲁迅所说的坚韧的战斗精神，迎着困难上。单是退休后这二十年，吃苦耐劳，不分冬夏，勤奋耕耘，不管人们议论，只知勇往直前。所谓坐冷板凳。

第三，创新精神，著述有新意，翻译精益求精，《浮华世家》的修订，这是对读者、对社会的负责态度。

第四，集体的团队精神，他参加了季羡林为主导的《东方文化集成》、汝信的《世界文明研究》中的《日本文明》的专题。同大家合作。对自己学而不厌，对别人诲人不倦。

第五，不满已有成就，不断攀登。

临时计算了一下，我得到的叶唐译著、编著、专著已有四十余本，约一米高。但他们并不满足于此，还要定目标，继续做贡献。

最后一点感想，无以名之，姑称之曰叶渭渠现象。

第一个感想，借用两句唐诗，就是"满园春色关不住，一枝红杏出墙来"。

第二，套用一句古文，王勃《滕王阁序》上所说的"冯唐易老，李广难封"。

请大家揣摩。

发言完结。谢谢！

2009年8月6日

何方，中国社会科学院日本研究所原所长，国际问题专家

致恩师叶渭渠先生的一封信

　　许金龙

亲爱的叶老师，您好！

　　15日上午在八宝山竹厅与您告别时，您的神态与平日里并没有什么不同，只见您阖上双目，微微皱着眉头，似乎在思考着什么问题，也就没敢上前打扰，便以信函形式向您汇报近况。

　　最近一次聆听教诲，是在11月14日上午，那天的天气挺好，卢茂君女士也在您家里。我对您谈了解读大江健三郎先生最新长篇小说《水死》过程中的一些想法，觉得这部小说延续了大江先生一直以来的思路——在当下的绝望中寻找希望，在手法上则借助英国文化人类学家弗雷泽《金枝》中的杀王表述，以此在《水死》中形成多重隐喻，试图杀死存留于包括自己这位民主主义作家在内的所有日本人精神底层的"王"——以"天皇陛下万岁"为象征的昭和精神，从而迎来民主主义

与恩师叶渭渠先生合影

的时代精神。您当时敏锐地指出，尤其要注意这种昭和精神与绝对主义天皇制的内在联系，这应该是解读《水死》的关键点，最好向大江先生当面确认这个问题⋯⋯

您的感觉非常准确！铁凝女士应大江健三郎夫妇之邀曾于12月2日下午前往东京郊外的成城拜访大江夫妇，刚好我们都要出席在北九州召开的日、中、韩文学论坛，她便约我同道拜访大江先生，翌日再一同转机前往北九州。在那次持续了六个多小时的会谈中，我非常失礼且唐突地请求铁凝女士停下她与大江先生之间的热烈长谈，以便向大江先生确认您所指出的关键点——昭和精神与绝对主义天皇制的内在联系。听明白我的问题后，您和唐老师的多年老友大江先生非常肯定地表示，在我提及的若干隐喻中，最关键的便是绝对主义天皇制这个"王"了。他还说道："我的头脑里目前只存在两个大问题，一个是鲁迅，另一个则是（象征着未来和希望的）孩子"。他表示目前的局势令人非常绝望，他每天夜晚带着绝望上床睡觉，清晨起床后则要照顾孩子，一个在智力上永远停留于三至五岁、心灵纯净的大孩子，他还要在自己的作品中继续寻找希望——始自于绝望的希望，在《水死》中追根溯源地寻找当下之绝望的根源——以"天皇陛下万岁"为象征的昭和精神，唤醒更多的人一同杀死绝对主义天皇制这个王，以便迎来民主主义的时代精神，这就是大江先生近期的生活和工作了——始自于绝望的希望！

我是12月8日凌晨从日本回到家里的，由于基本完成了翻译《水死》前的学术准备，拟于近日避开北京的诸多杂务，躲到南方全力翻译《水死》这部重要作品，计划于离开北京前拜访先生汇报以上所述，顺便呈上作家出版社刚刚出版的拙译《读书人》（大江先生的近作），便像以往那样，随手在扉页写下了"呈请恩师指正"字样，却于12日清晨接到唐老师的电话，告知您已于11日晚间离开了我们大家。震惊之下，我赶紧拉上郑青去了您家，陪着唐老师度过这段悲伤的时光。大致叙述了前一天晚间发病的经过后，唐老师便忍着悲哀说道，叶老师和我一直都很关注培养后学的问题，也多次对你说起这个问题，现在他不在了，我真想陪他一同去了，今后你要记住我们的嘱托，多给好学的年轻人提供机会，力所能及地帮助他们进行学术研究，就像我们当年帮助你那样……

我当然不会忘记叶老师和唐老师长年以来是怎么言教身传的！当年，我是南京一家工厂的汽车司机，有幸在友人的介绍下认识了两位老师的同班同学胡毓文先生，当时，胡老师在南京外语学院任教，也是因为心脏病动了大手术，他仰面躺在病床上为我讲授日本文学翻译课。在我来北京工作之前，胡老师嘱咐我跟着您和唐老师继续学习，希望我在两位老师的指导下能够有所进步。最初，我在外文所的《世界文学》编辑部跟着唐老师学习日本文学的选材和编辑，叶老师您则在团结湖的蜗居中每周一次为我讲授日本文学作品和理论。记得唐老师指导我翻译的第一篇小说是三岛由纪夫的处女作《鲜花盛时的森林》，后来我知道，唐老师每天从凌晨四点多开始，用两个小时对照原文修订这篇两万余字的译作，每次也只能修改一二百字，其后则为家人做早餐。及至我拿到修改稿后，只见那五百字的稿纸被修改得密密麻麻，不夸张地说，不啻为重新翻译了一遍。当时，唐老师悄悄嘱咐我仔细比对原译文和修改处的差异后重新誊写。确实，誊写过后，署着"译者：许金龙"字样的译稿光彩照人、熠熠生辉，可是直至今天，除了叶老师和郑青外，没有其他人知道唐老师为扶持后学所付出的心血。当然，这也只是唐老师在传帮带过程中的一件小事而已。

叶老师您的教学除了前期每周一次的正式授课外，后期则更多体现在引导学术研究方向和研究方法上。大概是1994年12月底吧，两位老师从美国经由东京回国，您在首都机场便对我说，由于国内非文学因素的影响，我对三岛由纪夫及其文学的研究不妨暂时停下，转而研究在国内学界尚属空白的大江健三郎及其文学。说完，您从行李中取出刊有《我在暧昧的日本》全文的《朝日新闻》，说这是大江先生在斯德哥尔摩发表的获奖词，让我在认真研究的基础上翻译出来。就这样，我被您引领着逐渐开始熟悉、翻译和研究大江文学。其后在与大江先生的一次交流中，大江先生富有感情地提起鲁迅及其文学对自己的重大影响。我随即对您说起大江先生话语中透露出的信息。您近似苛刻地告诫我，作为一个学者，重要的不是听研究对象本人如何述说，而是要在反复阅读其作品的过程中发现问题，并由文本内及至文本外，在充分研究的基础上形成自己的学术见解。就这样，在持续阅读大江文学作品的过程中，一个观点逐渐成形——大江文学确实广泛受到法、英、美、德、意等西方文学的影响，但是来自鲁迅文学的影响更是对大江文学具有一种规定性，尤其是"绝望之于虚妄，正与希望相同"等论述，几乎贯穿了大江文学之始终，其作者大江先生本人也随着不同时代所感受到的不同绝望而不断加深对鲁迅文学的积极解读，以致12月2日说出"我的头脑里目前只存在两个大问题，一个是鲁迅，另一个则是（象征着未来和希望的）孩子"。

　　叶老师，去年12月19日您第二次发作心梗以来，尽管术后身体恢复得很好，我们却总不敢过多叨扰。12日我和郑青陪伴唐老师时，您那庞大的工作台面及其周围照例堆满各种资料，只是11日晚间您亲手关闭了的电脑没再打开而已。我们都觉得您太累了，就休息一段时间吧！郑青亲手插了一个花篮和两个花束，花篮是我们夫妇和孩子献给您的，那两个花束则分别是众议代表外文所和中国外国文学学会、李薇代表日本所和中华日本学会献给您的。这花篮和花束的正中都插有天堂鸟，这群天堂鸟将引领您顺利地前往天国，您在那里将会得到永远的安息！休息吧，我亲爱的老师！安息吧，我亲爱的老师！等您在天国安顿下来后，我将继续给您写信，向您汇报，向您请教！

　　谨颂

　　冬安！

您永远的学生：许金龙　敬上

许金龙，中国社会科学院外国文学研究所研究员

"寡欲勤奋"的境界

——我记忆中的叶渭渠先生

董炳月

人世间应当确实有"机缘"存在。叶渭渠先生是日本文化研究和日本文学翻译领域的大家，是我尊敬的前辈学者，先生的译作我早就拜读并且曾在文章中引用，但好像没有想过主动去结识先生。不过，到了2008年，似乎是忽然之间与先生和夫人唐月梅老师相识，并且走得很近。我想，这就是"机缘"。

那时候我在参与"东亚文化讲座"的运作。讲座是民间的，由同人组织的，但得到了叶先生的鼓励与支持。讲座的系列丛书《知日文丛》（秦岚主编）请他写推荐语，他欣然应许，二百七十余字的推荐语写得高屋建瓴、言简意赅。推荐语印在《知日文丛》每一册书的背面，成了那套书的好广告。当时尚在策划阶段的《东亚·思文丛书》请他担任学术咨议，他同样欣然应许。通过讲座与叶先生之间建立这种宝贵联系的，是讲座负责人老王（中忱），老王与叶先生和夫人相识已久。2008

年1月26日，即春节到来之前，老王、秦岚与我三人去百子湾的A派公寓看望叶先生和夫人。我送上自己的一本书，先生很高兴，说是读过我为他的《日本文化史》写的书评，并表示感谢。2005年广西师范大学出版社再版《日本文化史》（彩色插图本，第二版）的时候，《新京报》的编辑文琼女士约我写了一篇书评，没想到先生读过并且记得，我感到意外。那天叶先生情绪很好，谈兴甚高。从社会到生活，从学术研究到文学翻译，几乎是无话不谈。我们三人是下午3点之前到的，谈到5点多告辞，先生要和我们一起出去吃晚饭。但是，外面很冷，年届八旬的老先生谈了一个下午也累了，所以我们坚持告辞，说是等天气暖和的时候再去拜访。离开的时候，每个人都得到了先生的赠书，我得到的最多，共八册，先生在每一本上都认真地签了名。

那天下午的畅谈对我颇有触动。触动我的是叶先生和夫人对待生活、对待学术的态度。那时候，叶先生的家刚从团结湖搬到A派公寓不久，成捆的图书堆放在一个房间里，尚未整理完毕，但先生和夫人的工作已经在进行。客厅靠南窗的地方面对面摆放着两张写字台，从写字台上的图书和电脑，可以想见两位相对而坐、勤奋工作的情景。A派公寓的居住条件甚佳，但是，在子女帮助他们买下那套房子之前，叶先生一直居住在团结湖的一套普通的小三居里——即叶先生命名为"寒士斋"的地方。以叶先生的资历和声望，住那种房子显然很委屈。据说，有一次单位分房的时候，他因为年纪大了爬楼梯不方便，提出换个低一些的楼层，得到的答复竟然是好楼层只能给两居室。生活条件虽然不好，但叶先生没有愤世嫉俗，没有抗争，而是全身心地投入学术研究和文学翻译，收获了累累硕果。这大概就是先生和夫人信奉的"寡欲勤奋"。他们请某位书法家书写的"寡欲勤奋"四个大字，就挂在新房客厅的东墙上。对于学术界、社会上的纷纷扰扰，先生更是敬而远之。记得那天先生说："那些事情我们也改变不了，还是关起门来专心做自己的学问吧。"我本人1998年从日本回国之后，生活境遇、工作状况欠佳，不满于社会上、学术界的种种乱象，时常感到郁闷，发不平之辞。但是，那天见到叶先生，我好像获得了很大程度的解脱。连叶先生都能忍受那些委屈，我这个年龄段的人吃点苦还不是很正常？回避不等于逃避，某种情况下回避现实也许是抵抗现实的最好方式。用佛教的术语表达，大概就是"放下"。人生短暂，时间宝贵，如果把生命浪费在自己无力改变的事情上，即近于接受绑架。与其那样，还不如在学术研究的象牙塔中发挥主动性、寻找自由。我知道，自己是从叶先生的学者风骨与文人情怀中受到了感化。

2009年是叶先生诞辰八十周年，先生退休前的单位社科院日本研究所为他举办了盛大的学术研讨会。对于先生来说，研讨会不仅是学术成就方面的认可，而且是情感上的安慰。一次与当时新任日本所所长的李薇女士闲谈，李薇说："就是要给德高望重的前辈学者足够的尊重，让他们知道自己的价值，引导青年学者健康成长。"通过此事，我对李薇的了解也多了一些。研讨会是7月31日在日本所召开的，那天天很热，但叶先生正装出席，一丝不苟地打着领带，文质彬彬，和蔼谦逊。非常荣幸，我被指定为研讨会的三位专题发言者之一，会前撰写了评述文章《文化的美学，美学的文化——浅议叶渭渠先生的日本文化研究模式》。为了写那篇文章，我阅读了叶先生的主要著作，对于先生的学术成就有了比较全面的了解；写作过程中与先生的交流，更是让我对先生的严谨、真诚有了切身的感受。令人欣慰的是，朋友告诉我，叶先生对那篇文章评价尚好。

大概是在那次研讨会后不久，叶先生向我约稿，要我为他主编的《东方文化集成·日本文化编》提供一部书稿。因为约稿的事、文章的事，与先生有过多次电话、电子邮件联系。2009年年底，先生心梗第二次发作，我得到消息之后要去探望，但因医院对探视有严格的控制，最终没能去。先生康复之后继续他热爱的研究、翻译工作，2010年10月7日曾给我打电话，问一篇文章的出处。那是最后一次听到先生温文尔雅的声音，两个月之后先生就驾鹤西归了。先生离去是在12月11日晚上，我得到消息是在四天之后，看了《北京青年报》的报道。看到报道的时候，先生的遗体已经在八宝山成灰成尘，确确实实不在人世了……当时感到震惊，拿着报纸给许金龙先生打电话询问情况，责怪他没有通知我、没让我送先生最后一程。金龙先生说叶先生一直低调，怕麻烦别人，所以亲属让他安安静静地走，没发讣告，没开追悼会……仔细一想，发现日本所的祝寿会之后我没有再见过叶先生，越发感到悲哀。人生无常，何时在何处与何人永别，只有天知道。

2011年中秋节之前，9月1日那天，我和老王一起去A派公寓看望唐月梅老师，听说叶先生的去世对唐老师打击很大。唐老师送走叶先生之后，到国外随子女住了一段时间。那时候她刚从国外回来。我是第二次到A派公寓，看到的却只有唐老师一个人了。客厅南窗下还是那两张写字台，叶先生生前使用的氧气瓶原封不动地放在写字台旁边，似乎是等待先生回来。唐老师说："总觉得他没有走。好像是下楼去了，一会儿就会回来。"她好像是在努力保留叶先生离去时客厅里的样子。但是，叶先生确实不会回来了。留在客厅里的，是陪他走过六十多年的唐老师，是他的事业，是墙上"寡欲勤奋"四个大字……

世界上有许许多多的人，摩肩接踵，熙熙攘攘。在茫茫人海中，一个人与另一个人相遇、相识，确实是"缘"。所谓"百年修得同船渡"。与叶先生相遇、相识，是我人生的一大善缘，尽管相识很晚，相处有限。对于我来说，先生不仅是知识渊博的学者，并且是人生的楷模、学者的典范。先生的博大、勤奋、谦逊、超凡脱俗，都让我景仰，并且促使我提升自己。

2013年7月17—18日写于寒蝉书房

董炳月，中国社会科学院文学研究所研究员

文化的美学，美学的文化
——浅议叶渭渠先生的日本文化研究模式
董炳月

　　叶渭渠先生在日本文化研究领域辛勤耕耘了半个多世纪，硕果累累，著译等身。在我看来，叶先生至少为中国的日本文化研究做出了两大贡献。一个是知识贡献。他通过大量的专著、论文、译著、编著，把日本作为一种知识向中国知识界和社会一般读者进行了广泛的传达。我这里所谓的"日本"是作为历史、文化、社会之综合体的日本，与此相关联，我所谓的"知识"是历史性的知识同时也是现实性的知识。如果没有叶先生的大量著述和翻译，日本这个知识对象在中国就难以获得今天这种程度的完整性。另一个是对于学术研究方法论的贡献，具体说来就是日本文化研究模式的建立。叶先生的相关论述表明，他在进行日本文化研究的时候具有自觉的方法论意识，建构并实践了自己的研究模式。不知道叶老师如何命名这种研究模式，我把这种模式称之为"文化－美学批评模式"。这个命名不一定恰当，但现在还没有更好的命名。这篇文章，主要就是结合《日本文学思潮史》[1]和《日本文化史》[2]这两本著作以及相关的日本作家论，探讨叶渭渠先生的学术方法。

一 "美"作为文化的本质

《日本文化史》被称作"了解日本文化的最佳读本"（书后广告语）并非过誉。该书出版之后，我应《新京报》之约写了一篇书评，题为《东瀛文化的中国解读》，发表在2005年11月25日《新京报》的《书评周刊》专版。这篇书评主要是从两个方面阐述《日本文化史》何以成其为"了解日本文化的最佳读本"：第一，"该书对日本文化的叙述始自日本文明的发端，注重历史延续性，同时顾及不同文化类型的均衡性。著者本是日本文学研究专家，但该书对宗教、建筑、美术以及茶道等文化类型的介绍也深入细致、鞭辟入里"。第二，"该书收录插图多幅，因此在某种程度上成为'图说·日本文化史'。对于该书来说，图片的大量使用并非仅仅是为了顺应'读图时代'的大趋势，而主要是为了更直观地展示日本文化的诸种形态。深入细致的描述与精美的图片相辅相成，将日本文化立体地展示给读者"。不过，写书评的时候我未及深入思考的问题是：《日本文化史》在把握具有漫长的历史过程并且具有多种形态的日本文化的时候，是如何发现日本文化的本质、如何理解日本文化的同一性的？带着这些问题重读《日本文化史》，我意识到"美意识"问题即美学问题，是《日本文化史》理解、把握日本文化最

---

[1] 经济日报出版社 1997 年 3 月第一版。

[2] 广西师范大学出版社 2005 年 8 月第二版。

重要的视角。"美意识"是个日语汉字词汇，经常出现于叶渭渠先生的论述中，本文亦沿用之。

《日本文化史》第一章《绳文、弥生、古坟时代的文化曙光》，论述的是日本文化的起源问题。进行这种论述的时候，著者已经把目光投向古代日本文化中的美意识。该章第五节《原初美意识的萌动》阐述道："美，是文化根源的本质。形成原初美意识的重要契机，首先是人类对自然和色彩本能性的反应，即原初美意识是由对自然和色彩之美的感觉和感动所引发的。也就是说，人类对美的感觉和感动，最先是与自然和色彩的美的素材联系在一起的。我们考察日本文化的原初美意识，也不能不溯源于自然美和色彩美。"沿着这种思路，著者结合《古事记》中的神话故事等历史文献，阐述了白色在日本人原初美意识中的主导位置以及白色与黑色、蓝色、红色这三种颜色的对应关系，推演出"古代日本人一向崇尚自然色，崇尚简素的色，并形成其审美的传统"（第30页）的结论。这种论述很有说服力，并且很有启发性。显然，崇尚白色、崇尚自然色的传统显然一直存在于现代日本社会。在我看来，日本国旗太阳旗的底色（无色的底色）应当看作崇尚白色的审美传统的国家性、政治性显现，古时的白舆（白木轿子）、现在居酒屋连锁店白木屋的命名等等，则可以看作同一审美传统的生活性、庶民性显现。

由于将"美"看作"文化根源的本质"，所以对于审美主体的探寻、描述成为《日本文化史》展示的日本文化发展史的主线之一。第一章论述了"原初美意识的萌动"之后，第四章《平安文化的全盛》设专节论述了日本古代文化中审美主体的相关问题——即第七节《古代审美主体的完成》。该审美主体的主要内涵就是"真实"（まこと）与"物哀"（もののあはれ）。著者指出："'真实'的审美意识是上古诸多文化意识和审美意识未分化的状态下最基本、最活跃、最具普遍性的因子，随着时间的推移，其普遍性逐渐演化为特殊性。""同时，'物哀'（もののあはれ）这一审美理念经历了一个较长的历史过程，由'哀'（あはれ）发展而成。'哀'起初是与'真实'共生的。奈良时代、平安时代初期，在追求神、民族、国家共同体的'真实'意识中产生了'哀'。"[1]第六章又设专节讨论"禅与近古审美的主体精神"（第三节）。在《日本文化史》中，自觉的美意识并非仅仅体现在对于具体审美范畴的探讨，而是融汇到对于诸种日本文形态（器物、建筑、宗教艺术、服饰、美术等等）乃至日本列岛自然环境的叙述之中。例如，第八章《江户时代文化的转型》讨论两种建筑艺术模式之对立的时候，即指出："可以说，从上一时代开始，日本建筑艺术已经存在两种不同的审美价值取向，到了江户时代就更明显地形成了两大对立的体系：一是表现简素和纯雅，以京都的桂离宫为代表；一是追求奢华和浮艳，以日光的东照宫为代表。两者呈现出相反的诸因素的对立，反映了两种不同的建筑审美观。"[2]日本文化中主要的美学思想与美学范畴，在《日本文化史》中都得到了论述。

"美，是文化根源的本质"，这种基本理念的存在，不仅使审美形态、审美主体问题成为《日本文化史》的关键视角，也使美意识与思想道德的关系、不同的美学范畴的差异性与相关性等等成为问题。换言之，这种理念重新定义了"美"，也重新定义了"文化"。实际上，《日本文化史》有关崇尚白色这种原初美意识的论述之中，已经包含着美意识的伦理性、不同美学范畴的关联性等问题。《日本文化史》明确

---

[1]　《日本文化史》，第125—126页。

[2]　《日本文化史》，第244页。

指出："日本古代人还以白色来表示美的理想，白象征清明、纯洁，同时代表生命的力量。这种白色的感觉文化，带有一定的伦理道德的意味，他们以白表示洁白的善，表示和平与神圣，它与表示恶的黑形成强烈的对比。"[1]当白色作为道德、心智之象征或隐喻的时候，思想道德问题便从美学问题中凸现出来，美意识问题与伦理道德问题乃至政治思想问题融合在一起。在此意义上，江户时代宋学的兴起与日本国学的日本化、近代以来对于西洋文化的吸纳等等，均为美学的重建，均可作为美学问题来理解。就不同美学范畴的关联性而言，白色作为自然之色和简素之色无疑与"真实"直接相关。结合前引《日本文化史》对于"真实"与"物哀"之关系的论述来看，对于白色的推重则间接地与"物哀"发生了关联。甚至是明治时期的实学思想，都似乎与传统的"真实"观念不无关系。

当叶渭渠先生说"美，是文化根源的本质"的时候，美是存在于不同的文化形态之中，不仅具有高度的伦理性并且具有内在的丰富性与矛盾性。

二 美：从"文化"到"文学思潮"

叶渭渠先生的《日本文学思潮史》是一部文学思潮研究著作，也是一部文化学研究著作。这样说不仅是因为文学思潮本来是"文化"的构成部分，是一种文化形态，更主要的是因为著者是自觉地在文化思想的大背景上建立自己的文学研究模式。叶先生在《日本文化史》之《后

---

[1] 《日本文化史》，第 29 页。

记》（作于2001年秋）中对自己的日本文化研究工作进行回顾，说：

> 青年时代，我从事过对日文化交流工作以及职能部门的调研工作，并承蒙时任老司长的林林先生的支持、鼓励和指导，开始在报刊上发表一些有关日本文化的文章。人到中年转而从事日本文学编辑与研究。与日本文化学研究再次结缘，是走进了中国社会科学院以后的事。那时我已年过半百，时任日本研究所所长的何方先生不嫌弃快到退休年龄的我是个累赘，接纳了我，让我研究日本文学的同时兼及日本文化和思潮，还拟聘我担任研究室主任。我有自知之明，遵从前命，而婉谢后者。这样，我才有了研究日本文化的机运。并有了更多的自由空间，得以通过对文化思想的历史阐释来构建自己的文学研究模式。文化学与文学及其他边缘学科的交叉研究，相辅相成，开阔了我的视野。[1]

这里所谓的"通过对文化思想的历史阐释来构建自己的文学研究模式"，表明在叶渭渠先生这里，文学研究与文化研究密切相关。从美意识的一致性来说，就是把"美，是文化根源的本质"这种观念贯彻到文学研究中去。

《日本文学思潮史》就是这样做的。该书第一章《风土、民族性和文学观》在讨论相关问题的时候，首先从自然、历史、政治、经济等侧面阐述日本文化的"复合性"，指出："在这种以'中和'为中心的自然历史环境和政治经济形态下育成的日本文化存在构成复合型的可能

---

[1]　《日本文化史》，第 294 页。

性。而且事实上，日本复合型的文化形态表现在各个方面，我们以作为文学和文学意识始源之一的宗教信仰为例，日本民族的原始信仰是崇拜自然神和先祖神的神道，它是原始农耕社会的宗教实体，但其宗教共同的观念和礼仪以祭祀为核心，没有特定的教义，缺乏系统的宗教意识，神道的教权没有绝对化。（中略）从这个意义上说，不仅限于宗教，而且日本文化史的结构也是以调和的形式展开的。"以此种"以调和的形式展开的""日本文化史的结构"为基础，著者提出了本质性的问题：

上述日本历史、风土和政治、经济、文化宗教形态，成为产生独特的日本国民性格的重要因素。那么，哪些来自传统文化的国民性格直接影响和决定日本古代文学意识和审美意识，以继续维护着日本文学精神和审美传统的特色呢？[1]

在这种叙述逻辑中，被强调的是诸种形态的文化以"国民性格"为中介对于文学意识和审美意识的影响，该章着重归纳了四种决定了并维护着日本古代文学意识和审美意识的"国民性格"，分别是调和与统一、纤细与纯朴、简素与淡泊、含蓄与暧昧。

著者在《日本文学思潮史》"绪论"《日本文学思潮史的研究课题》中明确指出："文学思潮的统一性植根于美学哲学，美的价值成为文学的内容与形式的统一的具体表现。"这种意识显然贯穿了《日本文学思潮史》对于从古代到近现代不同阶段日本文艺思潮的叙述，涉及文艺思想、文学创作、外来影响等诸多方面。

---

[1]　《日本文学思潮史》，第 6—7 页。

三 个别文本中的日本美

在叶渭渠先生这里，自觉的美学意识不仅给予日本文化研究、日本文学思潮研究以本质性的影响，并且同样影响到对于具体文本的分析（作家论、作品论乃至画家论）。在对具体文本的研究中，他总是努力发现研究对象独特的美学特征，并阐释这种美学特征与日本传统美学的关系。面对川端康成、三岛由纪夫、谷崎润一郎这些不同类型的作家的时候，都是如此，在川端康成的研究中表现得最为突出。1999年，叶先生与日本学者千叶宣一、美国学者唐纳德·金合编的川端康成研究论文集中译本出版，书名《不灭之美——川端康成研究》[1]强调的就是川端康成文学的"美"。叶先生在这本论文集的序文中把中国川端康成研究取得重大进展的原因之一归结为美学批评方法的运用。叶先生曾经翻译过两本厚厚的《川端康成散文选》[2]，他在序文《人生·艺术·散文——略论川端康成》中指出："川端康成的成就是多方面的，但最根本的一条是，他的美学思想是建立在东方美、日本美的基础上的，与他对东方和日本的传统的热烈执着是一脉相通的，其美学特征基本是传统的物哀、风雅与幽玄。"[3]《伊豆的舞女》[4]中译本序对川端康成以及三岛由纪夫的描述，依然是着眼于二者各自的美学形态以及双方美学形态的差异，曰："川端文学在日本传统的物哀精神与西方现代意识的结

---

[1] 中国文联出版社 1999 年 6 月版。

[2] 上、下册，中央广播电视出版社 1999 年 4 月版。

[3] 《川端康成散文选》（上），百花文艺出版社 1988 年版，第 17 页。

[4] 北京出版社 2003 年 4 月初版。

合点上创造了女性的美，充满了纤柔、风雅和深沉的悲哀。三岛文学在日本古典主义与希腊古典主义的融合中创造了男性的美，表现了肉体、刚毅和力量。"《谷崎润一郎传》[1]是叶先生的另一本日本文学研究著述，他在该书《自序》（作于2004年初冬）结尾处引用了某位研究者关于谷崎润一郎的一段话，并表示赞同。这段话是："谷崎有一种无论在什么东西上都可以发现美的才能。无论在人的暗中的冲动上，在公开的精神性、肉体性的病态上，还是在看来多么平凡的西方事物上，都可以发现其对象的独特的美。不，可以发现这些对象物存在的美。这就是谷崎文学的价值，谷崎文学的成功。"他共感于此种观点，是因为他本人具有同样自觉的美意识。显然是由于这个原因，《谷崎润一郎传》最后一章从美意识的角度对谷崎墓碑上的"寂"字（谷崎离世前亲笔所书）进行了阐述，曰：

> 　　日本人的美意识中的"寂"，包含着广泛而深刻的内容，主要是表达一种以悲哀和静寂为底流的恬淡和素朴的美，一种寂寥和孤绝的美。这些都是属于主观感受性的东西，单纯表现主观的情愫，与禅宗精神有着深刻的联系。就其文化特质来说，主要是观想性（佛语，自身心性中的佛性）的，带有浓重的精神主义、神秘主义的色彩。

这样不仅阐述了谷崎的审美取向，并且把这种阐述作为发现日本美学传统的途径。日本美学传统在谷崎的审美取向之中获得了具体性与历

---

[1]　新世界出版社 2005 年 8 月。

史延续性。

注重从研究对象中发现美这种价值取向，显然是叶先生与他的伴侣唐月梅老师共有的。这种取向必然地影响到他们对日本画家的认识。因为绘画是一种更具直观美学特征的文化形态。唐月梅老师曾主编十四册《东山魁夷的世界》[1]，她承担翻译的一册即为《探索日本之美》。她在这套书的总序《东山魁夷的世界》（2000年1月9日作）中谈到与东山魁夷的见面，说：“从他温和的谈话中，我仿佛更贴近他那颗在书画卷中探索日本美、东方美的深邃的心。”那么，这种“探索日本美、东方美的深邃的心”是一颗怎样的心？结合序文上下文来理解，就是静观的心。序文说：“东山在艺术随笔中非常强调画家要重视净化自己的心灵，然后去感受日本风景所拥有的微妙神韵，然后才能与风景相呼应，与自然心灵相交融。（中略）这种东方式的自然观，完全是基于对人生的东方式思考。东山先生在随笔中经常强调美是存在‘无我’之中，只有‘无我’才能听见发自自身之外的真实声音，才能采取与这种真实的声音相吻合的行动。”这篇序文也是同一套书中叶渭渠先生所译《中国纪行——水墨画的世界》一册的序文，这意味着东山魁夷与日本美、东方美的关系是叶先生和唐月梅的共同理解。

四 文化的主体性与文化研究的主体性

自觉的美意识贯穿在叶先生整体性的文化研究中，并且贯穿在对于文艺思潮、作家作品等具体文化形态的研究中。“文化—美学批评模

---

[1] 河北教育出版社、花山文艺出版社 2001 年 11 月版。

式"由此形成。本质上，文化诞生、成长的过程就是人类追求美的过程，因此"文化－美学批评模式"最有助于接近文化的本质。

在叶老师的研究中，自觉的美意识对于文化研究的操作层面亦发生了影响——具体说来就是用精美的图片更直观地展示文化之美。前面提到的《伊豆的舞女》中译本是叶渭渠、唐月梅两位先生共同策划的《大师图文馆》中的一册。这套书共八册，收入川端康成和三岛由纪夫的小说各四部。名之曰"图文馆"，是因为每册小说都配以精美的彩色或黑白图片。二人合写的《序》（作于2002年秋）中有言："我们编选的川端康成图文馆和三岛由纪夫图文馆各四卷，以全球唯一图文珍藏版推出，都拥有他们各自文学的不灭之美。他们的文，透出了天堂般的诗情；他们的图，传来了心灵般的回响。我们对照他们的文字，编选他们的插图的时候，就长久地、长久地陶醉在与美邂逅的愉悦中，或者深深地、深深地沉湎在艺术魅力的激流里。"由此可见，他们是自觉地将图片作为展示美的形式。这样看来，后来出版的《日本文化史》大量使用插图也并非仅仅是被动地顺应"读图时代"的大趋势，同样是在自觉地用图片更直观地呈现日本文化的美学形态。图片的使用在此成为一种学术研究的操作方式。

叶渭渠先生"文化－美学批评模式"的形成无疑具有主观、客观多方面的原因，比如叶先生个人的审美趣味、知识结构以及新时期中国学术环境的变化，等等。但其中最重要的原因应当是对于文化主体性的注重——将文化作为有别于政治或道德的对象。在《日本文学思潮史》之《后记》（作于1996年春）中，叶先生曾分析一本集体编写的《日本现代文学史》多年未能成功的三条原因，第一条就是"文学史的观念陈旧"，"往往为时代潮流或临时气候所左右，把文学史的政治内容绝对化，对文学主体性的重视不够"。这显然是其文化主体观在文学史认识上的体现。在《日本文化史》的《后记》中，他则明确将"日本文化所表现出的内在发展的自律性和外在交流的主体性"作为撰写《日本文化史》"不可或缺的主题"。在今天的学术界，文化的主体性问题已经不成其为问题，但是，对于生活在20世纪后半叶并从事文化研究的人来说，建立文化主体意识并不是一件简单的事。注重研究对象的文化主体性，才能超越一般性的政治、道德评价，发现研究对象独特的文化价值，进而发现对象独特的美。叶先生能够从三岛由纪夫、谷崎润一郎这种很容易被贴上政治标签或道德标签的作家那里发现独特的美学价值，主要就是基于对研究对象文化主体性的注重。《谷崎润一郎传》的《自序》开头曰：

> 在那荒唐的年代，连首都国际机场厅堂一幅傣族沐浴图和日本作家川端康成的名作《雪国》，也被那些伪善的道德家加以指责，前者被盖上了一块"遮羞布"，后者根本就不能面世，哪还谈得上异端的谷崎润一郎的作品，更不用说为他写传了。可是，荒唐事毕竟是荒唐事，它是经不起历史考验的，是不可能持久存在的。

这里表达的是对超道德的文化独立性的强调。某种意义上，这本传记对于谷崎润一郎的叙述也是对作为文化主体的谷崎润一郎的发现。《自序》曰："当他走上日本近代文坛，迎面刮来一阵西方文化的飓风，在一度迷失中，最终寻回了自己心中的故乡，在东西方文化冲突中确立了自己的文学方位；当军国主义野蛮地扫荡日本文坛的时候，许多文人迷失了方向，而他紧握自己手中的笔，进行艺术的抵抗。"这种抵抗是在文化主体性的层面上进行的，著者对于谷崎文化主体性的发现已经深入到谷崎与日本文化本质的一致性，即谷崎本人所具有的日本文化符号性。

文化主体性的确立并非仅仅对于研究对象才有意义，对于研究者同样有意义。因为研究对象的主体性必然对研究者的主体性提出要求。在叶先生的日本文化研究中，我们看到了两种主体的有效对话与互动。

最后应当说明的是，上文归纳的"文化－美学批评模式"必须结合叶渭渠先生研究方法的多元性才能得到充分的阐释。在《日本文学思潮史》的《后记》中，他就强调文学的"综合学科"性质，主张"采用交叉学科的研究"，在《日本文化史》中他则表明"文化学与文学及其他边缘学科的交叉研究，相辅相成，开阔了我的视野。"在叶渭渠先生的学术操作中，"文化"与"美学"作为功能性的概念深化了学术研究，同时也作为实体性的概念扩大了内涵。

2009年7月20日写毕于寒蝉书房

慰问信

　　高莽

月梅：

　　我刚刚从报纸上得知渭渠逝世的不幸消息，心中特别特别难过。所幸月前我们去过你们家，看望病后的渭渠，见了一面，畅谈了半天。当时觉得他精神很好，我们也很放心。没有想到，他这么快就抛开我们走了。

　　渭渠过于勤奋，过于努力，不顾一切地在工作，不断为读者捧出大部头成果来。他和你一样，为人低调、谦虚、和蔼，他是学者，是专家，也是一位好丈夫、好父亲，他虽然远去了天国，他仍然活在我们心中，和我们在一起。

　　月梅，你和渭渠的感情深厚，学术成就相等，方方面面都是我们的好榜样。他走后，望你节哀，注意自己的身体，我们毕竟都是七老八十的人了。文学研究和翻译事业中还有那么多事有待你完成。

我们全家都在思念渭渠!

望你多多保重!

向全家问好!

高莽、孙杰全家

2010年12月16日

高莽,《世界文学》原主编,中国社会科学院外国文学研究所研究员

漫步既定的学术之山 [1]

——记中国研究日本文学第一人叶渭渠先生

乌尔沁

融化《雪国》
穿过了"长长的隧道"

今年七十七岁的学者叶渭渠先生在学术方面享有多重身份。一般的说法有：日本文学史家、日本文艺学家、文化学史学家、日本文学理论家、日本文学翻译家，等等。本来这些头衔前面全都冠有著名两字，叶先生不喜欢"著名"这样的称呼，平淡说还是普普通通做一个学者挺好。了解叶渭渠先生的人都知道，他的学问之路最先是从翻译文学作品开始的，并且是从翻译川端康成的著名小说《雪国》为开端的。但在当年那一种特殊时代的特定气氛之下，出版《雪国》就有了它自身不该有

---

[1]　原载于 2006 年 9 月 18 日的《日本新华侨报》。

的命运和待遇。不过今天，《雪国》成为全国高等学校大学生必读书目的时刻，我们也没见到叶渭渠先生有多么外在的感叹。毕竟这会儿，叶先生已是古稀之年的高品位学者了。

当年出版《雪国》与《古都》合集的时候，《雪国》险些夭折。无论从世界文坛、日本文学史上的地位，还是从这两部小说发表的时间先后来说，书名都应是将《雪国》列在前，《古都》列在后，结果是反对者为了矮化《雪国》，执意定书名为《古都·雪国》。如今回首往事，叶渭渠先生摩挲着那一本经过岁月洗礼而变得有些发黄陈旧的《古都·雪国》，同时摩挲着一部又一部曾经一度遭到禁锢的三岛由纪夫文学作品，不无感慨地叹道：其实我们不用说得更多更广，单从同样一本薄薄的《雪国》封面，以及与三岛由纪夫文学邂逅所遭遇的变化，就可以看出我们所处时代的变迁。的确，我们从叶先生译介川端文学与三岛文学可以看到时代思想脉动和个人境遇的整体面貌。单单拿今天叶先生收获到的学术成果来论是非长短，不能算是科学的态度，真正讲良心的知识分子，不该也不会仅仅直视现实的结果，而应当更加尊重历史过程，这才是人文科学的血脉和精髓。叶渭渠和许多讲良知的读书人一样，像爱护生命、袒护情感、呵护子女那样，爱护、袒护、呵护自己几十年来特别是弃仕从学近三十余年来走过的每一步艰辛路。记得相当传统的中国文人李慎之先生把良心之旅称作"笋节"，也将它看成是读书人的名节。一个学者的名节，既有人品人格，还有学品，还有凭作品和研究成果来说话。中国学坛和中国社会科学院里，这样知名的传统学者为数不少，叶渭渠先生是其中的一位。

当代中国学界认为："叶渭渠先生作为（20世纪）80年代以后活跃的日本文学翻译家，处于译介川端康成文学的中心地位。他为川端康成文学在我国的翻译传播，做出了积极的贡献"。（王向远《20世纪中国的日本文学翻译史》）在学界和媒体中间，好多人都藏有叶先生众多版本的译作，尤其是偏爱《雪国》，这为保存着叶译《雪国》的各种不同版本，开辟了一块鲜活的绿地。我们发现，除了大学生必读的人民文学出版社的版本之外，还有山东人民出版社版本、中国社会科学出版社版本、漓江出版社版本、译林出版社版本、浙江文艺出版社版本、北京燕山出版社版本、广西师范大学出版社版本、东北师大出版社版本、天津人民出版社版本、中国书籍出版社、国际文化出版公司版本、北京出版社版本，乃至台湾木马文化事业有限公司繁体字版本等等，不一而足。叶渭渠先生实在是一位川端康成的研究大家、翻译大家，他不只在一部《雪国》的前言或者后记里面，动情地引用了以优美绝伦的文笔翻译出来的川端康成在《雪国》中的名句："穿过县界长长的隧道，便是雪国。夜空下一片白茫茫。火车在信号所前停了下来。一位姑娘从对面座位上站起身来，把岛村座位前的玻璃窗打开……"

从"地下工程"构建了里程碑

今天，当北京城的房价火速攀升，连单位的司机刚当上办公室副主任都超标住上了现成的109平方米房子的时候，现年七十七岁的叶渭渠先生仍旧住在二十多年前搬入的京城东北部团结湖的六层寓所顶层。这间只有80平方米被称为"寒士斋"的宅邸，夏天太阳直晒楼屋顶爆热，冬季未来暖气之前死冷。更加要命的是，叶先生身居六层，没有电梯，心脏有病的先生爬上爬下，总要歇上几回才行。"寒士斋"里面拥挤不堪。房间四周书柜顶天立地，真可谓是书人合居。如果想找一本要用的书，那才真的叫作顶天立地。作者在一次采访叶先生时，偷拍了叶先生在家登梯子寻书攀学术高峰的场面。由于工作原因，我去过另外一位文化大家沈从文先生在东堂子的宿舍，那副书人合一的房间样子也跟"寒士斋"相差无几。曾经，"寒士斋"住过叶先生一家老少三代七口人。就是在这种艰苦的工作环境之下，叶渭渠在这"寒士斋"墙上挂上"寡欲勤奋"的字幅，以此座右铭，成就了他自己的事业。但凡属于真正的大学者，他们往往是不问他求，只问勤奋耕耘的。

　　叶渭渠先生的勤奋，早在从事对日文化交流工作的时代就已经悄悄显现出来了。那时候，他不但出色地完成本职工作，常常受到领导的表扬，并且在业余时间勤学苦练，开始做起了日本文学及文化研究的长期铺垫、资料案头和运笔安排，写出了受到领导称赞的调研报告《反对"日美安保条约"斗争后的日本文化形势》，同时写出一些日本文化、文学的评论文章，在《人民日报》《光明日报》《大公报》《世界知识》等报刊上发表。当时这样做，不幸被人指责为"打野鸭""走白专道路"。所以社会上将叶渭渠先生早期的这一种业余学习与研究工作，称为"地下工程"。追忆往昔，这个所谓"地下工程"真可谓名副其实。理由是除了思想上的"胆大包天"、争取合理化的学习权利之外，最主要的就是利用一些业余时间，别人闲读《参考消息》、逛街、喝茶、闲聊的时间，埋头苦干自己的活儿，每晚学习或写作到夜深人静。不少记者不止一次与叶先生讨论过这样的话题——你与唐月梅先生成家近半个世纪以来，逛过几回王府井？要说王府井距离叶家也很近的。但叶渭渠的回答，只是笑着摇摇头，带笑地透露了一句："我的女儿曾批评过我没带她去逛过一次王府井。"我们对此的理解，仿佛应当是：去王府井干什么呢？

从这一"地下工程"开工以来，叶渭渠埋头读书、写作，写作、读书，从不爱张扬，低调地做人为文，这也是他一向奉行的一个生活准则，就如同他的丰厚著作一样，是在寒士斋里明摆浮搁的。真的，生活中的叶渭渠，简朴实在，惜时如金，即使"文革"期间在五七干校"体力劳动改造"，也尽量不想白活每一天。正如叶渭渠本人所云：那时候，"体力耗尽，脑筋却变得轻松，开始恢复自己已失去的独立思考能力"。正是有了独立的思考，叶渭渠才能在自己的学术领域里开辟出一条新路来。人民文学出版社在制订《日本文学丛书》计划时，负责草拟计划的编辑没有列入川端康成卷，时任编辑组长的叶渭渠将包括《雪国》在内的《川端康成小说选》作为一卷列入其中。当时负责人担心出版这一卷会引起非议。而叶渭渠认为，介绍日本现当代文学，没有川端康成则是甚为不完整的，因此叶渭渠甘愿担当这种风险，主动请缨翻译了《川端康成小说选》这一卷。

但是，当这一卷发稿之时，正值"反精神污染运动"方兴未艾，当时某一位新任中层管理者要求从中撤下《雪国》这一个中篇。巧的是，学界当时也有个别人趁机著文指责叶渭渠翻译介绍"描写五等妓女出卖肉体"的《雪国》，是"嗜痂成癖"，"被（叶渭渠）蒙蔽眼睛的（读者）并非少数"，如此这般折腾。叶渭渠就是在这种境遇中，继续不断打开一扇又一扇的川端康成的文学天窗，并以研究川端康成文学，作为研究日本文学的一个重要切入点，并取得了众所公认的成就。正如一位日本学者所说的："他（叶渭渠）的专著《东方美的现代探索者川端康成评传》以及译作《川端康成小说选》《川端康成散文选》《川端康成掌小说全集》等成果，就足以证明他居于外国，包括欧美在内的川端康成文学研究的第一人。"（千叶宣一《日本现代文学思潮史》序）

　　身为传统型知识分子的叶渭渠翻译了一部小小的中篇《雪国》，竟然那样的命运多舛。不光《雪国》，人也一样。谁又会想到在以后的日子里会带来怎样的麻烦与无奈。估计当时叶渭渠先生也不可能拥有二三十年后的"政治敏感"，作为知识分子，他也无法预料人民文学出版社2002年最新一版的《雪国》封面上，能够赫然印上"教育部全国高等学校中文学科教学指导委员会指定书目，大学生必读书"之一。清华大学还邀请叶先生在"世界名著系列讲座"上，做了题为《川端康成与〈雪国〉》的讲演。清华大学出版社将这系列讲座精选出十篇，出版了《永远乌托邦——西方文学名著导读》一书，也收入了叶先生这篇讲演稿。以善待人的学者，叶渭渠根本没有办法左右什么局势。但是，在极其有限的工作范围里，当时的叶渭渠还是尽可能地去挥发、去消耗自己单薄和微弱的能力。虽然够不上什么力挽狂澜，但他却为日本文学在改革开放后的中国大陆的解冻起步，做了划时代的铺路者。而且几十年如一日，默默地苦心经营。许多知情的业内人士评价说：叶渭渠是一个从"雪国"开始融化的文坛苦行人，是拥有个人特色的日本文学研究领域的系列化工程者。今天看来，叶渭渠就是从"地下工程"，也从对川端康成文学探讨的选择与坚持，构建了他在日本文学、文化研究领域的里程碑。

一条不进则退的学术不归路

　　作为新中国培养出来的第一代从事日本文艺学及日本文化学研究的学者，叶渭渠已经在他的学术岗位上苦行了五十年。2006年夏天，在座落在圆明园单向街图书馆的一次学术讲座中，叶渭渠先生的演讲题目就是《我半个世纪的求学之路》。这么多年以来，叶渭渠先生可谓独辟蹊径，可谓含辛茹苦，可谓与天与人苦斗，却仍然其乐无穷。叶渭渠虽然生存和苦求在学术生涯的夹缝当中，但是他从来都是乐观对待，不去计较和抱怨自己走上这条求学之路。因为工作，叶渭渠需要经常守夜爬格子，有个时期，他们夫妇还要换班享用一张写字小桌子，所以曾经有好长一段时间里，寒士斋灯火差不多是彻夜长明。叶先生晚上写作至深更夜半，唐先生天未明就早起执笔。叶家斜对面高层大楼里正好有位某出版社的编辑，深夜入睡和早晨起来，都看到叶家的灯火亮着，笑中带苦地对同行说：叶渭渠先生家的那扇窗口通宵达旦燃着不灭的灯火，难道他们整夜都在伏案？……见到、听到这件事情以后，许多叶渭渠、唐月梅两位先生的学生、同事、亲朋好友们都不无感慨地说道：叶唐二老简直就是点燃蜡烛一样，燃亮着自己设置出来的一条不进则退的学术之旅的不归路。

　　不过，白天工作、夜间开夜车的习惯，也严重地损害了叶渭渠先生的身体健康。叶渭渠被称作是一个融化"雪国"的苦行人，一点不文过饰非。事实上，叶渭渠不仅仅只是一个融化了"雪国"的苦行人，同时他也是与夫人唐月梅先生一起融化了三岛由纪夫文学的苦行人，他们又都是融化了日本文学的苦行人。说起来，叶先生与三岛由纪夫及其文学邂逅，更是命运多舛。他以传统读书人求实的态度，以翔实的资料，经过实证的研究和理性的思考，对于特定历史时期对三岛由纪夫及其文学的意识形态化的定性进行辨析，主编了两套三岛由纪夫文集共20卷，并适时地策划召开中日美三国学者参加的"三岛由纪夫文学国际研讨会"，不料却要面对遭人密告、非学术部门行政干预而不得不变更会议的方式，其中一套作家出版社版的三岛由纪夫文集也在此时遭到某公既未依法、又未依行政办事，而是个人大笔一挥，禁止发行达数年才获解禁。而叶先生则被人上纲上线，用大批判式的文章责难：叶渭渠"为军国主义分子三岛由纪夫翻案"，"民族感情到哪里去了"。叶渭渠像火在燃烧一样地抗争着、工作着。他是拿不熄的灯火和不灭的心火，融化着一个冻僵了的长久的事业。更令人注目的是，他四季如常，没有寒冬酷暑，没有周末假日，一直在埋头耕耘着，也在不断收获着。

在上述翻译、研究川端康成文学和三岛由纪夫文学的挫折面前，叶谓渠夫妇从来没有丝毫却步，他们从来都以学人的良知，求是求实地面对，一步一个脚印地走既定的求学之路，走传统型学人之路。他翻译与评论并重，他第一部问世的学术专著，便是《东方美的现代探索者川端康成传》，其后又写了修订本《冷艳文士川端康成传》、普及本《川端康成传》等。最近还出版了图文本《川端康成传》，第一版五千册，不到三个月就快将告罄。叶先生就是这样融化了《雪国》，穿过了"长长的隧道"，展开了一片更广阔的学术天地——研究日本文学史、日本文化史。

叶渭渠先生研究日本文学史，为了创造属于自己的天地，首先总结中日学者写文学史只写作家、作品单一模式的得失，从研究日本文学思潮、文化、审美意识等边缘学科入手。他的近五十万字的专著《日本文学思潮史》，从新的视角出发，以日本本土文学思想为根基，采取古代和汉文学、近代和洋文学的史的动态分析，详细论述从古代的观念形态文学思潮，到近代的主义形态文学思潮发展的全过程，来从宏观上把握日本文学史的发展规律，以凸现日本文学的民族特质。

笔者曾经与一位著名的文献学专家，专门讨论过叶渭渠、唐月梅夫妇的那一大部《日本文学史》，对于其中页注，以及附录的年表、索引、主要参照书目数据进行了点读。不说别的，单从著者的读书数量和考证数据方面来看，用"多得吓人"来形容，一点也不过分。有人就其中的主要参考书目一项，专门进行过不完全统计，起码在三四百种，凡七八百册以上，还不算日本文学史所涵盖的从古至今无以计数的原作文本。我们随手翻开2004年1月第一版的《日本文学史·近古卷》下册第731页的主要参考书目，就可以看到一种别致独特的分类方式。在这里，为读者分门别类地归纳出来一个包括史书、研究资料类、诗歌类、小说散文类、戏剧类、思潮评论类、美学类、比较文艺类等等多级别分体系的参考书目群落。光是读《日本文学史》这个资料群，应当也是一件蛮有意趣的事情。

　　其实早在前贤顾颉刚时代，就已经有学者在专门做"注释学"这项探究工作。郑振铎的《中国文学史》文献目录分类是郑氏的中国式分类法。而在这里，叶渭渠、唐月梅的《日本文学史》文献目录分类，则根据日本文学史料的实际，采用叶渭渠、唐月梅先生的日本式分类法。目前文献目录使用分类法，大概也只有这两家。这位文献学者特别赞赏这部《日本文学史》及叶著的《日本文学思潮史》的学术规范。现在，从不同角度审视叶渭渠的这些文学史写作的学术规范，也许会从其中冶炼出一般学者可能忽略，或者力所不及的东西。在讨论这部文学史的时候，一位中国学者总结性地说："今后相当长的时间内，在汉语学术界不会再有这样卷帙浩繁的日本文学通史著作出现，叶、唐两氏的四卷本《日本文学史》，是汉语写作日本文学通史的集大成，也有可能是此类写作终结的一个标志……它不仅为中国的日本文学通史写作树立了一块界标，更为后来的研究者铺下了坚实的基石。"[1]近日笔者出席了日本三

---

[1]　王中忱：《日本文学通史写作的大成和终结》，刊于《日本学论坛》2004年第3期。

大新闻之一的《朝日新闻》学艺部记者音谷健雄对叶先生的专访，有机会听到这位记者对叶先生的工作的赞叹："您像是用司马迁写史的精神工作着啊！"

中国研究日本文学史的第一人

我们知道，在日本文坛有关"日本文学思潮史"的专著并不多，在中国则更是第一部。如果没有一定的文艺学史学理论基础和厚实的资料作支撑，要对风土人情、时代精神、文学理念、审美思想、表现模式乃至代表作家、典型作品作为统一体来加以把握，并进行比较研究，是很困难的。这部学术著作所展现的成果，足以证明叶渭渠在这些方面的学识和功力，以及治学态度的严谨、治学方法的缜密，还有勇于创新的精神。叶渭渠对日本文学思潮、文化、美意识、中日文学关系等进行了专题研究，并且不断取得了许多中期成果，如撰著了《日本文化史》，还与唐先生合著了《日本人的美意识》，他主编和多人合著了《日本文明》《世界文明图库·樱花之国》，以及发表了多篇有分量的中日文学比较研究的论文等。其中《日本文学思潮史》被国内十余所大学列为考研必读参考书和大陆港台不少学者所引用，并由台湾五南图书出版公司印行了繁体字本。

这些学术成果集中表现在与唐先生合著的《日本文学史》（全四卷六册）上。他们在跋文中透露，从有了写史的意念、着手整理图书目录、搜集资料、实证与理论结合研究，到完成全书洋洋二百余万字，前后整整花了三十余年。仅从动笔写作到完稿，也花了十年的功夫。人生有几个十年，他们却将人生的一半，将数十年的心血都花在这部专著上。叶先生谈到写文学史心得的时候，着重强调了既需要重视资料积累，又不能以史料的考据来代替文学史的研究，同时需要重视文艺学史学理论的学习，否则就很难将纷繁复杂的文学现象，客观而系统地梳理出文学史发展的规律性来。而且更值得提及的是，叶先生还强调：文艺理论是不断发展和创新的，所以写史的过程，也是不断学习的过程，否则新的文艺学史学的理论构建就无法持续，研究者也难有所见。正是这一强调，叶先生在我国学界于20世纪80年代将文学与"边缘学科"交叉系统的研究方法提上日程时，就开始思考文学史的研究方法的问题。

叶渭渠写作《日本文学思潮史》的时候，在学界提出文学与"边缘学科"的交叉系统的基础上，他还独创性地提出了"立体交叉研究方法论"，即文学与边缘学科的交叉系统、文学与不同历史不同时代的交叉系统、文学与不同地域不同民族的交叉系统等三个立体交叉系统。此外，又在前人关于日本文学"冲突·融合"发展模式的基础上，根据实证考据，还提出了自己有关的"冲突·并存·融合"的文学发展模式。这引起了中日两国的日本文学学界前辈林林、加藤周一的关注和赞赏，首都师大日语系还特邀叶先生为研究生班就《日本文学研究方法论》做了专题的讲演。

叶先生这种日本文学的"立体交叉研究方法论"和"冲突·并存·融合"发展模式，也贯穿在这部《日本文学史》研究的全过程。正如日本著名学者、素有"日本文化天皇"之誉的加藤周一先生评论道："由于叶、唐两先生理解日本文学史，他们在这里运用的（立体交叉研究）方法是有效的，而且是恰当的。但是实际上，只有方法是撰写不出文学史来的。两先生为此为做了惊人的准备，博览文献，探求实证，梳理要点，并提升为理论。"加藤周一先生还评论道："（此前叶渭渠、唐月梅两先生的）这一切（中期）成果，在这套《日本文学史》里得到了集中表现。特别是以日中文化交流为中心的古代和近古的日本文学史，除了精通两国文学的叶渭渠、唐月梅两位先生以外，其他作者恐怕是无法写出来的吧。"可以说，这是对叶先生上述强调的最好注释。

中国的日本文学界以及日本文学界，对于叶渭渠在这一研究领域里的不平凡贡献已有定论，并给予相应评说。这里，我们还是客观地引用几段国内外的报道和评论：日本共同通讯社专稿《大国文化走向》（1997年3月15日）在论及季羡林先生总主编的《东方文化集成》的世界意义时，称赞该集成中的《日本文化编》主编叶渭渠是"中国研究日本文学史的第一人"。中国日本文学研究老专家林林先生评说："《日本文学思潮史》是一部实证与理论并重、资料翔实、见解独到、用中国学者的眼光来审视日本文学与文化、具有一定理论深度的学术专著。它的问世，将我国的日本文学研究提高到一个新的水平，是一部对我国的日本文学、文化研究具有划时代意义的著作。"日本著名学者、比较文学研究专家千叶宣一教授评说：《日本文学思潮史》的问世，"将作为中日学术交流的伟大金字塔，放射出不灭的光辉。我确信它将与美国著名的哥伦比亚大学教授唐纳德·金所著《日本文学史》并驾齐驱，获得日本学界的强烈反响和国际声誉"。

国内学界对于叶渭渠的研究更是佳评如潮，清华大学人文学院中文系主任、中日比较文学专家王中忱教授评论：叶渭渠、唐月梅合著的《日本文学史》是研究型的，他们的论著"可以自成一说。他们不仅建立起宏大的历史叙事框架，更主要的是，还建立起了支持这种宏大历史叙述的信念。而这是需要相当的时间才能够建立的。前面所谈到叶渭渠、唐月梅合著的《日本文学史》标志汉语学术界大规模的日本文学通史写作的终结，其深层的原因即在于此"。北京师范大学中文系主任、中日比较文学专家王向远教授评论："它（叶渭渠、唐月梅著《日本文学史》）是迄今篇幅最大、内容最丰富、资料最全面的日本文学史，也是叶渭渠、唐月梅日本文学史研究成果的集大成，显示了他们在日本文学方面的长期的、丰厚的积累。这样大规模的、高水平的日本文学史著作，不仅在中国是空前的，就是在日本，也不多见，体现了中国学者对日本文学研究的实力和贡献。"他们不愧是中国研究日本文学史的第一人。

漫步既定的学术之山

如果这里，我们一味地把叶渭渠先生的治学之路用什么含辛茹苦、坐冷板凳等一类的形象话语来描述，符合事实的同时，当然也仅仅只是他求学问题的一个方面，仅仅是叶渭渠从学半个世纪以来的一个侧影。以叶渭渠先生自谦的用语来说，"半路出家"走过的求学之路不是笔直而是曲线的，是从业余"搞自留地""打野鸭"、搞"地下工程"开始的。那么，什么样的求学之路是曲线的和"搞自留地""打野鸭"式的呢？尤其通过叶渭渠先生最近三十年的学术之旅，我们能够看到，起步之初，叶先生的治学之道，显然不属正常状态之下正常研究的范式。到底有多不正常呢？我们还是打开叶渭渠先生的散文随笔《樱园拾叶》来领略一番吧："那时还是狂热于史无前例的'文化大革命'的年代，什么意想不到的事情都可能发生。知识分子终日不得安宁，两天三头被折腾一次。大多数知识分子无一例外地经过或长或短，或一次或多次的劳动改造。尽管如此，仍未能脱胎换骨，还要附在他人的皮上，夹着尾巴做人……"

　　笔者记得"文化大革命"当中有一位自杀的大学者生前曾经讲过：夹着尾巴做人，已经是一种时代的自觉，已经成为读书人的一种特殊境遇。现在返回头来看，兴许正是这种夹着尾巴做人的境地成就了许多读书人。大概绝境求生，恐怕也就是这个道理。叶渭渠先生在他新近出版的另一本人文随笔集《雪国的诱惑》里，字里行间就渗透着这种求生与求学的艰苦境界。不信可以打开来看一看。叶先生的译笔是上乘而且文学化的，是一位严肃且成功的翻译家；叶先生的论著，实证资料丰富而且理论创新；他是一位求真求实求新和成功的学问家，同时也是一名文采出众的文化散文随笔家。作为散文随笔家，叶先生近几年出版有代表性的旧式学者散文随笔丛书《七星文丛》《巴别塔文丛》《空灵书系》《名家走世界丛书》，都将叶渭渠的集子《樱园拾叶》《扶桑掇琐》《雪国的诱惑》《周游织梦》收入其中。有的读者读了《初秋伊豆纪行》的美文，称赞道：这篇散文"（叶文与川端康成所写的《伊豆的舞女》都是）在同样一个伊豆半岛上，我们其实很难分清（叶文）是写川端康成在旅行还是叶渭渠在旅行"。可以说，叶渭渠写散文，也将自己的心灵融化在写作的对象中了。

　　正如叶渭渠本人所说的："散文并非与学问无缘。散文是'观古今于须臾，抚四海于一瞬'，在这方面，做学问者又具有利的因素，如果下功夫也是会创造出有学者特色的散文世界来的。"的确，叶渭渠先生拥有一个有自己风格的翻译世界和学问世界，又创造了一个专属于自己特色的散文世界。除了翻译、专著日本文学、创作散文随笔之外，叶渭渠还主编和编选了数量近二百卷质量上乘的日本作家文集与作品集，光讲数量，这在中国的日本文学界也是首屈一指的。叶渭渠先生翻译和创作的文字，总是那么深入人心。在全国各式图书与网络排行名居前茅，深受广大读者的诚心欢迎。笔者常常听到或读到许多读者的淘书经验谈。有一位读者谈道，"对翻译作品，我极为看中译者。一个过得硬的译者就是过得硬的品牌，值得你终生信赖。在日本文学方面，你只要看到叶渭渠的名字，就可以放心大胆去买，他已经为你挑了书、把了关，免检。"还有一位读者站在叶先生主编的日本散文随笔集《东瀛美文之旅》面前，感到囊中羞涩，但因为"（他）深信叶先生的眼光"，也就掏钱将全套十五卷本都买下来了。

　　更加叫人感动的是，叶先生对于一般读者的来信来函从不见外，不管是知名大家，或者街道居委会大妈，还是异地学院学校的读书人或者边远山区的读者，对于他们的品评见解甚至求书愿望，叶渭渠常常都是应允回复，乃至贴钱寄书，乃至有些爱好日本文学的中学生给叶先生来信诉说生活中的苦闷，叶先生都忙中抽空给他们回信，解决了他们的思想问题。这样不图虚名、助人为乐的学者，我们也曾听见过，但是仿佛不多。由此可见，读者对叶先生的一种深深的信赖。我们或许可以从叶先生用等身比高的著、译、编当中品味到一些什么？至少，那种象征叶渭渠"著译编"三栖身份的形象，已经跃然其间了。叶渭渠先生的目光是辽远又广阔的。当我们还在欣赏他曾经的旧作时，叶先生早就已经分身出来，投入到更加崭新的学术领域。叶渭渠先生面对各方记者，谈到了自己今后研究与写作的远景：今天我虽然已经年过古稀了，不过我还是希望继续不断地在自己的学术领域里耕耘，发挥迟暮的学术活力。叶渭渠先生希望能够做到：（1）在今后的研究工作和实践中，进一步完善初步建立的"立体交叉研究方法论"和"冲突·并存·融合"文学发展模式，确立更加完整的理论体系，来提高今后的学术研究水平。（2）在过去的文献资料、文艺学史学理论的准备和已写出日本人的美意识，文学史，文化史等的基础上，着手研究和撰写学术版《日本美学史》。（3）继续做好季羡林恩师任总主编的《东方文化集成》中的《日本文化编》主编，及中国社会科学院原常务副院长汝信先生任总主编的国家社会科学基金重点项目《世界文明史》中的《日本文明编》主编的工作，并有计划地与同行们合作翻译介绍更多的日本文学名著。（4）与唐月梅用五年时间对日本古典名著《源氏物语》进行重新翻译。

　　对此，叶先生说："这些是一种远景，也许是一种幻景。但我还是要切切实实去做，努力将幻景变实景。"我们愿意叶渭渠先生的这些并不遥远学术幻景能够一步一步快点变为实景。叶先生已经在他自己的求学道路上绘出了那么多的实景。我们愿意相信，真正属于"半路出家"的叶渭渠先生为自己的实景已经画好了蓝图。而且叶先生大约也会同意学术界对他的一种评价吧：历经险阻刚刚穿过了一条阴暗的"长长的隧道"，走出了《雪国》，完全融化了"雪国"，融化了日本文学，不也是绘制出一张由幻变实的壮丽蓝图？但愿今后，叶渭渠先生的求学之路能够风和日丽，不再常常遇到冰雪封山的危耸境地。正如川端康成在他的名篇《雪国》当中生动描绘的那样："那个时候，已经过了雪崩危险期，到处一片嫩绿，是登山的季节了。"愿叶先生从容地漫步在他个人既定的学术之山。

乌尔沁，中国社会科学院少数民族文学研究所文学博士

勇于探索和创新

　　——读《日本文学史》（近、现代卷）

　　骆为龙

　　笔者从事日本研究，爱读日本各类史书。以史为鉴，观古考今，这对于自己从事的研究工作，是很有助益的。近读叶渭渠、唐月梅著《日本文学史》（近、现代卷），我虽不研究日本文学，但对他们勇于探索和创新的精神，有所感触，漫然书此小文，试图通过他们的这一研究成果，结合当前的日本学研究诸问题，期待探讨一个众所关心的治学严肃性和科学性的问题。

　　从该书《后记》可以了解到，作者写这部文学史花了二十年的工夫，从资料的积累、文献的考证，到文艺理论的学习诸方面都做了充分的准备，而且在动笔之前就文学观念的更新、独自的文学研究方法论的建立、既有成果短长等写史的基本问题，进行了长期的思考，还就日本的文学思潮、美学思想、文学与传统文化、传统与现代化等多方面的课题做了中期研究工作，并取得了许多中期研究成果，出版了专著《日本文学思潮史》《日本人的美意识》，译著加藤周一的《日本文学史序说》（两卷本），主编了《日本文明》，以及发表了不少关于"传统文化与现代化"的论文。在总结中期研究实践的成败优劣的基础上，才动笔撰写这部二百万字的《日本文学史》巨著。从目前完成的百万字的近代卷和现代卷来看，的确可以说，作者的基础研究是扎实的，是厚积薄发的。如果与当前某些年轻学者为应付评定职称之类眼前的利益，读一两本书就草率成章，甚至下结论、谈"创新"的风气对照来看，这种精神是值得提倡的。这是我读后首先想到的第一个问题。

读后给我的第二点印象是其勇于探索的精神。文学史，也不仅是文学史还有其他学科的历史，都会与时代相关，又受到时代的局限，因而对历史存在的问题，特别是有争议的问题，如何以实事求是的科学态度去勇敢面对，是写史的一个需要解决的重要问题。作者在这方面是勇于探索的。我在这里只举两个棘手的问题：一个是无产阶级文学的成败问题，一个是三岛由纪夫及其文学的本质问题，都是争议很大的问题，作者并没有人云亦云，而是在充分掌握第一手资料基础上，经过客观分析，才提出自己的见解。

例如，作者对无产阶级文学的成就给予充分肯定的同时，通过对其形成和发展的内外政治、社会和文学因素的具体分析，指出它学习当时苏联"拉普"的"文学布尔什维克化""辩证唯物论的创作方法"，提倡"政治首位论"等，产生了一些负面的影响，同时评价了无产阶级文学在文学史上应有的正当的历史地位。对三岛由纪夫及其文学的复杂性，作者联系日本文化传统，将中世传统的武士道文化与军国主义当局"恶用"的武士道、传统的天皇观与军国主义推行的天皇制绝对主义等加以区别，从文本出发对三岛及其文学的双重性格，进行了社会学的批评和美学的批评，并提出经过自己独立思考的见解。尽管所提出的论点，可能见仁见智，但其对学术探讨的态度是认真的、严肃的。像上述这类日本现代文学史的重要命题，是属于历史科学的问题，这是不能回避的。尽管这些问题已有权威的结论或特定的观点，评价这些问题还是应以科学的态度来对待，这里就需要勇于探索，需要慎重缜密地研究，提出自己的见解。可以说，这是"求是"的做学问之道。通观全书，作者是向这方面做出了值得肯定的努力的。

在创新方面，一是更新学术观念，一是更新研究方法。多年来，我国学术界提出重写学术史问题，并围绕这个问题进行热烈而广泛的讨论，但最根本的就是学术观念与研究方法的更新问题。这部文学史在这两个问题上是有所更新的。从文学观念来说，作者既没有囿于旧的文学观念，将文学作为一种政治的载体，片面强调文学的政治思想性，又没有完全否定文学思想性，而是通过文学的文本审美形式来分析和论述文学的思想性，还予文学的自律性。正如今天经济学界强调需要尊重经济规律一样，文学界也需要尊重文学的规律。写文学史，尤其要写出文学本身的历史的发展规律性来。

由于更新了文学观念，该书从历史时期的划分、近代文学确立的基准、现代文学的转型，到导入西方文学的可能性，以及重复面临现代化命题等的论述，从理论、思潮到作家、作品等的分析和评价，都统一在文学的思想性与艺术性之中。也就是作者在《后记》中所强调的："这种统一性根植于美学哲学，审美价值成为文学的内容与形式的统一的具体表现。文学的主体价值也确立在其中。只有这样，才能从文学发展史的动态中，准确地把握文学本质性的东西，才能判断文学现象的性质，以及作家和作品的价值。"具体来说，这一点，通过作者对日本近现代文学史上围绕"政治价值与艺术价值""形式主义""文学的主体性""国民文学论"等几次大论争的论述，深入探讨文学与政治、形式与内容的关系，并以此不断深化对新感觉派的成败、川端文学的定位等文学史上的一系列问题的认识，都在作者的指导思想和写作实践上体现了出来，从而避免走向泛政治化或忽视文学思想的两种倾向。这两种倾向，似乎在日本文学研究中都不同程度地存在着；研究方法论的更新是与文学观念的更新相辅相成、不可分割的。多年前，学术界已就边缘学科及其交叉关系进行讨论，取得了许多共识。但作者没有满足于此，而是在文学与边缘学科的交叉系统的基础上加上了文学与不同时代以及历史、文学与不同地域、民族这两个交叉系统，即文学与不同时代和历史的共性及特殊性、文学与不同地域和民族精神的对立性及融合性，构建了"立体交叉研究方法论"。从这三个系统出发，考察日本近代和现代文学纵向的继承传统，横向借鉴西方现代文学，很好地解决和洋文学的对立与交融的关系，凸现了日本文学的特质。因此，我们综观这部日本文学史，从近代坪内逍遥、森鸥外分别引进西方的现实主义、浪漫主义，到现代川端康成、大江健三郎分别引进现代主义、存在主义，无一不是立足于本国传统文化和文学的根基上，经过对立与并存阶段，在并存中消化、吸收，实现日本化。最后作者以大量的史料，实证了日本近现代文学史不是西洋文学的变迁史，而是和洋文学融合史，有力地反论了长期以来认为日本近现代文学西方化的论点。而且可喜的是，作者在精密梳理了这段文学的历史线索之后，提升为理论，将它概括和总结出日本文学的基本模式是"冲突·并存·融合"的模式。在前人提出的"冲突·融合"模式的基础上有所发展和再创造。这是贯穿于这部文学史书的主线，从而构成了该书最大的特色。

　　作者是在不断探索、不断挖掘新的资料并加以实证和梳理、不断研究先行者的同类著作并博采众长之后才提出自己的新见解的。如果不去整理出先行文献资料，认真研读前人的成果，甚或抄袭别人的成果来谈创新，那是不可能的。笔者很赞同作者这样一个论点："学术的发展有其传承性和连续性，在沙滩上是不可能建成坚固的学术'楼阁'的。"这正是读了《日本文学史》(近、现代卷)给我们的另一个思考的问题。

骆为龙，中国社会科学院日本研究所原所长，研究员

斯人已走　风骨长存

——记老学者叶渭渠先生

屠亮智

　　扳起指头一算，叶渭渠老师已经离开我们快三年了，但与叶老师相处的日子却历历在目，永远难忘。记得2010年1月，叶老师因心脏病在北京医院住院，找了最权威的大夫动手术，换了国外最好的起搏器，而且术后感觉一切正常，我和叶老师以及唐月梅老师都以为，叶老师又能继续从事自己喜欢的事业，至少能工作十年时间是没有问题了。我们都为此高兴。然而人算不如天意，叶渭渠老师最终还是离开了我们，享年八十一岁。

　　叶渭渠老师1929年8月6日出生于越南华侨家庭。1944年8月至1950年8月在越南堤岸市穗城中学初中、知用中学高中读书时，在抗日救国的热情和感召下，叶老师和唐月梅两个年轻人走到一起相恋了。当时，叶老师在党的外围组织地下学联任学生会主席、《学生报》任主编。中学毕业后在中国银行西贡分行参加工作，同时兼职堤岸市穗城中学夜学部教员。1952年9月回国参加全国统考，考入北京大学东方语言文学系。1956年8月大学毕业后，由恩师刘振赢先生主婚，叶老师与唐月梅老师结为终身伴侣。同年9月间，两人被分配到国家对外文化联络委员会二司工作，开始了五十四年"夫唱妇随"，或是"妇唱夫随"，同舟共济进行中日文化翻译、研究的合作。

一段时间，叶老师以日本著名作家——诺贝尔文学奖获得者川端康成、唐月梅老师以日本著名作家三岛由纪夫为翻译和研究对象，并取得了重大研究成果，这在学术界是不多见的。"文革"时，1969年10月，叶老师夫妇被下放到对外文化联络委员会河南五七干校改造三年，受尽磨难，然而叶老师并没有放弃自己热爱的专业，仅凭一本《汉日词典》，闲时悄悄背单词。1972年5月叶老师夫妇回京，叶老师被分配到人民文学出版社，任编辑组长、副编审。1984年12月，他被调入中国社会科学院日本研究所，历任副研究员、研究员等职。1989年11月退休。1993年获国务院颁发的政府特殊津贴。

叶老师大学毕业后分配到国务院对外文化联络局（后升格为国家对外文化联络委员会）从事职能部门的日本文化调研和翻译工作，为之后的研究打下了扎实的基础。周恩来总理曾说："日本是应当重视的国家"，"中日两国人民应当世世代代友好下去"。中日两国人民必须通过各方面的努力，进行文化和文学的交流，方能沟通中日两国人民心灵；尤其通过学者介绍对方的文明的进程，吸收日本对待东西文化从冲突、调和到融合的历史，取长补短，相互借鉴，才能促进我国的社会、文化等方面和谐发展。叶老师以此为践行，在出版社工作时，编辑之余，于1973年10月翻译了小林多喜二的《蟹工船》。这是他最早获得公开出版的作品之一。如今许多中老年人看过的日本文学剧本《砂器》以及同名改编的电影配音翻译，也是那时候叶老师翻译的。可以说，《蟹工船》和《砂器》是叶先生的处女译作，开辟了叶先生的翻译日本文学之路。

此后，从出版社到中国社会科学院日本研究所，叶老师发奋笔耕，先后翻译出版了川端康成的系列名篇佳作多达二百万字，撰写了我国第一部研究川端康成的专著《东方美的现代探索者川端康成评传》，成为研究川端康成文学作品的开先河之作。日本著名学者千叶宣一说，叶先生"以他的专著《川端康成评传》及译作成果，足以说明他居于外国，包括欧美在内的川端文学研究的第一位"。此外，叶老师与夫人（时任中国社会科学院外国文学研究所研究员唐月梅）还合译了加藤周一的《日本文学史序说》（二卷）、山崎丰子的《浮华世家》（三卷）等。叶老师兴之所至，还写就《周游织梦》《扶桑掇琐》等四部散文随笔集。他们著、译、编兼及，已出版的著作达二百余卷，可谓名副其实的著作等身。

叶老师来日本研究所时已年过半百，他谢辞时任所长何方拟聘任社会文化研究室主任的好意，专心致志研究日本文化和文学。用叶老师的话来说，就职日本研究所是他人生的大转折。在职五年余，他发表了《日本文学散论》和七十余篇论文，主持了院级重点课题《日本传统与现代化》，与日本著名学者加藤周一共同主编了《日本文化与现代化丛书》（全十卷），并且全力投入撰著《日本文学史》和系统地研究日本文化史的前期准备工作。

叶老师的退休，又是一次人生的大转择。一般而言，颐养天年，浮生偷闲是人之常情，而他却决心"春尽有归日，老来无去时"，只要力所能及就珍惜每一次机会、把握每一次机会，才能让自己的人生无怨无悔，有益于社会。他与夫人唐月梅在退休后合著了《日本文学史》（全六卷）。1993年，国务院为了表彰他们"为发展我国社会科学事业做出的特殊贡献"，给予他们政府特殊津贴并颁发证书。

据叶老师介绍，为了撰写这部《日本文学史》，他们前后花了近三十年的时光。前期近二十年艰巨地搜集整理文献资料，他们列出的主要参考书目就分为八大类，共一百六十四种，凡五百一十册。他们认为，写文学史必须以文艺理论为主导，对史料进行严格的甄别；为此，他们在抓史料"硬件"的同时，又系统研究文艺学、美学理论和有关边缘学科知识，并取得了很多中间研究成果，出版了《日本文学思潮史》、与夫人合著《日本人的美意识》《日本文学简史》《20世纪日本文学史》等专著和百余篇有关论文。

他们花费了整整十年的工夫才完成了《日本文学史》这样一部共二百一十万字的专著。日本《朝日新闻》一位记者就此称赞道："叶、唐先生是以司马迁的治史精神来撰著这部日本文学史的。"这部专著受到国内外学界的称赞，北大教授刘烜评价：这是"国内最有规模，在学术上有总结性、奠基性的著作"。日本著名学者加藤周一认为："其贡献是不可估量的。"2008年，《日本文学史》获得中国社会科学院第二届离退休人员优秀科研成果一等奖。与叶老师独著的《日本文化史》《日本文学思潮史》等多部论著一起，这部著作被二十余所大学有关院系列为考研参考书。在中国社科出版社出版的《中国人文社会科学学术影响力报告（2000—2004）》外国文学学科论文引用前十名作者中，叶先生名列第六位。

叶渭渠老师"求知永不言倦，求学永不言老"。他称自己是："老牛拉破车，不倒继续拉。"叶老师继续实践他的诺言，在写成《日本文化史》（图文本）的基础上，2009年以八十岁的高龄又完成了四十万字的《日本文化通史》、四十五万字的《日本文学思潮史》、四十万字的《日本小说史》，合为三卷本《叶渭渠著作集》。在工作上，他以身作则，一丝不苟，重视青年科研人员的培养工作，退休以后，还孜孜不倦的带领日本所青年科研人员参与著名学者季羡林先生任总主编的跨世纪的浩大文化建设工程《东方文化集成》，并任《日本文化编》主编。

《东方文化集成》是一部多学科的大型学术性丛书。日本所至少有七位同志参与了这项工作，并有四位同志以此为自己的科研重点项目，完成了有关专著。直到他去世之前，他还不忘记向研究所内研究日本社会文化的青年学者寄去他新改写的《日本文化通史》和《日本文学思潮史》两本书，以便交流和指导。2009年，日本研究所以"叶渭渠先生日本文化研究学术研讨会暨八十寿辰纪念"的名义开了专题会，会后叶老师表示在完成了《叶渭渠著作集》等三卷本专著后，倘若寿命许可，还打算用五年时间，再扩充成六卷本专著出版。

叶渭渠老师曾多次告诉朋友，教诲青年学者"学做学问，首先要学做人。努力培养做人所需要的遒劲风骨、诚实、宽容，努力追求真理包括学问上的真理"。叶老师这样说，也是这样做的。在研究工作中突破了一些禁区和人为障碍，逆风而行。叶老师还举了一个例子：他首开译介川端康成的《雪国》，有人就著文说："《雪国》是描写五等妓女"，并对此进行指责。但2002年教育部全国高等学校中文学科指导委员会将《雪国》指定为大学生必读书目之一，并选用其译本。

叶老师刚退休时仍担任研究所学术委员，在一次学术委员会上，主持人提出学科建设"以应用研究带动基础研究"的方针，叶老师认为这有违学科建设规律，尽管要重视应用研究，但也应该是"以基础理论研究带动应用研究，才符合学科发展的规律"。争论无果，最后主持人说，这是主管我所的时任某某领导指示的。叶老师不迎上，仍然坚持己见。2009年叶老师曾对《中国社会科学院报》一位学部委员所写的文章的标题《基础理论研究哪怕往前走一小步也好》说："这才是内行人讲的内行话。"

叶老师不重名利，不计得失，以淡泊的情怀书写出高尚的人生。2006年，中国社会科学院决定对社科院资深或有突出贡献的研究人员授予首批学部委员、荣誉学部委员，主要是对研究人员的学术成就和价值给予肯定，树立一种表达他们学术地位和荣誉的象征，以培养和鼓励学者刻苦钻研、自强不息的精神，并逐渐形成风气。当年授予了四十七人学部委员，九十五人荣誉学部委员作为中国社科院内的最高学术职务和荣誉称号。荣誉学部委员、日本研究所老所长何方同志，当年曾经对来家访的研究所党委书记及随行的同志说道："其实，从我院乃至全国研究日本文化、文学的成就和学术地位来看，叶渭渠同志才是当之无愧最有资格被授予荣誉学部委员的，可惜为什么就没有他？"当时在场的同志无言可答。

2010年11月，学部委员增选工作会议传达了要增选荣誉学部委员，研究所领导很高兴，认为叶老师是最有资格的。有的同志把喜讯告知了他，认为无论是做学问、出成果，还是真正以学术研究贡献的角度来评选，叶老最有可能当选。然而他淡淡地回答，那是名利，还是做好我现在的事情吧。可惜评选文件下达一个月后，此项评选工作还没有完全展开，叶老师就突然逝世离我们而去。他留下了一种"宠辱不惊，闲看庭前花开花落"的姿态，一种"去留无意，漫随天外云卷云舒"的淡泊名利的境界。只有树立远大的理想和人生追求、乐于奉献的人，才可能始终不渝地坚守自己的理想信念，才能大有成就。叶老师就是这样的人。"岁月催人老，虚名误人生"是值得我们去思考的。

2010年10月18日，恰逢中国社会科学院日本研究所的创始人——老所长何方先生八十八岁生日，日本研究所将何方同志米寿和研究综述中期报告会结合起来开会，叶渭渠老师作为学者到会，即席祝寿并讲了话，他希望大家学习何老求真求实的风骨：作为智囊，不媚上，不跟风。其实他也是以此为我们学人树立了榜样，指导我们后辈学人向前奋进。他在学术问题上的包容心，有时将他写好的文章先给同行以及青年学者通过电邮发去，相互探讨，许多青年学者也将他们写好的文章请叶老师指教，在某些问题上，比如东西方文化互补论，有不同观点，彼此都直率地提出来。在这方面，叶老师的学术包容性，许多青年学者是深有感触的，真正体会到叶老师"海纳百川，包容乃大"的美德。

叶渭渠老师在八十一岁高龄，仍在仰而思之，忧国忧民，夜以继日，勤于写作，却没料想盼来了一个悲伤的事实。2010年12月12日早8点，我接到唐月梅老师的电话，告知叶老师已于11日晚10点在北京垂杨柳医院去世。让我感到突然，丝毫没有留给我们思考的余地，他倒下了。原本家里离医疗条件最好、有名的北京医院的直线距离很近，但偏偏救护车没办法按规定直奔而去，时间一分一秒地流失，他便再也没有爬起来。谁能料想，壮志未酬时，他却化成蝴蝶飞走了，离开了这片他深爱的土地，离开了他深爱的学术殿堂。如今，事情已经过去了近三年之久，但是，每个人的感觉都是，他还在我们的身边。叶老师——我国一位从事日本文化、文学研究的著名学者、翻译家，我们怀念您，斯人已走，昨日话语依稀可辨，昨日之景依稀在目。我们只能说，叶老师的一生是努力学习、勤奋工作的一生，他热爱日本文化、文学研究，关心研究所的建设。他的优秀品德和奋斗精神永远值得我们学习。

2013年5月26日

屠亮志，中国社会科学院日本研究所干部

怀念叶渭渠同志

孙新

　　叶渭渠同志离开我们已两年多了，我深深地怀念他，敬仰他，因为他是一位优秀的党员学者。

　　2010年12月11日，叶渭渠同志因心脏病突发，溘然去世，令我惊愕、悲痛。难以相信心脏手术曾非常成功、术后康复得又很好，而且不久前还见过面的这位长者，突然离开了他的亲人和他毕生为之奋斗的事业！

　　我很早就知道，叶渭渠同志是日本文学研究的著名学者，但对他的进一步了解，还是2001年我到日本研究所就任党委书记之后。

　　叶渭渠同志是一位优秀的共产党员。他出生于越南一个华侨家庭。新中国成立后，像许多海外赤子一样，满怀报效祖国的一腔热血，于20世纪50年代初回到祖国参加社会主义建设。他参加了全国统考，以优异成绩考入北京大学东方语言文学系。海外游子的经历使他更懂得祖国在自己心中的分量，他热爱祖国，热爱领导中国人民经过艰苦卓绝的斗争缔造新中国的中国共产党。大学期间，他曾任班长、团支部书记并光荣地加入了中国共产党。毕业后先后在国务院对外文化联络局和人民文学出版社工作。1984年调入中国社会科学院日本所工作，历任副研究员、研究员。叶渭渠同志认为自己是一位学者，更是一名共产党员，因而要时时处处发挥共产党员的先锋模范作用。他言行一致，始终以一个共产党员的标准严格要求自己，干一行，爱一行，在不同的岗位上均取得了优异的成绩。在社科院，大家把具有共产党员身份且学术造诣深厚的学者称为党员学者，叶渭渠同志就是其中的一位佼佼者。

叶渭渠同志著、译、编兼及，著作等身。我到日本所工作时，叶渭渠同志已经退休。到所不久，我到他的住所探望了这位被大家誉为"老骥伏枥，志在千里，退而不休，笔耕不辍"的老人。当时叶渭渠同志的住所比较简陋，位于高层且无电梯，这对于一位七十多岁的老人来说，生活上多有不便。在狭小的书房里，但见靠墙的书橱里排列着他们的著作和书籍，中间的写字台上放置着两台老式电脑。据说写作时，叶渭渠同志和夫人唐月梅同志（中国社会科学院外国文学研究所研究员），夫妻对坐，各自操作电脑写作，每天工作时间在8小时以上。这种勤奋精神使我深受感动。当时叶渭渠同志还就日本所的发展提出了很多建设性的意见。十多年过去了，初次探望他时的情景仍历历在目。天道酬勤，辛勤的汗水换来丰硕的成果，叶渭渠同志的等身著作，在学术界产生了广泛的影响。

他治学严谨，研究成果有自己的风格和气派。近些年来，受社会上的一些不良风气和学界的一些不良学风和文风的影响，有些人学风不正，行为不端，为他人所不齿。而叶渭渠同志数十年如一日，在学术研究的道路上甘耐寂寞，孜孜以求，践行了老一辈学者"板凳宁坐十年冷，文章不写半句空"的治学精神。大家认为他的著述经得起检验，具有自己的风格和气派，独树一帜，阅读他的作品能深受启迪。所有这些在今天更显得难能可贵。

他甘为人梯，提携后人，桃李满天下。就我所知，日本所很多青年学者都曾得到他的教诲。在他的关怀、帮助和培育下，我们国家很多从事日本文学研究的年轻学者已成为日本文学研究的骨干，目前活跃在我国科研工作的第一线。2009年，日本所举办了"叶渭渠先生日本文化研究研讨会暨八十寿辰著作集出版纪念"活动，叶渭渠同志与众多学生及各界人士欢聚一堂，场面隆重，气氛热烈，浓浓师生之情可窥一斑。就在他去世前几天，他还在自己的住所与日本所的青年学者一起讨论制订培养年青学者的计划及有关课题。所里的同志每每提及于此，仍感动不已。

今天，随着祖国的日益强盛和建设和谐世界的需要，叶渭渠同志毕生为之奋斗的日本研究事业在不断发展，致力于日本研究的科研人员一定会以优异的成绩告慰九泉之下的叶渭渠同志。在这里，我想借用一位先哲的话表达我对叶渭渠同志的怀念之情：有的人活着，却已经死了；有的人死了，却还活着。

永远怀念叶渭渠同志！

孙新，中国社会科学院日本研究所研究员

"雪国"里的怀念

胡澎

　　当我第一次知道"叶渭渠"这个名字时，还在读中学。翻开川端康成的小说《雪国》，第一行的文字就牢牢吸引了我——"穿过县界长长的隧道，便是雪国。夜空下一片白茫茫。火车在信号所前停了下来。"我几乎是一口气读完这部小说的，那种唯美、淡淡的伤感以及弥漫小说中的"虚无"的氛围，始终笼罩着我。译文流畅、优美，与小说的风格和情境融为一体，给我留下深刻印象。我留心了这本书的译者，并记住了"叶渭渠"这个名字。

　　《雪国》是我最早读到过的一本日本小说，后来又陆陆续续地读了叶渭渠翻译的《千只鹤》《名人》《睡美人》等文学作品。通过阅读他翻译的小说和撰写的传记、文学评论，我不但了解了川端康成、三岛由纪夫等作家，还了解了大江健三郎、芥川龙之介等文坛大师风格迥异、充满个性魅力的作品，也感受到了三岛由纪夫文学中的悲剧性与幻灭之感，以及日本文学作品中蕴含的日本之美和东方之美。

我赴日留学之前对日本的认识有不少源自叶渭渠的译作。留学回国后，我进入中国社科院日本研究所的社会文化研究室，就是叶老曾经工作的地方，可惜那时叶老早已退休，一直无缘相见。后来，在一次研讨会上，我终于见到了这位仰慕已久的老先生，他清瘦、儒雅、谦逊、平易，和我的想象完全一致。之后，我又在多次开会时见到他，也就渐渐熟悉了起来。2009年1月，日本诺贝尔文学奖获奖作家大江健三郎访华，应邀到我所演讲，那天，叶老夫妇也来了。叶老与大江有着较深的渊源。在1994年大江健三郎获诺贝尔文学奖时，国内读者对这个作家和作品尚不了解。叶老与同仁们先后策划并主编了两套大江健三郎作品集，呼应了国内读者迫切希望了解这个获奖作家的需求。演讲结束后，我得到了大江健三郎和叶老夫妇签在一张卡片上的签名，非常珍贵。

为庆祝叶老八十诞辰，我们为叶老制作了一份生日礼物。那是一本沉甸甸的留言册，每个研究室的人员在上面写下生日祝福。我代表我们社会研究室的同事们，将叶老翻译的作品串联起来写成了一首诗，还在页面空白处画了几只彩色的气球，每只气球里写上了我们研究室每个人的名字。

2010年，我的专著《性别视角下的日本妇女问题》出版后，给叶老寄去了一册。很快，叶老发来了电子邮件，信中对我的研究成果的出版表示祝贺，还说他一直关注日本所的年轻人，特别留意到我近年来在《日本学刊》上发表的论文。作为《东方文化集成》丛书的策划和编辑，他诚恳地邀请我参加丛书的写作。收到这一邀约，我既忐忑又兴奋。之后的一段时间，多次在邮件中和叶老商议丛书的选题，叶老还就如何收集资料、如何做前期准备谈了许多看法，令我受益匪浅。从叶老身上，我看到老一代日本研究专家对中青年研究者寄予的殷切期待，叶老对我的肯定和鼓励也激励我以更为严谨和认真的态度从事研究工作。

2010年12月12日的晚上，我从李薇所长那里得知，叶老突发心脏病、抢救无效病逝于垂杨柳医院。我深感震惊和悲伤。所长还告诉我，叶老去世前一天晚上睡觉前将准备寄我的两册新书包好，并填写好了包裹单，以便第二天邮局的人登门取书。几天后，我从同事手里接过了叶老亲手包裹的两册书和填写好的包裹单。沉甸甸的《日本文化通史》和《日本文学思潮史》被叶老用两层塑料袋和一层牛皮纸仔细包裹着，书的扉页上写着"胡澎友雅正"，他签名的地方还端端正正地盖了篆体的人名章。叶老是日本研究的老前辈、日本文学研究界的泰斗级人物，他称我这个晚辈为"友"，足见他的谦逊与平和，让我感到亲切并深受鼓舞和激励。现在，我书桌的玻璃板下就压着这张包裹单，每每看到它，就看到了叶老对我这个日本研究后辈的期待。

在八宝山举行叶老遗体告别那天，是北京十年来最寒冷的一天。叶老的旧友新朋从各处聚集而来，为叶老送行。唐月梅老师被人搀扶着，满脸的悲哀，似乎一下子衰老了许多。他们夫妻二人在日本文学的翻译和研究上各自取得了卓著的成就，不少学术成果还是他们夫妻二人的结晶。叶老将自己的书斋起名为"倚梅斋"，我想，除了表达他对梅花傲霜斗雪风骨的喜爱，还有另外一层深意，就是与夫人几十年的相扶相依、生命的彼此融合。可想而知叶老突然的离去对唐老师是多么大的打击。

叶老在日本文学领域倾注了毕生的精力。他不但是一位优秀的翻译家，同时也是一位成就非凡的日本文化研究者。他的《日本文学散论》《日本现代文学思潮史》《日本古代文学思潮史》《日本文学思潮史》《20世纪日本文学史》《日本文化史》《日本绘画》《冷艳文士川端康成传》等都是他苦心钻研的成果。这些研究成果体现了叶老对日本风土人情、不同时代精神、文学理念、审美思想、文学表现方式、代表作家和作品的了然于胸，证明了叶老在文艺学、史学理论上的扎实基础、广博的知识储备以及丰厚的学识和功力。在翻译和研究之余，叶老还写了不少散文、随笔，《樱园拾叶》《扶桑掇琐》《雪国的诱惑》《周游织梦》等随笔集让我们了解到他对日本文学、日本作家、日本社会、日本文化的点滴感悟和深层思考。每次在书店看到他的新书出版，我都会买上一本，现在，在我的书架里，叶老的著作已经占据了相当醒目的位置。

"翻译为生命，学问即人生"是叶老人生的浓缩。叶老淡泊名利，恪守知识分子的良知，从容淡定，不注重物质享受。在他那间位于六层、没有电梯、堆满书籍的"寒士斋"陋室中安安静静读书、勤勤恳恳研究和写作。"寡欲勤奋"是他的座右铭，在他退休之后，没有一天的放松和懈怠，以更饱满的热情投身写作、翻译、研究，迎来了他事业的第二个黄金期。那部四卷六册、遑遑二百万字的《日本文学史》就是他们夫妇花费了整整十年的工夫呕心沥血完成的一部巨著。我身边有不少人，退休后便放弃了一生从事的研究工作，寄情山水，安享天伦，但叶老把退休后的每一天都投入他热爱和痴迷的日本文学。一部部书稿的出版意味着叶老放弃了多少常人的休闲和娱乐，忍受了多少个酷暑严冬，度过了多少个呕心沥血的不眠之夜。

2012年的一个深秋，为了却自己多年的一个夙愿，我寻访了《雪国》故事的发生地——越后汤泽，入住了川端康成每次来都要下榻的高半旅馆。第二天一早，拉开和纸裱糊的木格子窗，我被眼前的景色惊呆了。淅淅沥沥的小雨不知道什么时候变成了漫天飞舞的鹅毛大雪，远处的山峦被雪覆盖，呈现出一幅如水墨画般的长卷。我久久地坐在窗边的椅子上，凝望着飞雪，怀念起了叶老。再有十多天，就是他离开这个世界的两年祭了。我不知道他在生前是否来过越后汤泽，但那一瞬间，我真希望他能在川端康成下榻的旅馆欣赏到这个冬天里的第一场雪。

对于中国读者来说，叶渭渠是走近《雪国》、走近川端康成、走近日本文学、走近日本文化的一座重要的桥梁。作为日本研究领域的一名研究人员，叶老在学术上的敬业、奉献精神永远是我的榜样，激励着我前行。

胡澎，中国社会科学院日本研究所研究员

凝望星空的无尽遐思
——缅怀当代日本文化研究先驱叶渭渠先生

高洪

　　叶渭渠先生是我敬重的师长——这不是严密意义上的说法。虽然先生的人品、学问令我高山仰止，但毕竟从未得入先生门墙，与其接触交往不是在他传道、授业、解惑的课堂，大多是先生拥挤不堪的团结湖旧宅。

　　1993年我从中国社会科学院研究生院世界宗教系毕业，怀着日本佛教文化研究的梦想进入日本所。岂料事与愿违，当时的社会文化研究室似乎并不缺人，我只好闲挂在当时的政治、经济、社会三个研究室之外的"综合组"里听候差遣。不久，综合组改为"综合室"，稍后又在此基础上改建"对外关系研究室"，即今天日本所的"外交研究室"。于是，我糊里糊涂地进入了政治、外交与中日关系研究系列。老实说，日本政治和中日关系都带有"热点问题"的性质，随着信息时代的到来，专家走上网络、电视等媒体，倒成了愿意出点名儿或赶点热闹的人趋之若鹜的行当。不过，我觉得搞"热点"实在没什么学术含量，加之宗教文化研究的情结难以割舍，当时那种郁闷和纠结的感受，犹如天蓬元帅一脑袋扎进了高老庄的猪圈里。就在这时候，"救星"来了。1994年春，叶渭渠先生受季羡林先生和汝信同志的双重委托，组织力量撰写《世界文明大系》中的《日本文明》卷。这个写作团队原本已有四人，汤重南、王家骅、唐月梅及叶先生自己。此四位大学者都是国内日本研究领域的大家，不知什么原因，叶先生在选择佛教相关内容的作者时，破例找了我这样的小角色担纲。承蒙先生垂青，得以业务回归本行，大喜过望的我也就"小鱼穿大串儿"般地加入了《日本文明》写作组，因此有幸到叶渭渠先生家里与他近距离接触。

叶先生当时的居家环境，与一位德高望重的学人很不相称。破旧的六层红砖楼老到没有电梯，叶先生又偏偏住在顶层。而这顶层的"优点"，就是能明显感受严冬和盛夏的季节变换。老房子格局也差，狭窄的门厅、厨房之外，有三个小房间，稍大点儿的算是书房兼创作间，另外两个是卧室和接待访客的处所，也同样堆放着大量书籍资料。根据我多次造访观察，叶先生和唐月梅先生的生活很是单调，除了在窄窄的门厅里吃饭，夫妻二人永远是一个状态——在书堆里辟出的长桌前相对而坐，每人一台电脑，噼里啪啦地敲打着键盘，以文化殉道者的执着，不知疲倦地劳作。那几年里，我因学养不足屡屡在晚上叨扰叶先生，几乎每次都能得到叶先生的新作。先生学术多产倒也没什么特别的"秘诀"，其实就是心无旁骛地坚持。一如清人张潮《幽梦影》所言："能闲世人之所忙者，方能忙世人之所闲。"有了如此境界，于是硕果累累。慵懒的我不禁暗自思量，叶渭渠和唐月梅这样天造地设的学人夫妻，大概就是为文化耕耘才来到这个世界结为伉俪的，思考和写作几乎占据了他们生活的全部。

黑格尔有句名言："智慧女神的猫头鹰是黄昏后才起飞的。"叶先生和大多数以思想为业的人一样喜欢熬夜。我夜晚去打扰叶先生的唯一的好处，是使先生停止一天的写作，在轻松的交谈小憩后安寝。每到这时候，叶先生总会沏上咖啡亲自端到我面前，然后两人坐到书堆夹空儿的单沙发上"促膝交谈"。受宠若惊的我开始时总是战战兢兢、汗不敢出。而平易近人的先生则以仁爱宽厚化解我的紧张和局促。久而久之，我在请教之余也试着在夜里说一些自己不成熟的见解。这时候，先生总是对我投以长者慈爱的目光，凝视良久后发出一声临别慨叹："唉——高洪同志，你实在不该搞政治、外交研究。"从写作《日本文明》到共同编辑《樱花之国》的七八年中，先生每每在"夜话"中规劝我回归宗教文化研究。细想其缘由，他对某些学阀式人物假手政治干预学术总是愤愤不平，较之屡屡受"气候"影响的政治、外交，更倾向于不求闻达的学术耕耘。只可惜，生性懦弱且随遇而安的我，始终没能如先生期待回调自己的专业方向，面对著述等身的先生，以及他那常人难以企及的学术高度，每每抱有十分敬佩和一丝歉疚。

如今叶先生驾鹤西去已一年有余，身后只留下无数鸿篇巨制和侪辈学子无尽的思念。静心追寻他的音容笑貌，细细回想与之交往的一幕幕往事，我尝试着从多个维度去勾勒一幅精神画像：首先，先生是志存高远的，因为"志"作为会意字本身就是士子之心，即知识分子的精神追求与梦想；其次，先生是品格高尚的，"姿即嫣乎美人，品又齐乎高士"的他绝不媚俗，更厌恶对权贵的曲意逢迎；再则，先生是儒雅高贵的，虽不至"粗缯大布裹生涯"，但的确是"腹有诗书气自华"；最后，先生是诲人不倦的，因为他有丰富的精神内涵，并随时准备为学术事业、为栽培学术后辈无私奉献。

　　这样的叶渭渠先生离去了，永远地离去了！行文至此，我蓦然记起清澈夜空下品味清咖的一个个夜晚，仿佛又在聆听他那娓娓道来的学术思想与人生真谛。相传，佛陀圆寂时曾告慰弟子："烦恼已尽，梵行已立。所作已办，不生后有。"言简意赅地表达了一个智者成道的境界。在日本文化研究领域成就了辉煌事业的叶渭渠先生今夜不再，匆匆永别时也未曾给晚生留下醍醐灌顶的偈语，但他的超凡脱俗与我的庸常苟且却又一次判若云泥。此时此刻，我独醒在京郊寂寥的星空下抚今追昔，从灵魂藏驻的五内发出一声惆怅的叹息：叶先生，您在哪里？今夜还能再赐我一杯咖啡么……

2013年7月于北京东郊常营

高洪，中国社会科学院日本所研究员

勤奋治学　淡泊名利

——忆叶渭渠先生

林昶

2013年4月，日本九州名胜波户岬，风光旖旎。我受中国驻福冈总领馆教育室的邀请，为日本九州地区中国留学生骨干培训会做新闻报道讲座。在新闻摄影的示例中，我用了一张照片，那是2009年日本研究所为庆祝叶渭渠先生八十寿辰暨新书出版会后的合影。画面中，社会科学院武寅副院长和荣誉学部委员、日本所首任所长何方先生隆重出席，手捧鲜花的叶先生夫妇坐在一旁，笑意灿烂……

从波户岬返回福冈不几天，接到许金龙先生为叶先生编纪念文集的稿约，我蓦然想起，叶先生已经离开我们两年多了！冥冥之中，仿佛叶先生正操着浓重的乡音对我说："林昶同志啊……"

一

　　叶渭渠先生是越南华侨，20世纪50年代初回到祖国。他曾在北京大学东方语言文学系求学，是我国东方学奠基人季羡林先生的得意门生。毕业后分配到对外联络委员会从事对日文化交流，后进入人民文学出版社任亚非文学组组长。

　　1984年叶先生从人民文学出版社调到日本所时，正值日本所筚路蓝缕、招兵买马的草创时期。其时，中国的日本研究人才奇缺，"文革"后恢复招生的硕士研究生刚刚毕业，日本所最初的研究室班底庞杂，包括社科院世界政治研究所撤并整体转来的日本组、伪满建国大学的学生，大学外语专业的工农兵学员，图资室和办公室则由生产建设兵团回城知青和复转军人等构成，而像叶先生这样当时即在日本文学研究和翻译界大名鼎鼎的人物甚少。对我们这些二十多岁的青年人来说，得知风靡一时的电影《华丽家族》是根据叶先生翻译的小说《浮华世家》改编的，对叶先生简直高山仰止，崇拜至极。

　　彼时，叶先生已五十五岁"高龄"，"半路出家做学问"，当是他人生中的一次重要转折。何方先生慧眼识珠，爱才惜才，将叶先生调入日本所新成立的，也是全国第一个日本社会文化研究室。

　　到日本所后，叶先生如鱼得水，他的日本文学特别是川端文学研究和翻译一发而不可收：著作《东方美的现代探索者川端康成评传》《冷艳文士川端康成传》《不灭之美——川端康成研究》，翻译《雪国》《睡美人》《千只鹤》，主编川端康成、三岛由纪夫、大江健三郎、芥川龙之介、安部公房等文集接连出版。日本著名学者千叶宣一评价说："他的专著《川端康成评传》及译作成果足以说明，在包括欧美学者在内的川端文学研究者当中，他是第一人。"

　　学问之道，贵在创新。创新是学术研究的生命。叶先生在川端文学研究和翻译的同时，潜心开创中国的日本文化研究，靠着勤奋和多年的积淀，很快成就斐然。日本文化和思潮研究的机遇，使叶先生得以通过文化思想的历史阐释，建构自己的文化研究模式，他提出的用"冲突·并存·融合"的文化模式解析日本传统与现代化，在日本文化研究界颇具影响。

　　叶先生撰著和主编的《日本文化史》《日本文明》《日本文化与现代化丛书》等一大批日本文化研究奠基式著作，使他在日本文化研究的领先地位得以确立。由叶先生担纲主持的跨世纪鸿篇巨制《东方文化集成·日本文化编》，成就了一批日本研究中坚学者和他们高质量的日本研究成果，其中就有日本所前后所员王新生的《现代日本政治》、张淑英的《新时代的日本经济》、诸葛蔚东的《战后日本出版文化研究》和宗教所张大柘的《新兴宗教与日本近现代社会》。由叶先生主编的《日本古典名著图读书系·东瀛艺术图库》，更开辟了日本文学艺术走向中国大众的新天地。

　　说叶先生，不能不说与他相濡以沫的叶师母唐月梅老师。唐老师是我的同行、前辈，前《世界文学》编辑部资深编辑。说来惭愧，我的日文始终窥其门径而不入，但我当年曾以唐老师的译作对照原文学习翻译，领略了"创造性劳动"的美妙。唐老师也是日本文学研究界的重量级人物。她的日本文学研究以三岛由纪夫切入，著有《怪异鬼才三岛由纪夫》等，还有三岛的《金阁寺》等译作。有人戏谑地说，他们夫妇俩每人守着一个自戕的魂灵。他们夫妇"十年磨一剑"联袂研究和写作的鸿篇巨制《日本文学史》，凡四卷六册，甫一问世，便受到中日学术界高度评价，2007年荣获了社科院离退休人员第二届优秀科研成果一等奖！《新京报》记者刘晋锋在一篇"采访手记"中写道："他们谈家事的时间很少，对话都在学问上。每一部译作、每一篇论著都凝结着他们的对话。有人问他们何以不断有新作问世。叶渭渠和唐月梅想：这也许是一加一大于二的结果吧。"

1990年初，叶先生从工作岗位上退了下来。退休后的叶先生没有丝毫停步，反而比在职时少了上班的劳顿和琐事，更加潜心勤奋地著书立说。我有事去叶先生在团结湖的旧居时，多次看到叶先生和唐老师在书籍堆积如山的大桌子前相对而坐，各自对着电脑写作。他们在浮华世界的那份"寡欲勤奋"、一心向学，那份坚守着寂寞的执着，让我敬重，更让我汗颜。我较叶先生年轻二十多岁，学习、研究的劲头却远不如叶先生。"做学问，贵在坚持，贵在迎难而上，贵在不懈地维护学术的尊严和追求学术的真理。"叶先生如是说。

二

说起来，叶先生与我们《日本学刊》的渊源颇深。叶先生集《日本学刊》的作者、读者和审稿专家于一身。早在三十年前《日本学刊》的前身《日本问题》创刊初期，叶先生就是社会文化研究方面的主要作者。我粗略统计，叶先生在职期间的短短五年间，以平均每年一篇多的频度向《日本问题》（《日本学刊》）提供论文，1988年一年竟达三篇之多（这也从另一方面说明其时高质量论文的匮乏）。叶先生的《日本的传统与现代化》（合著）、《空幻的理想与不安的现实——论日本理想主义和现实主义文学思想》、《20世纪日本文学回顾与思考》，1989

年度（首届）、1991年度、1999年度三度获得《日本学刊》优秀论文奖，是《日本学刊》设立优秀论文奖二十五年来获奖次数最多的作者，迄今无人出其右！

　　由于工作关系，我与叶先生接触较多。叶先生不仅在稿源上给予《日本问题》（《日本学刊》）以莫大支持，而且还对办刊，特别是社会文化专栏和我的编辑工作时常提出中肯的意见和建议。其时，我刚从日本所办公室的秘书岗位调到编辑部做内部刊物《日本问题资料》的编辑工作和《日本问题》的技术编辑，一段时间后又成为《日本问题》社会文化专栏的编辑。尽管我在部队期间一直从事宣传工作，又是中文专业出身，后来读了两年日本文化硕士课程，从事陌生的日本社会文化研究领域的编辑，凭着一股工作热情，常常不知深浅地按照自己的思路改稿。当我就此向叶先生请教求证时，他总是循循善诱，启迪我应该怎样理解文章，怎样改得贴近文意。前些时，我在福冈图书馆读到李慎之先生的《被革命吃掉的儿子》一书，其中"改文章只能顺从作者的原意，或者踵事增华，或者删繁就简……挪动几个字，便精神全出"之语，与叶先生异曲同工。叶先生说，他也是编辑出身，特别理解编辑的辛苦。而当我在编辑工作上取得些微进步、对叶先生的文章也提点意见时，他总是欣然接受，又不失时机地送来鼓励。

　　有段时间，《日本学刊》尝试引入匿名审稿，文学方面没有恰当的专家审稿，编辑部临时聘请叶先生和唐老师为匿名审稿专家。他们总是共同提出评审意见及修改建议，对佳作不吝赞美之词，而对没太多毛病但没有新意的稿子则不主张刊发。记得有一次，叶先生打来电话，说某期上的论日本文学家及作品的文章，文学家的名字和基本概念都没搞清，不应刊登。后经核对，果然是作者搞错了，我责编失察……说实话，我们的匿名审稿制度是渐次成熟的。开始时，审稿专家的职责并不明确，责编的居间沟通也较模糊。今天，《日本学刊》的匿名审稿制度进一步完善了，百余人的审稿专家队伍建立起来，像叶先生和唐老师这样认真负责的审稿专家也越来越多。他们的审稿意见，不仅让做责编的我大开眼界，学习到如何从编辑者和研究者的不同视角看论文，更让被评审作者敬佩地赞叹为"真正的专家意见"。

《日本学刊》历史上曾有过一次学术批评风波。1992年，时任中国日本文学研究会会长的李芒先生在《日本学刊》发表《日本文学在中国的翻译与评价》一文，文章对川端康成的小说《雪国》《睡美人》《千只鹤》全面批判，并不指名地批评了叶先生。可谓"鬼使神差"，编辑部在发稿时竟将其与叶先生的一篇论日本艺术美形态的文章一同发表。本来，学者有学术批评的自由，但批评者与被批评者的文章发在一本刊物的同一期同一栏目的情况实属罕见。叶先生谅解了我们的疏失。翌年，叶先生在《日本学刊》发表《川端文学研究的几点思考》，对李芒一文的川端文学研究批评进行辩驳。事后，李芒先生专程来编辑部，对叶文表示异议，并欲发文反批评。编辑部马桐山主任上报，主编赵自瑞所长指示对两位老同志都要尊重，欢迎健康的学术批评。李芒先生的文章未如约而至。风波过后，臧否不同，斯人已去，留给我的教训却颇深：一方面，应提升学术和编辑水平、了解学界动态、慎重对待观点不同甚至对立的学术批评文章；另一方面，对学术批评的寓意有了切身认识，叶先生的"文学批评应该尊重事实、尊重文学规律和尊重文学批评原理"的观点给我的教益，较前者更深刻。

叶先生家和我家住得比较近，几乎每次造访，叶先生都有新著送我，每次都郑重地签名，盖上印章。有一次，在叶先生送给的书中，看到扉页夹着一整页A4纸打满小五号字的勘误表,我不以为然地对叶先生说,我们《日本学刊》早就不登勘误了,我接触的很多出版社包括大的出版社的编辑,唯恐别人知道书中错误,能躲就躲过去……一向和蔼可亲的叶先生,神情严肃起来:"那不是对读者负责的态度!"

叶先生不仅在学术研究上一丝不苟,而且在其他方面也兴趣广泛。在他送我的几本"记录心灵深处的亲切美丽"(出版社腰封推介语)的游记中,有他游历美国、加拿大、澳大利亚、欧洲的散文、随笔,当然,叶先生更多的篇幅还是写日本,这也是我更感兴趣的。在书中,出于严谨的学术研究,叶先生对日本文学孜孜不倦的执着精神令人感佩。他流连在伊豆半岛,在川端康成家乡,在小林多喜二墓前,在日本文学大师故地的探访和触摸中寻找灵感,在与历史时空的对话中,创作之泉汩汩而出,作为读者的我,大有身临其境的生动之感。

叶先生乐于接受新鲜事物。不说当时,就是今天周围六七十岁的"电脑盲"还比比皆是吧,而叶先生极可能是国内最早的一批"换笔"者而年届耄耋还用电脑写作的人!1996年我为我的第一台486电脑配汉王写字板,就是受了早用上手写输入的叶先生的启发。他告诉我,手写输入不会改变书写习惯,不影响思维,写作速度却能提高很多……

不知叶先生的写字板换了几块?有数字为证:说来人们不信,2011年日本所建所三十周年,竟找不到完整的研究人员著作总目,当我决计搜集并完成时,有了一个惊人发现:叶先生的著作竟占了20.5%,亦即日本所研究人员数百种著作中每五本中就有一本是叶先生的,这还是唐老师已赴美而未经核实的部分书目。在叶先生八十寿辰庆祝会上,何方先生对年轻学者提出"三多主义"——多读、多思、多写。在解释"多写"时,特别提到:"著名学者叶渭渠,在不少年份著书作文都在五十万字以上……"五十万字的数字出自何处不得而知，但据我所知，那时国家刚刚恢复职称评定制度，研究员还属凤毛麟角，何方先生在任期间院部对研究员的要求是每年写作不低于五万字——视"时间就是知识，写作就是生命"的叶先生，其十倍之功毋庸置疑是下了的！

三

从个人的品性来说，叶先生保持了老一代知识分子的宁静谦和、与世无争，这也是成就叶先生深厚学问的重要因素。但叶先生也很"入世"，他关注党和国家的前途命运，有时与我们谈起社会不公、各种丑恶现象，也疾恶如仇。而对名利，视名利不说如敝屣，但淡泊名利、淡然如水，可以说贯穿了叶先生一生。

在社科院酝酿第一批荣誉学术委员时，由于推荐程序和其他原因，日本所只推出了何方先生一位荣誉学部委员，而与我们同时期在老虎庙的全总干校（今中国劳动关系学院）建所、人员结构和学术成就相差无几的美国所（何方先生曾在"自述"中说两所是"二位一体，同患难，共进退"），却一下子出了四名荣誉学部委员。大家议论起来，都很为日本所，为当然的人选——叶先生鸣不平。叶先生对此却淡然置之。前些年，社科院酝酿增补学部委员时，大家都公认叶先生当之无愧、应当实至名归的第一人选，若不是叶先生溘然离世，日本所现在应该有三名荣誉学部委员了！

回到本文开头，我在讲座中用那张合影做例子，不是向留学生骨干炫耀我的拍摄技艺，而是讲我那次"走麦城"：叶先生夫妇作为主角，本应在正中位置就座，却被挤在院、所领导的旁边。我对留学生骨干讲，合影要预先设计座位次序，如何在"官本位"的社会氛围下使照片回归本真，组织者和拍摄者在事前人员调度安排上要充分沟通，既是一项重要工作，也是一门"学问"。记得事情过去很长一段时间，我一直愧疚，后来向叶先生谈起我没有及时发现座位安排上的失误并未在事前向领导提出改善建议，造成了难以弥补的缺憾，特地向他表示歉意时，叶先生不以为意，淡然一笑，说为他举办生日会已很过意不去……叶先生的淡然、豁然，使我释然。

社科院最后一次福利分房时，叶先生向所里提出他们夫妇年事已高，希望能换一套有电梯的单元房。而所里分房的方针是向在职人员倾斜，叶先生的申请未被采纳。这个结果叶先生也安然接受。很长一段时间里，叶先生夫妇都住在团结湖那栋没有电梯的六层楼顶层的"寒士斋"，直到后来在双井买下一套商品房。一直以为叶先生和唐老师著述收入颇丰，可他们的积蓄竟不足以支付房款，还预支了出版社的稿费。

去叶先生家，给我印象最深的是书多。他们乔迁新居后，把最大的一个房间用作书房，一面墙壁是整整一排书柜，叶先生的著作、译著和主编的书籍，满满当当占据了其中一个。2009年，叶先生向日本所赠送了他一生的著述，设立"叶渭渠文库"。这是当时日本所图书馆唯一以中国学者名字命名的文库。如今，这个文库随着社科院图书的集中管理而成为院图书馆国际研究分馆的一部分，供更多的读者分享；日本所机构序列中的图书馆亦不复存在，被网络资料室所取代。因此，"叶渭渠文库"的设立，也成为日本所历史上一项空前绝后的盛举。当年，《光明日报》的文学版编辑付晓悦采访叶先生，向我索要照片时，我除了精心剪裁了叶先生的生活和讲话照片，还特意把一张文库照片加了进去，只是后来因版面紧张未能刊登，颇为遗憾。

　　叶先生的勤奋和淡泊，使他成为令日本所乃至中国日本研究界自豪的一面旗帜。所以，当2009年8月《环球时报》发表清华大学日本研究中心常务副主任，也是我的老朋友李廷江先生的《中国对日研究不必那么功利》的文章，提出"中国需要全方面地研究日本，不能只有一个功利主义的视角"时，日本所前副所长冯昭奎先生欲撰文反驳征求我的意见，我即联署并补充了一大段文字。后来，这篇文章以《如何看待中国对日本研究的"功利性"》为题在《环球时报》"国际论坛"版相同位置刊登。文章涉及叶先生，我们是这样写的：

　　　　最近，中国社科院日本所举行了祝贺著名翻译家、日本文学研究学者叶渭渠先生八十寿辰暨学术讨论会。作为研究日本文学的大家，叶先生对日本文学的翻译和研究可谓达到了"世界级"水准，一位日本学界的老前辈说用"著作等身"来形容他已经不够了，因为如果真的将他的著作横着摞起来，已经超过了他本来不矮的身高。当今，中国的日本研究呈现出多元、多样、多渠道的特征：一部分学者怀揣热心肠，甘坐冷板凳，不为时事所扰，埋头于日本的某个领域的基础研究……

　　未曾想，文章引起轩然大波，廷江反应强烈，导致我们三十年的友谊很长时间才恢复。事后，我也有所反思：究竟有无必要参与写作这样一篇文章？今天看来，廷江的文章一腔热忱，反映他对崛起中的中国面临城市化、环境治理、高科技发展等一系列问题仍需要学习、研究日本的卓见，和对中国日本研究的一种功利主义状态的焦虑，后来那篇文章固然表达了我们对中国日本研究的全面评价和看法，甚至我们认为在中国的现代化进程中功利性必不可少，但主观上绝无诋毁之意，也许是出于对叶先生尊敬的自然流露。正是叶先生等一批默默耕耘的老一代学者，与后来者共同撑起中国日本研究的一片蓝天，在国际日本研究界发出中国学者的声音，中国的日本研究不仅没有被"边缘化"，反而愈益成为当代中国国际问题研究中的一门"显学"。叶先生们的功绩应该得到极大尊重。廷江当能谅我？！

2010年12月叶先生去世时，我正在国家教育行政学院接受新闻出版总署期刊主编培训，没能为叶先生送行。以上拉杂文字，算是我为叶先生补献上的一束花吧！

2013年5月初稿于福冈

林昶，中国社会科学院日本研究所《日本学刊》副主编、编辑部主任

有些人，永远不会离去
——纪念叶渭渠先生

高兴

一

两年前，寒冬，到单位上班，一个同事告诉我说叶先生已经离世。同事还说为了不惊动大家，叶先生家人已经低调办完了叶先生的丧事。我一下愣住了。就在不久前还同晓苹去看望过叶先生和唐老师。许久才回过神来。赶紧给晓苹打电话。答案是肯定的。后来，只依稀记得，含着泪水，打上的士，急急忙忙赶往花店，急急忙忙选上一束鲜花，急急忙忙来到叶先生家。这回，来开门的是唐月梅老师。望着悲恸之中的唐老师，我明白，叶先生再也不会来开门了。

同样，叶先生再也不会拿出他的近作，一部专著，或一部译著，签上名，盖上印，笑眯眯地递到我面前。而我同叶先生二十多年的交往恰恰是从他的著作开始的。

二

20世纪90年代初，一个秋日，《世界文学》编辑部组织秋游，地点是香山。春游，或秋游，是《世界文学》的传统活动，每回都能留下一些美好的印记。那次秋游是我印象中规模最大的一次。时任《世界文学》主编的李文俊先生特意嘱咐大家偕家属同游。当时，编辑部有二十来个成员，加上家属，就是一支颇为壮观的队伍。为此，特意让院里安排了一辆大巴。我也不知是什么原因没有赶上大巴，自己坐车火速赶到香山与大家会合。文俊先生见到我时，还开了句玩笑："这才像《世界文学》的人。要是连吃饭和游玩地点都找不到，就不要到《世界文学》来工作了。"

正是在香山，在一片草坪旁，我第一次见到了叶渭渠先生。他同编辑部前辈唐月梅老师是外国文学界有名的学者伉俪。叶先生个子不高，略显瘦弱，却十分精神，清爽，有一种特别的儒雅气质，同时又给人极为亲切的感觉。见到叶先生，我有点喜出望外。我知道叶先生是川端康成专家，日本文学权威学者，著译等身，在外国文学界享有盛誉。我读过的不少川端康成的作品，都是叶先生翻译的。几乎没有任何寒暄，我就站在路边，向叶先生表达了我的敬意，并谈起了阅读川端康成作品的点滴感受。川端作品，无论小说，还是散文，都有一种特殊的韵味，仿佛某种忧伤和凄美的混合体，来自心灵，又直抵心灵，因而也就格外的迷人。而叶先生将那种韵味传达得准确极了，即便不懂日文，也完全能感觉到。我说到了《雪国》，特意谈到其中一个难忘的细节：火车上，岛村无意识地用手指在窗玻璃上划道时，忽然清晰地看到一只女人的眼睛。第一瞬间，他以为那是自己正思念着的远方的女人。可片刻之后，他才意识到那是坐在斜对面的姑娘的眼睛映在了玻璃上。多么精妙的细节！我这么说着，有点激动，就像一个学生在向老师汇报自己的学习心得。叶先生专注地听着，笑眯眯的样子，随后说道，同样有点激动："没想到，你还记得这个细节。你喜欢川端，真是太好了！"

　　几天后，上班时，唐月梅老师走到我跟前，递给我一个大信封，里面装着两本《川端康成作品集》，扉页上是叶先生清秀的签字。我顿时感到一阵惊喜和感动。

三

　　很长一段时间，叶先生和唐老师居住在农展馆附近一幢六层居民楼里。那幢楼十分普通，简朴，显得有点灰暗，没有电梯。第一次拜访叶先生和唐老师，我发现他们住在六楼，惊讶不已。两位大学者、大翻译家，都已年过六旬，竟然住在没有电梯的顶楼，上楼下楼，那么费劲，多不方便。叶先生和唐老师常常爬一层，歇一下，再接着爬，进到家门，已气喘吁吁，要好一会儿方能缓过劲来。不要说他们两位，我爬过几回，都有点吃不消。叶老师苦笑着说："这就是社科院日本所让我们学者享受到的待遇。所里当官的，哪怕是办公室的主任副主任，都比我们住得好，还口口声声说为科研服务，为专家学者服务。"接着，叶先生又黑色幽默了一把："这倒也好，天天逼着我们锻炼身体，省得去爬山了。呵呵。"我意识到，叶先生所说的这一现象，在我们国家的许多科研单位普遍存在。在一个官本位的国家，何时才真正地尊重过知识、尊重过知识分子，一切都要讲级别，一切都要凭关系，一切都要靠特权。而当官便意味着特权，便意味着金钱和利益。难怪有不少学者都不愿再做学问，而是削尖脑袋去当官了。这种现象居然越演越烈，到近些年，已发展到疯狂和病态的地步。哀哉，这样发展下去还有希望吗？

叶先生家是小三居，门厅极小，大屋用来作书房，放上书柜和书桌，基本上就没什么空间了。唐老师只好在卧室读书写字做学问。小屋就用来会客。这可能是我见到的最最逼仄的会客室。见一两个人，还勉强凑合，多了，就太拥挤和局促了。就在这名副其实的陋室里，叶先生和唐老师完成了一部又一部的著作和译作，实在是让人敬佩。我们每次到访，叶先生都会特别开心，先让我们到小屋坐下，再为我们沏上咖啡，然后，便是我最期盼的情景：到书房，取来几本新作，签字盖印，笑眯眯地递到我们手里，仿佛送上一份见面礼。这可是世上最美好最珍贵的见面礼。时间流逝，每每想起叶先生，我总会首先想到这一情景，那么的亲切、温馨，溢满浓郁的书香和真挚的情谊。

四

久而久之，我的书柜里积攒了一大摞叶先生和唐老师的赠书：《樱园拾叶》、《扶桑掇琐》、《雪国的诱惑》、《周游织梦》、《浮华世家》、《白色巨塔》、三卷本《安部公房文集》、十卷本《川端康成文集》、四卷本《日本文学史》、十卷本《三岛由纪夫文学系列》……每每看到这些著作、译著和编著，我的脑海里就会立即浮现出两位长者伏案劳作的情形。叶先生和唐老师可能是我见过的"最不会享清福的学者"。印象中，他们总在劳作，一刻也不停歇。他们不抽烟，不嗜酒，不喜欢交际和应酬，几乎所有时间都用来著书立说。能够安安静静做点学问，于他们，便是人生最大的快乐和意义。他们乐在其中。然而，有时，安安静静做点学问，竟也成了一种奢望，总会有干扰，学术之外的各种各样的干扰。

　　不得不说说三岛由纪夫研讨会，我也算半个亲历者。三岛由纪夫是日本文学中的"怪异鬼才"。但由于其右翼思想，在中国曾被简单地定义为"军国主义作家"，长期被列为学术禁区。这显然有违于学术规律。叶先生认为："三岛由纪夫的意识形态应该说是属于右翼的，他的文学结构是重层而极其特异的，都有许多值得研究和探讨包括否定的地方，因此从整体上再辨析'三岛由纪夫现象'就更显得有其必要了。"基于这一学术认知，叶先生和唐老师开始主编规模庞大的《三岛由纪夫文学系列》。对于三岛由纪夫研究，这可是项重要的基础工程，具有开拓性的意义。一切顺利。《三岛由纪夫文学系列》即将由作家出版社出版。这一时刻，日本文学界几位学人觉得有必要组织一次三岛由纪夫研讨会。那是在1995年。研讨会确定在武汉大学举办。那年9月，我赴美深造，没能去往武汉。但后来传来的消息却让我震惊，难以相信：有人告状，上纲上线，在研讨会临召开前，一个禁令下达到武汉大学，研讨会被迫取消。而这一禁令的另一后果是，已经印好的十卷本《三岛由纪夫文学系列》不得上市，只能封存在库房里，等于被打入冷宫。再一次，正常的学术研讨遭到了学术之外因素的粗暴干扰。那可是改革开放后的90年代。想想，真让人感到悲哀。远在地球的另一端，我可以想象叶先生和唐老师的郁闷、无奈和愤怒。幸好随着时间的推移，这一禁令最终失效。人们终于可以读到三岛由纪夫的文学作品，也终于能够深入地探讨三岛由纪夫现象了。这是我们时代和社会的进步。

五

2008年左右，叶先生和唐老师终于告别"蜗居"，搬进了用几乎一生的积余购得的新房。房子宽敞明亮，环境也十分幽静。这回，两位已近八旬的老人总该好好歇歇，颐养天年了。尤其是叶先生，几年前曾在美国罹患过严重的心脏病，幸亏抢救及时，才闯过了一道鬼门关。我们都特别担心他的身体，都希望他能放弃劳作，过上轻松安逸的生活。但是没有。新居里又摆满了一排又一排的书柜。落地窗旁，又整整齐齐地放上了两张书桌。终于有一个像样的书房了。有这样的书房，就更得出成果了。叶先生如此想着，身体稍稍恢复，就又投入了学术劳作。已是一种惯性，或者更准确地说，学术劳作已成为他生命的部分，又让他怎能割弃呢。

我和晓苹曾多次去过他们的新居。我们登门造访时，叶先生和唐老师倒是能放松放松。我们也希望他们放松放松。每回，叶先生都聊得特别兴奋，谈他的著述计划，谈他的读书心得，谈他的科研项目，谈着谈着就到了饭点。每回，叶先生和唐老师绝对要留我们吃饭。叶先生和唐老师都是广东人，广东人看重美食。在叶先生家吃饭，绝对是种享受。我们享受着美食，更享受着那种温馨的气氛。我们甚至还一道出去吃过饭。那有点像过节。叶先生兴高采烈地在前面领路，走过两条街，再过一座天桥，便到达富力城澳门街餐厅。叶先生和唐老师总是能找到好吃的粤菜。真是神了。记得那回，叶先生再度大病初愈，已安上心脏起搏器，身体明显虚弱，只能轻声说话。我们怕累着叶先生，编了个理由没有留下吃饭。望着羸弱的叶先生，我想，等叶先生完全康复后，一定要请叶先生和唐老师好好吃顿饭，就吃好吃的粤菜。但时间残酷，叶先生最终没给我这样的机会……

叶先生心直口快，爱憎分明，又容易激动，常常像个率真的老顽童。这样的个性容易得罪人，也容易招惹各种非议。而我恰恰就喜欢叶先生的这种率真。文人怎能没有个性？没有个性，还叫文人吗？种种缘由，我国日本文学界关系复杂，是非恩怨纠结，作为圈外人和后辈，我没有资格评说；但不管怎样，有一点是肯定的，那就是叶先生和唐老师的学术成就。几十卷的著作和译作和编著，都是一个字一个字码出来的。这是世上最诚实最神圣最令人尊敬的劳作。如此丰硕的成就，凝聚着多少心血、才华和学问。这些学术成就明明白白地摆在那里呢。学者自然要靠学术成就说话。叶先生和唐老师都是真正的学者和文人。

罗马尼亚人称作家为不朽者。叶先生写了这么多书，该是名副其实的不朽者了。想着这些，又一次走到书柜旁，又一次捧起叶先生的书，我在心里轻声地说道：有些人，永远不会离去，永远不会……

2013年6月8日于北京

高兴，中国社会科学院外国文学所研究员，《世界文学》副主编

第三辑

永远的哲学之路

京都有一座公园，大家在那里或读书，或思考问题，公园里的一条路便因此而被称为哲学之路，而团结湖那条永远也爬不到尽头的楼梯，便是叶先生与月梅先生的哲学之路。

1963 年 12 月 27 日参加"关于中日两国民间文化交流共同声明"发布

1965 年参加楚图南与中岛健藏签订
"中日民间文化交流协议"发布会

1966 年陈毅接见中国问题专家岩村三千夫等

1960 年与日本著名导演与千田是也岸辉子合影

1981 年与俄罗斯文学研究
者、翻译家川端香男里教授合影

与日本著名作家松本清张合影

1987 年与日本著名作家上田三四二夫妇合影

大江健三郎文学的创作及其结合点

——叶渭渠与大江健三郎之对谈

李薇　译

时间：2009年1月18日上午

地点：中国社会科学院日本研究所

叶渭渠： 首先祝贺大江先生获得"21世纪年度最佳外国小说奖"。对于您的获奖，我从心底里感到高兴。众所周知，在改革开放以来的中国，有非常多的日本文学作品被翻译成中文出版，其中，大江先生的作品占有重要的地位。特别是最近几年，在许金龙等学者和编辑的努力下，您的新作均得以快速与中国读者见面。

我们与先生之间，已经建立了读者与作者之间的"书缘"！正是在这种"书缘"和您的支持下，我从十几年前开始着手，已经编辑了两套您的作品专辑。更加可贵的是，2000年9月，我和林林先生曾与您进行学者与作家之间的深入对谈。一次次心灵之间的交融，给我留下深刻的

对谈

印象。今天，我感到特别美好的是，能够在我曾经工作过的令人怀念的日本研究所与先生再次面对面地交流，真是感慨万千。

最近几年，您的八部作品在中国翻译出版，我拜读了您的全部最新中译本。从中感受到您的创作系列是基于您丰厚的人生体验，您的作品具有半自传性特色。您的创作体现了对您个人生活的体验、对整个日本社会的体验，乃至对新时代的世界及其历史的体验和关怀。这些体验连接为一个整体，形成一个系列。因此，我非常希望了解的是，您的这些体验的结合点是什么。

大江健三郎：谢谢叶先生。我这次是为了领取文学奖而来到中国的，很高兴得到您的祝贺，向您表示感谢。获奖的纪念品是一个金属景泰蓝花瓶，我不知道如何体现它的价值，因为从不曾关注过这样的艺术品。我要说的是，其实对我来说，最大的愉悦是到北京能够见到老朋友，比如见到迅速而高质量地将我的作品翻译成中文的许金龙先生，见到社科院外文所的陈众议先生等等。

我本人并不是学者，但我当年是抱着成为学者的愿望而走出日本四国的小山村的，然而最终却没能成为学者，而是当了作家。

刚才，叶先生谈到对我的作品的研究，我非常感谢。叶先生还说到今天非常高兴，您是用日文表达这一语义的。我想，对于先生这样的大学者来说，可能在心里只有母语中文才能更加充分地体现出您丰富的思想，用日文说出来的时候，应当是经过了一个内心翻译的过程。不过有意思的是，您刚才使用了"美しい思い"（感到美好的）这样一个表述，这个表述虽然在法文、英文和德文里也有，不过如果是我的话，我可能会在这种场合使用"懐かしい"（怀念）来表述。在日语中，"美しい"一般用于形容美丽的地方、美丽的情景、美丽的生活记忆，表达的是对美的状态的感受；而"懐かしい"表达的则是对过去情境的怀念。但是，您使我觉得，您在此使用"美しい"更为贴切，因为，您想表达的不仅仅是怀念，您在句子中不仅使用了"美しい"，而且使用了"懐かしい"，充分表达了您丰富的内心世界——那般的美好和令人怀念。今天，我也能在这个美好的、令人怀念的场所与大家见面，这让我非常高兴！

叶先生刚才提的问题是非常重要的，而且对于现今的我也是最重要的。我简单地回答您提出的问题。您认为我多年来的创作是"半自传"小说的创作，这个判断是准确的。"半自传小说"这种思考、概念、表述是充分具有日本特色的。我认为，在法国，比如让·卢梭看似自传性的作品都不是半自传性的；在美国，弗兰克林的创作也不属于半自传性的。日本人所说的"半自传"小说是非常独特的。日本近代有一种所谓"私小说"的文类，是把自传的部分加以扩大的、超越自传的创作。那么，在日本到底有没有自传小说呢？这个问题是与对日本的近代理解相关联的，我认为是不存在的。我以为，应当做个尝试——创作一种既不属于完全的自传、又区别于纯粹小说的、相当于"半自传"体这样一种新方法、新形式的小说体。二十年以来，我就是这样尝试的。

在目前正从事的最后阶段的创作中，我遇到一个最困难的节点，已经为此考虑了很久，因而回答您提的问题，对于我自己来说也是十分重要的。您谈到我是从个人的体验开始创作，发展到对日本社会体验的自传性创作，进而努力于对新时代世界体验的自传性创作。是的，我确实是用这三种小说的写作手法，或者说分别在三个板块里进行创作的。但是，对于我来说，如何把这三个板块的创作结合起来，如何找到他们的结合点，这是非常重要的问题。如何将个人体验、日本人的体验和世界人的体验这三个角度的人之体验结合起来？什么东西能够把这三个方式的小说加以连接呢？这是您要问的，也是我正在思考的。

回答这个问题，必然要涉及到我的讲述（narrative）。小说讲述"我"的体验以及"我"对体验的思考，这个"我"也可能是以一个名字出现的。我的叙述，是把我的体验和我的思考以自传加小说的方式进行的创作，内容的相当部分反映了我的体验和我的思考，而这时的我是以小说的主人公出现的。这样的小说与我连接，与社会连接，与过去和未来连接，而连接点却是单纯的，即"我"是这样体验的、是这样想的、希望这样生活等等。在这里，一个简单的"我"，把我的创作统一起来，这是我所有小说的共同之处，同时也是结合点。

昨天，我到故宫参观，有机会看到佛教的经卷珍品。管理人员提醒大家不要触摸，我当然严守规矩，但是我得到特殊待遇，在那里足足观看了将近两个小时。那是一幅长达六公尺的佛经手抄本，字体非常工整，以至于我可以辨认其基本意思。对这部长卷经文的阅读带给我一种类似阅读小说的兴奋感。经文开首部分写的是最根本性的内容，即人心与佛教思想的应接。其中使用的是最易于理解的比喻——在与佛经邂逅之前，人的心犹如未经鞣硝的牛皮，硬邦邦的，然而，当受到佛经哺育之后，便如同经历鞣硝的牛皮，变得柔软且富有弹性，可以应对世间的一切。经卷的最后部分写的是类似社会制度方面的内容，例如应如何保持寺院和僧人制度的问题，如何开展佛教教育的问题等等，给人以很强的政治印象。那个经卷内容丰富，我站在那里解读了一个多小时，虽然很累，但是当天夜晚却难以入眠，整夜一直在回忆经卷的内容，其中有六个字给我的印象最为深刻。我的记忆力很特殊，上学的时候，我对教科书每一页只需看上十分钟便可记住，三天记忆一本书，平时并不认真上课，考试前重点阅读一小时，无论化学还是物理，成绩一直都很优秀。所以，当天夜晚我回忆起白天看到的经卷，眼前非常清楚地再现出那六个美丽的汉字——"过去""现在""未来"。这六个字似乎是以与我们现在同样的感受撰写的，又给人一种犹如8世纪末9世纪初空海和尚来中国学习时的感觉。如此端庄地被写在经卷上的那六个字，在我心里产生了很大的感应。

刚才叶先生讲到，我的小说是分别从个人的体验、日本人的体验和新时代世界人的体验的角度创作的，那么它们的结合点在哪里呢？从叙述的角度看，我的这些创作都是以"我"为叙述主体，在写作手法上，均以"我"的体验、"我"的思考为结合点；从思想的角度看，这些创作都是以上述"过去""现在""未来"为结合点的，即我的创作所要表达的主题是与这六个字相一致的。这就是我的文学。正因为如此，我对昨天的经卷内容才会有如此深刻的感应，对今天叶先生切中核心问题的提问感到莫大的欣慰。

中日作家学者四人谈 [1]

邱雅芬　译

组织者：环球时报社

时间：9月26日晚

地点：北京贵宾楼饭店大江健三郎下榻处的房间

出席者：日本著名作家、1994年度诺贝尔文学奖获得者大江健三郎（以下简称大江），中国作家协会顾问、中日友协副会长林林，中国社会科学院日本所研究员叶渭渠，中国社会科学院外文所研究员唐月梅

翻译：中山大学外语学院副教授邱雅芬

---

[1]　邱雅芬根据录音整理，原载于 2000 年 9 月 29 日的《环球时报》。

"我是中国文学的读者"

大江：我初次见到林林先生是二十五岁，当时先生多大年龄呢？

唐月梅：林林先生今年九十岁。

林林：我现在是九十整，明天就是我的生日。

大江：当时林林先生应该是五十岁，负责接待我们。我们代表团的团长是野间宏先生，他与林林先生同岁，如果野间先生还活着，今年也有九十岁了。

林林：先生此次来访将对中国文艺界、文化界产生影响，并将获得更多的中国读者。

大江：中国的新文学始于1920年，也可以说始于1918年至1920年之间。我于1960年访问中国，1920年至1960年是四十年，这四十年间的中国文学，我读了许多，比如我见过的茅盾、老舍、郭沫若、巴金的作品。我也读了鲁迅、郁达夫的作品，所以，我对这四十年的作品比较了解。现在，我又来到中国，这其间又经过了四十年，即1960年至2000年。我对这四十年间的中国新作家也很关心。我是中国文学的读者。我感叹八十年以来，就是这些作家们创造了中国的现当代文学。

四人谈

林林：鲁迅时代的日本文学给予中国文学很大的影响，比如夏目漱石、厨川白村等。我以为此后四十年间的中国作家在文化功底及外语等方面不如前四十年的作家们。

大江：我却认为这前后四十年的作品都很有趣。我经常想，如果"五四"时期，日本作家能向中国作家学习，那么日本文学将呈现出另外一个面貌。比如，芥川龙之介于1921年访问中国并见到了胡适，他们用英语进行了交谈。另外，当时鲁迅正以周虎人的笔名翻译发表芥川龙之介的小说《罗生门》。茅盾也很关心日本文学。但是，日本人是从中国的古典学习中国文学，却没有向同时代的中国作家学习，这很遗憾。

大江：我经常提到莫言，他属于最近二十年的作家。但是，近二十年来，过去有许多未翻成日语的中国作品也被译成了日语。比如，给我留下印象最深的是钱钟书的《围城》，它在大约十年前被译成了日语。我以前不知道《围城》，但读过这篇作品后，我受到很大震撼：中国竟有如此优秀的作家！《围城》中的人物是富于知性的。读过《围城》，我感觉日本人很野蛮，是侵略了中国的野蛮人。

既表现美的事物，也表现战斗

唐月梅：我每次在小说里或随笔中读到先生写的有关先生对令公子光的关怀与体贴的描写，特别是通过幼小的光听见林间传来鸟声，第一次用人类的语言说出"这是水鸟"，先生看到了希望这段描写，我作为一个女性，一个母亲，我的心受到极大的震撼。大江先生作为光的父亲和作家，将这种切身的生活体验，通过文学将它提升到对人的生存的关怀，并以一种纯粹日本式的感受性表现出来，在这里我想请教先生，你是如何将吸收西方存在主义的理念和技法，融入到这种纯日本伦理观念、纯日本式的思考方法中的？

大江： 在我的作品中，想象力是最重要的，我认为萨特对此有非常深刻的理解，我从他那里接受了许多影响。什么是想象力呢？即将微小的个人与大社会、大世界联系起来，这是最为关键的，因此我思考广岛问题、核武器问题。同时，我也考虑自己的孩子。我的文学的重点，就是将这二者联系在一起，也就是说，我的文学始于存在主义。我不敢肯定我是否具有日本特质，但我希望描写新日本人的思想，将个人与世界联系起来表现新日本人，即不再重蹈南京大屠杀覆辙的日本人，与有生理障碍的孩子一同生活的日本人。我想，这样的日本人是不会去杀人，去制造核武器的。

叶渭渠： 先生的视野非常广泛，从生活中的残疾儿体验到原子弹受难者生活的体验，并把它们紧密地结合在一起，林林先生经常对我谈及这个问题。也就是说，先生发扬了积极的人道主义精神。

大江： 德国作家托马斯曼是位人道主义作家，纪德也是。可是，他们无法反抗纳粹战争。所以，我们必须做战斗型的人道主义者。虽然我是存在主义者，但我是积极的存在主义者，是战斗型的人道主义者。日本的文学家擅长描写美，比如川端康成、谷崎润一郎等，他们再现了"美"。我也能表现美的事物，但我也表现斗争，这是我的生活方式。

批判地继承也需要想象力

叶渭渠： 大江先生虽受存在主义的影响，但吸收存在主义的理念是按照自己的思考方式来取舍与扬弃而加以日本化的。在这点上，我们注意到大江先生强调"传统性在文学上的表现"，以及重新发现传统文学

《源氏物语》，并创作实践中出色地解决本土与外来、传统与现代的问题，从日本走向世界。

大江：我受外国文学的影响，但我不是作为东京人进行创作的，我主要描写边远地区的人。我认为中国作家也是如此，比如郑义的《老井》、莫言的《红高粱》等，我想它们受到了拉丁美洲文学和陀思妥耶夫斯基等人的影响，这些作品也不是以北京而是以边远地区为背景描写的，如毛泽东主席所说，发动游击战争，以农村包围城市。这是我与莫言等人的共通之处，但他们比我描绘得更有力度。中国的边远地区以及民众是中国文学的宝库。

唐月梅：我对先生对于日本传统"私小说"的批判继承十分关注，是否先生谈谈这方面的创作体验呢？

大江：批判地继承也需要想象力。比如，威廉·布莱克说，一粒砂中存有宇宙，一朵花中包含所有的美。在广岛发生了原子弹轰炸之后，在日本人了解了南京大屠杀之后，我认为我已无法再写身边的琐事，无法再写"私小说"了。德国的阿德鲁诺也说，当德国人了解了纳粹的暴行之后，德国人还能创造艺术吗？

唐月梅：存在主义早在20世纪初就已经传播至日本，但当时在日本社会文化的大社会环境下没有适宜发展的土壤，战后经过众多作家的努力才得以再传播，尤其是在安部公房和大江先生等作家的创造性的努力下，完成了存在主义本土化。我想请大江先生谈谈存在主义与日本文学邂逅的命运。

大江：存在主义之所以能在日本成长，我认为的确是经过众多作家的努力才得以再传播，安部公房和我也采取积极的态度。我们经历了第二次世界大战，经历了广岛、长崎事件，另外还有南京大屠杀，把这些写入文学，这是资本主义的命运。我生了我的儿子，这也是命运。该如何担起自己的命运呢？把音乐教给患有脑功能障碍的儿子需要付出很大力气，我觉得这是我的命运，我承担起了这个责任。

叶渭渠：存在主义本土化的问题一个很重要的因素，是语言和文体的问题。有日本评论家说，只有少数日本作家使用纯日本文体和语言，大江先生是其中之一人。另外，我看大江先生近年来创作了《燃烧的绿树》和《空翻》两部作品，把人类最最关心的邪教及其危害人类社会的活动用文学加以表现，我想请先生谈谈这方面的体验。

大江：首先，存在主义文学的特点是用头脑思考，并通过肉体书写。人既有理性，又有非理性的欲望，我想描写完整的人。"私小说"的作者们静静地描写自己的私事，这是可行的。但是，我想表现具有各种欲望的人，比如怀有强烈的绝望和悲哀等情感的人。我创作时需要经过反复推敲，对人的各种情感进行思考，这么创造出了我的非常复杂的文体。有许多人说我的文体不如三岛由纪夫的美，但我要继续我的文体，因为这是我经过长年反复推敲之后的东西。另外，我将当今社会存在的诸多问题用文学的形式表现出来，我认为这是文学家应该担负起的责任。我认为，思考当今的年轻人如何对待信仰、灵魂的问题以及死亡、未来等问题是非常重要的，因为社会的矛盾和个人矛盾都集中地反映在新出现的宗教中。作家不能因为奥姆真理教的错误而无视其存在。我认为可以社会性地裁定法轮功是错误的，但作家应该站在信仰者的立场上思考人之所以信仰它的原因，同时，作家还应该告诉人们，这种宗教不可能真正拯救人类，不会真正地给人以希望。

唐月梅：谢谢先生今天一番话。

《日本文学史》序

——寄予叶渭渠、唐月梅著《日本文学史》

加藤周一 著 施健云 译

日本文学史是由三种因素组成。第一是"日本"这个地域，其民族文化；第二是"文学"其作品和作者；第三是"历史"。

"地域"至少是具备发达文字文化的地域，无论它在地球的任何位置上，都不是脱离周边而孤立存在的。日本的情况，则是大量地接受了中国大陆文化和文学的影响，但并没有因此而丧失日本文化和文学的独自性。

"文学"是广义的文化现象之一，我们不能脱离文化的整体去谈论文学。比如文学与时代思潮是密不可分的，文学与经济的各种条件是相互联系的，同时也可以将文学视作社会男女关系的表现。因此我们对文学的研究，不仅要从美学的视界出发，而且还要从多视角出发，构建与哲学、宗教学、社会学、经济学等诸学科的交叉关系。

"历史"不是列举过去发生过的事，而是叙述发生过的事的历时性（diachronic在历史发展过程中的变化——译者注）。这种关系不一定是因果论，而是一种根据特定的原理朝着变化的目的论方向发展的形态。如何在相继发生个别的事实中认同一切整合的秩序，这是历史理论的问题。在存在于复数可能性的理论中，决定选择哪种理论，这是历史哲学的问题。有的人按年代顺序排列图书馆的文学作品目录来逐一地解释作品，并称之为文学史，然而实际上，这不是历史。它可能是有趣的读物，也可能是有益的参考书，却不能把它代替文学史。没有理论，就没有历史。但是，不能说有理论，就有历史。同样，对个别事实没有详尽的理解，而只是借过去通用的理论，也不是历史，而只不过是获得一具没有血肉的历史形骸罢了。文学史尤其是如此。文学作品如同一般艺术作品，不同时代有不同时代的精神及其时代局限性，同时它又有超越时代的一面。而且这一面，对作品的评价是具有决定性意义的。

"地域""文学""历史"三者是相互联系的。对其复杂的关系局限性与超越性、个别性与普遍性、持续与变化有意识地加以整理、综合并表述出来，这就是文学史的研究方法。大概是没有一种方法对任何地域、任何时代都是有效的、普遍适用的吧。因此在论述特定地域、特定时代的文学史时，应该思考最有效的方法。

叶渭渠、唐月梅两先生撰写这套全四卷的《日本文学史》所运用的方法是，古代以日中文化交流、近代以和洋文化交流为主轴，分析并综合了文学与地域文化、社会、历史之间的关系。这种方法，重视文化的交流，当然否定了日本文学的"自发论"。同时也不采用中国文化和西方文化的"影响决定论"。在这里，影响是相对的，在影响下实现"日本化"的过程，这才构成日本文学史的特质。这一方法与夏目漱石论述日本近代文化的西方影响时所使用的"内发性"与"外发性"这两个概念可能是相通的吧。叶、唐两先生提出的日本文学本土化"的基本模

与加藤周一在福冈学术研讨会上

式，是"冲突·并存·融合"的模式，并认为这是日本文学史不断循环运行的模式。我赞成两先生这一论点。由于他们理解日本文学史，他们在这里运用的方法是有效，而且是恰当的。

但是实际上，只有方法是撰写不出文学史来的。两先生为此做了惊人的准备，博览文献、探求实证，梳理出要点，并提升为理论。也就是说，他们此前已对日本的文学思潮、美意识、文明、日中文学关系诸课题进行了各项研究，并且不断地撰写出有关著作来。这一切成果，在这套《日本文学史》里得到了集中的表现。特别是以日中文化交流为中心的古代和近古的日本文学史，除了精通两国文学的叶、唐两先生以外，其他作者恐怕是无法写出来的吧。这部著作不仅对中国读者，而且对包括我在内的日本读者来说，其贡献是不可估量的。

加藤周一，日本思想家、文明史学家、评论家、小说家

《日本现代文学思潮史》序

千叶宣一　著　施健云　译

今天人们迎接世纪末，正式编写20世纪文学遗产名录，并不断从根本上重新评价其文学史的价值和意义的时候，期待已久的、现代中国具有代表性的日本文学评论家、文学史家、敬爱的叶渭渠、唐月梅梁教授合著的《日本现代文学思潮史》问世了。它将作为中日学术交流的伟大金字塔，放射出不灭的光辉。我确信它将与美国著名的哥伦比亚大学教授唐纳德·金所著的《日本文学史》（近现代篇）并驾齐驱，获得日本学界的强烈反响和国际声誉。

人们常说，评价历史者将得到历史的评价。叶、唐两教授崇敬历史人物的沉默声音，并同过去对话，刻意由此而努力发现创造未来所需的规范性的经验教训。所以，作者第一义的实践课题，就是探索有关传统文化的现代化再生及再创造这种理念与方法。怎样才能从生成和存在于文化空间中心位置的文学传统的胚胎内，将陈旧的因袭和亡灵驱逐出去，朝着新的文学创造，让沉睡的传统的生命力再度活跃起来呢？叶、唐两教授就是通过宏观展望和微观分析日本现代文学史，来论证这种文学现代化的方法的可能性的。他们还进一步把传统与创造的有机联系，作为文学史规律性问题来加以考察。而且对照日本文学在现代化过程中引进西欧文学所产生的各种影响，洞察形成日本现代文学史框架的文艺思潮的史的动态，并通过分析它与西欧文艺思潮的依存关系，以判断日本文学有无其民族特质和普遍的国际意义。

当年象征派学者、诗人、比较文学研究家日夏耿之介把日本文学史视为西欧文学的影响史。日本有代表性的比较文学研究权威岛田谨二博士还断言，明治、大正、昭和的新文学像是西欧文学的支流，只不过是企图努力将西欧文学的传统日本化而已。的确，日本近代国家的形成过程，不仅是通过文学，还通过法律、政治、外交、商业、经济、军事、科学、教育、体育等诸领域，让人感到其基调是西欧化的成功。江户末期的日本——它被看成是西欧帝国主义列强掠夺殖民地竞争的最后奖赏——在国际政治的现实主义中觉醒了，它断然地进行了明治维新，为了作为近代国家而自立，就以西欧作为样板，实行文明开化、殖产兴业、富国强民的国策，把立身出世主义作为其生活的原理，从现代化的道路出发，已经过去一个世纪了。日本现代化的史的结构，是以从外从上而来的新西欧文明的冲击，和从内从下而来的旧传统的反拨，作为一种紧张关系的动力而展开的。而且，围绕着日本现代化的成败，展开了对后进性、停滞性、重层性、跛行性、扭曲性的批判，而这种批判经常是以西欧作为先进国，以理想型的价值作为基准的。

坪内逍遥从劝善惩恶主义的戏作小说到现实主义小说，探索文学自律性原理和方法的《小说神髓》（1885），解开了日本文学现代化的序幕，其执笔动机在于"从现在起要逐步使我国小说改良进步，最终凌驾于欧洲小说"。尽管这部文论存在种种制约和界限，却宣言独立于江户文学，洋溢着启蒙主义的使命感。它为了实现赶超西欧文学的最终目标，就将积极受容西欧文学化作日本现代文学的第二传统，奏起开始其结构化的命运的序曲。事实上，《小说神髓》作为理论支柱，不仅吸收观念文学，还吸收贝因的《心身关系理论》（1873）和《精神与道德科学》（1872）、斯宾塞的《综合哲学》（1873）、芬诺洛萨的《美术真说》（1882）等英国及其他国家的文学精华，并把封建时代的传奇文学当作其进化论的发展，重视长篇小说的自律性和社会作用。日本近代文学不是自发的形成，也不是自力的发展，而是二叶亭四迷所指出的他动性，夏目漱石所判断的外发性，即通过受容西欧文学，来确定其以"现代性"为中心性格和基调的方向。启蒙主义、写实主义、浪漫主义、自然主义、唯美主义、理想主义、社会主义、现代主义等文学思潮都发生在西欧，然后引进日本，在日本展开并完成。

最早介绍到日本的"文学思潮"，是翻译了维龙的《美学》（1878）、中江笃介的《维氏美学》（文部省印行，上册1883、下册1884），他在这里把"mouvement romantique"译作"罗曼蒂克家的迁徙"。其后，森欧外摘译了沃尔克尔特的《美学的时代问题》（1895），并在《审美新说》（1900）上介绍了自然主义。值得注目的是，坪内雄藏（逍遥）在《英国文学史》一书，以西欧发起国的水平来展望现实主义与浪漫主义。接着，厨川白村的《近代文学十讲》（1912）解释了自然主义、印象主义、神秘主义、浪漫主义、象征主义、唯美主义等。他的《文艺思潮论》（1914）被誉为对秀文学思潮史研究具有划时期的意义。他还把西蒙斯的《象征派文学运动》（1899）翻译出版了。岩野泡鸣的《表象派的文学运动》（1913），也论述了象征主义文学观的形成，对于小林秀雄等一代文学家给予很大的影响。最早学究式的讲授文学思潮课，是由东京帝国大学文学系大塚伊治教授主持美学讲座开始的，他从1915年9月至1921年3月连续宣讲了《唯美主义思潮》和《象征主义思潮》。1899年东京帝国大学就是世界上最先开设独立的美学讲座的大学，而巴黎大学开设美学讲座是在其后十九年的事了。

报刊广播广泛介绍文学思潮是在1915年以后，岩野泡鸣的《恶魔主义的思想和文艺》、相马御风的《个人主义思潮》、木村庄八的《未来派和立体派的艺术》、高村光太郎的《印象主义的思想与艺术》、稻生诅毛的《倭铿与现代思潮》、加藤一夫的《托尔斯泰的人道主义》、吉江孤雁的《神秘主义者的思想与生活》等，都陆续集中地出版了，这是"近代思潮丛书"传播的影响。"思潮"本是"Main Currents""Principal Tendencies""Head Streams"等词的译语，最初曾译作"潮流""主潮"等。最早的例句是在英国文学研究家户川秋骨于1896年1月所撰写的《近年文海中的暗潮》一文中出现的，文中写道："虽说我们是远东孤岛上的人，却研究起西欧的思潮，并注意引进其新思潮。"（《文学界》）

1941年5月出版的《文艺思潮》（《新文学论全集》第五卷），其成果是具有昭和时代文学思潮研究的纪念碑式的意义的。美学家竹内敏雄的卷首论文《文艺思潮论》，作为本质论的研究，直到今天也还是唯一的重要文献。杉捷夫的《古典主义》、中岛健藏的《浪漫主义》、水野亮的《写实主义》、片山敏彦的《象征主义》等，各论考都具有历史意义而受到评价。然而，这些著作知识介绍西欧文学思潮，都是受容性的学说。

以日本文学史为对象的文学思潮研究为数甚少，只有冈崎义惠著《日本艺术思潮》（全三卷，1943.11—1950.6）和中村幸彦著《近世文学思潮考》（1975）两种。作为从事将日本近现代文学思潮体系化、组织化的先驱性研究而受到高度评价的，是长谷川泉著《近代日本文学思潮史》（1961）。在现代文学思潮研究方面还有千叶宣一著《日本文学新史（现代）》（1991），它考察了"未来派的引进、立体派的传播、表现派的冲击、达达主义的洗礼、结构主义的移植、超现实主义的轨迹、新感觉派的形成与展开、新兴艺术派的命运、新心理主义文学的史的动态、新即物主义的性格"等。

我之所以概观以上日本文学思潮研究的史的状况，意在强调叶渭渠、唐月梅两教授合著《日本现代文学思潮史》的业绩，不仅在于它是外国研究日本文学的最高水平，而且具有带来强烈冲击的、独创性研究的价值和意义。

本书绪论论述了应该站在什么立场、用什么方法进行研究的问题。叶、唐两教授的"史观"和"构思"，是以透彻的逻辑和明晰的问题，叙述了创造性的"方法论"，这使我设深受感动。

这部《日本现代文学思潮史》十分重视以民族精神作为根基的日本文学传统的社会基础和政治史的背景，同时还从比较文学的视野出发，用实证与理论结合的方法，来考察日本文学在现代化过程中，吸收起着主导作用的西欧文学思潮的各方面的表现。而且考察了促进传统异化的西欧文学如何再生传统内在的革新文学的动力，并阐明了其可能性和界限，而且在这个基础上提出了本质性的问题。

特别是作者就自然主义思潮、唯美主义思潮、无产阶级文学思潮、以新感觉派为中心的现代主义思潮等主体发展日本的研究史方面，发表了许多独创性的意见，并且以此来观照日本近现代文学思潮史的性格和本质，这是非常有益的。

叶、唐两教授的思维是合理的，他们将文学思潮当作文学史的根基来认识，并把理念、原理、时代精神、主题、方法、表现模式、风格、世代、流派、具有代表性的作家、典型的作品等，作为统一的运动体来加以把握，把其占支配地位的传统美和思想的历史潮流规定为文学思潮。更引人注目的是，作者就这种文学思潮的发生、发展、鼎盛、衰落，进而就文学思潮的兴亡，进行分析并论述其内在的必然性和外在的因素。

新感觉派的旗手川端康成于1968年荣获诺贝尔文学奖。瑞典科学院评选委员会在阐述其授奖理由时指出："川端康成氏以卓越的艺术手法，表现了具有道德伦理价值的文化意识，在架设东方和西方的精神桥梁方面做出了重要的贡献。"另外，诺贝尔文学奖推荐委员唐纳德·金教授在《世界中的日本文学》一文中也强调说："所谓和洋折中这种明治时代的理想，到了明治维新百年以后才开始实现。"很明显，这种来自外部的判断，是站在以下的分析视点上做出的，即在文学的思考方法上，现代化的成功，成为世界文学的重要部分的日本文学的基本特质，是通过引进与西欧文学的折中主义的融合作用而形成的。早在1909年，当时具有代表性的现代主义者永井荷风在《新归国者的日记》中批判说："约莫至1897年前后，从纯粹的日本人中产生的、纯粹的日本文学，已经完全衰亡了。其后的日本文学不是日本的文学，而是只在形式上用日本语书写的西方文学。"但是，不管怎样，就文学的生产、分配、消费的线路进行先驱性研究的《文学的社会学》的作者、著名的比较文学研究家罗·埃斯卡毕博士指出："日本是世界上最大的翻译大国，与法国相比，发达到惊人的程度。日本是世界上最大的文学宣传报道机关，是文学市场。"

1989年秋，我作为北京日本学研究中心的客座教授，一方面教授硕士教程，讲授了日本文学史和日本文学研究的方法论；一方面进行了自己的研究课题：（一）中国的日本文学研究现状，（二）中国现代主义的命运，（三）中国的战争题材文学（国防文学）等。《中国大百科全书》（外国文学卷）中所列的日本作家、流派、文学思潮的解说，对于我了解其批评标准，以及中国的日本文学研究水平是很有参考价值的。"川端康成"等条目的执笔者叶渭渠教授，通过他的专著《东方美的现代探索者川端康成评传》，以及译作《川端康成小说选》《川端康成散文选》《川端康成掌小说百篇》等成果，就足以证明他居于外国，包括欧美在内的川端文学研究的第一位，唐月梅教授是"井上靖"等条目的执笔者，她研究井上靖、三岛由纪夫，还翻译了《井上靖小说选》《暗潮·射程》和三岛由纪夫的《春雪》等。她还撰写了《探索日本现代文学的特征》（刊于《欧外》第42号，1988年1月，东京），这也许会给日本学界以冲击。我对他们奉献给日本文学研究的美好热情和丰富学识，表示由衷的敬意。特别是当我了解到他们两人是在北京大学接受日本文学的硕学者刘振瀛先生的教诲和指引的同班生，并通过日本文学的纽带结为夫妻的时候，我心中不由得涌起一股戏剧性的感动。

柳鸣九主编的《自然主义》（西方文艺思潮论丛）收入了叶教授撰写的《日本自然主义文学思潮述评》和唐教授译的岛村抱月的《文艺上的自然主义》、田山花袋的《露骨的描写》，我读着这些文章，不禁暗自祈祷：但愿他们的《日本现代文学思潮史》早日完成。现在这一专著问世了，它作为日本文学研究的黎明的拓荒路标，其规范的价值一定会受到国际的评价。但愿本书能出现日本语译本，甚至英、法、德、俄等外国语译本。另外，我还想告诉读者，作为《日本现代文学思潮史》的思索结晶，叶渭渠教授的论文《"冲突·并存融合"的文化模式》（《日本问题》1990年第2期）是有益且必读的论考。

　　在北京生活期间，我有幸与叶、唐两教授邂逅，应该感谢神灵的安排。我们共同讨论了从中国文学看日本文学，或从日本文学看中国文学、其同质性和异质性、世界文学与民族文学的相互关系、文学的未来，以及文学研究的方法论等，这种知识的交流，犹如刚挤出来的牛奶一样新鲜，它会令人忘却国籍和国界。我凝视着对汉民族的文化传统抱有自豪感、苦于探索其现代的再生的方法论并在世界上驰骋的爱国知识分子的形象以及其展现的精神世界。

　　我衷心祝愿《日本现代文学思潮史》面向21世纪，切盼作者再接再厉出色地完成《日本近现代文学全史》的研究课题。我就此搁笔，并感谢他们深厚的友情。

1991年4月

千叶宣一，日本文学史家、比较文学研究家

永远的哲学之路

——枫树下的缅怀

矢野玲子　著　许金龙　译

　　细想起来，最初与唐月梅先生邂逅相识，还是20世纪80年代初，在池袋附近的小竹町二丁目的小竹向原。在我的印象里，叶渭渠先生您总是和月梅先生双栖双飞，来日本时一同来，回中国时一起走，从不曾分开过，可是现在……

　　在日本国际交流基金会的资助下，月梅先生曾在叶先生您的陪同下前来早稻田大学依田憙家教授的研究室做学术访问。那一年的最初阶段，除了在依田研究室与依田教授进行学术交流外，你们大致都在早稻田的书店街寻购学术资料。等你们基本完成相关学术准备后，我邀请你们两位先生来到我家，集中精力翻译川端康成先生的相关作品。原本我并不以为这是一件多么繁重的工作，却没想到在那半年多里，为了准确理解川端先生的小说，你们竟耗费巨大精力进行各种调研。阴天时，叶先生您在自己的房间里或是静静地读书，或是静静地写作。只要天气稍见晴好，你们伉俪就会来到我家庭院的那株枫树下。当年那里有一张木制圆桌，桌旁围有三柄木椅，每天午饭后，我们三人便围坐在圆桌旁，你们不断地向我提出各种问题，比如说："在中国，有人认为《雪国》中的岛村与驹子的关系是肮脏的肉体买卖关系，你作为日本人，如何看待岛村与驹子之间的关系？"

我告诉叶先生您和月梅先生，他们之间的关系首先是艺妓与客人的关系。关键在于这里所说的艺妓不是枕头艺妓，她们出卖的是演奏三味线和太鼓以及歌唱和舞蹈，而不是像枕头艺妓那样用身体陪客人睡觉，关于这一点，川端康成先生已经在《雪国》和其他作品里写得非常清楚。退一步说，即便岛村和驹子之间发生了性关系，那也是这两人间产生了感情之后的行为，况且岛村是独身之人，而艺妓驹子也是尚未婚配，因而不能把这种关系简单甚或错误地理解为肮脏的肉体买卖关系。

枫树下的圆桌讨论还包括叶先生您拿出已翻译出版的译著，一处处确认自己是否正确把握并表现出了川端先生的文字背后的微妙情感和神韵，不断问及日本人是如何理解和接受川端小说中的文字表现。当然，被询问的人不仅仅是我，就连到我家来的其他日本客人也屡屡成为你们询问和调查的对象。这样的对话经常一直持续到黄昏，持续到天黑，持续到围坐在桌边的三个人看不见彼此的面部，真可谓近在咫尺，只闻其声，不见其人。当然，除了我们的交谈声外，便是用圆扇扑打蚊虫的声响。你们这两位先生的头脑里只有川端康成及其作品，只有文学，只有学问，无论给你们端出什么饭菜，你们都津津有味地吃下去，紧接着就继续你们的工作。

为了帮助你们更为准确地理解艺妓的工作和生活，我陪你们二位先生特地去了熟人开办的置屋。所谓置屋，就是雇有人数不等的艺妓和妓女的处所，那些艺妓和妓女集中住在置屋，一旦检番（也就是艺妓管理所）来了召唤，就由检番前来接送到相关旅馆、料亭、茶馆甚或妓院等地陪客，活动结束后，再由检番负责与客人结算费用并将艺妓或妓女送回置屋，与旅馆和料亭老板、置屋老板和艺妓按比例分成。通常由旅馆、料亭和置屋分享其中六成，剩余的四成则归艺妓所有。说实话，据我所知，这还是第一次有外国人为了准确理解日本文学中的相关描写而特地来到置屋这样的地方进行调查研究。

同样是为了调查《雪国》的写作背景，我们夫妻开车陪同你们伉俪专程前往你们心目中的神圣雪域。记得汽车行驶到群马、长野和新潟三县交界处的观越隧道时，你让我们停下汽车，在那半个多小时里，叶先生您不厌其烦地询问《雪国》中的文字描述与现实场景的同异之处，然后我们便去了越后的汤泽。当然，时过境迁，川端先生写作《雪国》时的那座二层木质结构、茅草茸顶的高半旅馆早已不见踪影，原址上耸立着高层西式建筑，好在旅馆主人将川端先生当年下榻的"霞间"近乎完好地保存了下来。这家旅馆的五楼建有"川端康成纪念馆"，里面存有川端先生的大量资料，比如有先生使用过的钢笔、桌子以及写作时的资料等等。当时，我陪着月梅先生在那座纪念馆里搜集文字和图片资料，而叶先生您就一直坐在川端先生当年写作《雪国》时的日式矮桌（ざたく）前久久不起、冥思苦想，一直坐到关门打烊还迟迟不起，催促再三，才依依不舍地起身离去。或许，这是《雪国》的译者在与作者进行着超越时空的对话？

也是因为你们伉俪的缘故，我前往北京的次数就多了起来，其间也曾在府上的客厅里住过几次。让我最为诧异的是，像你们这样著名的大学者的居所竟然那般逼仄，不大的圆形餐桌是折叠式的，用餐过后便要立即收叠起来紧贴过道的墙壁靠放。相对于此，你们两人各占一边的书桌倒是相对宽大了许多，每次拜访，都看到除了电脑前和键盘上这块狭小的空间外，桌面以及桌旁的小推车上堆满各种参考书籍。

不过，让我印象更为深刻且永远难以忘却的，还是楼高梯陡却没有电梯的团结湖那栋六层建筑，而且每级阶梯要远远高于正常高度，我们三个老人只能一步步拾级而上，似乎永远攀不到尽头。由于叶先生您患有严重的心脏病，曾因心肌梗死而险些丧命，月梅先生和我便或提或抱所购日常用品一同先行缓慢上楼，嘱咐你爬楼时空着双手、中途休息两到三次。有时我回头望去，只见您不停喘息着，用更为迟缓的速度慢慢往上攀来。白天还好，人们可以借助楼梯转角处的窗口光亮往上爬，待到天黑以后，便黑魆魆的什么也看不到，如果事先没带手电筒的话，就只能摸着墙壁一点儿一点儿地摸索着往上爬了，似乎永远也攀爬不到尽头。我就对叶先生您和月梅先生开玩笑地说，京都有一座公园，大家在那里或读书，或思考问题，公园里的一条路便因此而被称为哲学之路，而团结湖这条永远也爬不到尽头的楼梯，便是你们的哲学之路。后来，哲学之路就成为我们三个老人之间对那条楼梯的戏称。或许，叶先生您和月梅先生的诸多思考也确实是在这条哲学之路上完成的吧。不过，倘若叶先生您能有稍微宽大一点儿的房屋工作，又无须长时间在那条"哲学之路"上喘息着攀爬的话，或许会有更多成果留存下来惠泽世人吧。

但愿天国里有一条铺满鲜花的"哲学之路"，让叶先生能在溢满花香的、永远的哲学之路上进行您的文学思考。

矢野玲子：辽宁大学日本研究所名誉研究员

第四辑

寡欲勤奋

要在自己身上，克服这个时代。

1954 年北大师生合影

北京大学东方语言系日本语专业 1956 年毕业照

1994 年与季羡林先生合影

1998 年北大百年师生相聚

值得好好研究的叶渭渠先生 [1]

王向远

每个人都总有一天要离开世界，但人和人有所不同。有的人走了，便带走了他在这个世界上的所有东西；有的人走了，却在这个世界上留下了很多东西，后人看到这些，睹物思人，便会常常生起思念之情。叶渭渠先生当然属于后者。

在我们从事的日本文学翻译与研究领域里，叶先生是一个巨大的存在。作为卓有成就的翻译家、学者，他留在这个世界上的东西很多：有六卷本的皇皇巨著《日本文学史》，有三卷本的《叶渭渠著作集》，有二百多万字的译作，有主编的二十多套日本文学丛书与选集，还有不少散文随笔。这是一笔十分宝贵的遗产。叶先生留下了这些遗产，永远地离开了。他的离去，使得我国的日本文学圈子似乎一下子空荡了许多。

---

[1]　原载于《山东社会科学》2013 年第 4 期。

因为在这个领域中，叶先生是一个巨大的存在。

叶先生在世的时候，虽然我们常常通过电话和电邮联系，但见面的机会也并不多。几十年来，其实也就是有限的几次而已。在公开正式的场合，特别值得提到的有两次。一次是1994年4月我的博士论文《中日现代文学比较论》答辩的时候，叶先生是答辩委员会委员；第二次是1999年9月，北京市社科规划办与北师大联合召开拙作《"笔部队"和侵华战争》出版座谈会的时候，叶先生作为专家莅临会议并做发言。因为这样的缘故，叶先生不仅仅是我的长辈，而且是对我的论文和著作做过指导和评价的师辈。换言之，在我的心目中，他也是我的老师。

除了长辈和老师，叶先生还是我的研究对象。新旧世纪之交的十几年前，我曾在《二十世纪中国的日本翻译文学史》（再版题名《日本文学汉译史》）和《东方各国文学在中国》两书中，用了较多的篇页评述叶先生在日本文学译介方面的成就与贡献。为了写好有关章节，我仔细阅读了叶先生有代表性的著译，用心琢磨了他在日本文学译介方面的观点和主张，并站在学术史的角度做出了评价。拙作出版后，我曾呈送给叶先生、唐先生伉俪祈请指教，并得到了两位先生给予的充分肯定。

叶先生大约七十岁左右的时候，我曾去团结湖畔的叶宅拜访过。那时候的叶先生，从身体状况到精神状态，看上去仿佛至多五六十岁的样子，而且正值翻译与创作的高峰。但见不太大的一间书房里，并排着两张书桌和两台电脑，平日里叶渭渠、唐月梅夫妇就是这样并肩工作。那间书房的布局和样子，我至今仍记忆犹新。

叶先生六十岁以前的那个时代，基本上是一个不容许个人创造性得以充分发挥的时代。等到迎来新时代的时候，许多人垂垂老矣，不久就离世了。曾记得1986年我去刘振瀛（也是叶渭渠先生的老师）府上拜访的时候，他老人家刚刚具备了比较好的工作条件，看上去身体和精神头都不错，但当我半年后从北京讲师团回来准备再去看望他的时候，却得知先生因癌症已经离世了。刘先生那一辈未能充分展开自己的创造力，是时代的悲哀，也是个人的悲哀。而叶先生有幸赶上了新的时代，虽然是个末班车，却走得很快，走得很顺，走得很远，靠他对事业的执着与热爱，靠他文化人的责任感，更靠他那过人的努力与勤奋，卓然而成翻译与研究的大家，在某些方面为许多后辈望尘莫及。

在叶先生的学术生涯中，大部分业绩都是在改革开放后的三十多年间完成的。而三十年中成果的大部分，又是在退休后的二十多年间完成的，这就令人十分惊异了。在中外学术史与翻译史上，固然也有不少人留下了与叶先生差不多优异而又丰富的著译，但像叶先生这样，在八十多年的生涯中，用最后三十年，特别是退休后的二十年，做出了这样卓越成就的，其实并不多见。

由于这样的原因，我认为叶先生作为他那一辈学人的佼佼者，是很有代表性的，很值得在学术史的平台上加以认真的研究，而且觉得这一拨学者岁数都大了，有些口述史料应该先着手准备为好。为此，我曾在全国东方文学年会、研讨会等多个场合，呼吁学界重视对东方文学学术史的研究，特别是对为数不多的有成就的高龄学者的研究，有可能的话，最好写出他们的学术评传。我曾举出了包括印度文学专家刘安武与黄宝生先生、阿拉伯文学专家仲跻昆先生、伊朗文学专家张鸿年先生、朝鲜文学专家韦旭升先生等在内的东方文学领域中的十几位翻译家与研究家，这其中当然包括日本文学界的叶渭渠先生。三年前，我曾带着博士后卢茂君、博士生王升远及硕士生李文静，去叶、唐先生家中拜访，向先生请教，并明确地向两位先生表达了希望对他们的翻译与学术加以研究的意思，并希望在思路和资料上加以指点，两位先生都很配合。本来，那次拜访我打算最多两三小时，以免影响两位先生的工作和休息，但叶先生谈兴很浓，并事先订好了我们的晚餐。叶先生主讲，唐先生在旁边补充，我们交谈了五个多小时。叶先生始终说话底气十足，面无倦色。我们都为叶先生的身体健康感到钦佩和高兴。

不料，一年多后，叶先生突发心脏病住院，我得知后既吃惊又担忧。由于唐先生与我的博士后卢茂君在第一时间联系沟通过，我得以知悉先生的病情，在先生家人暂时不在身边的情况下，我安排了我的几个学生去医院陪护照顾。叶先生出院后，2010年6月18日，用钢笔给我写了一封信，夹在一本新书中寄给了我，信中说了一些感谢的话，然后就是再次希望我的《日本古典文论选译》完成后，能够列入《东方文化集成》丛书出版。叶先生在自己身体很弱的情况下，仍关心和支持我等后学之辈，令我十分感动。后来，我在《日本古典文论选译》的《译后记》中引用过叶先生的那封信，并表达了对先生的缅怀和感激之情。

就在叶先生住院期间，我在本科生《东方文学史》基础课的课堂上，向学生说起了叶先生因病住院，同学们对叶先生的病情都很关心。他们虽然都没见过叶先生，但先生的著译是他们必读的，再加上我在课上经常提到，因而他们对叶先生并不陌生，而且仰慕已久。于是几十个同学自发地为先生写了祝愿早日康复的明信片，由班长统一寄给了叶先生。叶先生出院后，向寄明信片的同学，每人赠送了一本亲笔签名的书。还有一些同学在明信片上未署名，叶先生也让班长把书送到他们手中。此事曾在北师大文学院的同学中传为佳话。

叶先生出院后，身体似乎稳定了一段时期。我们也曾通过电子邮件联系过。记得最后一次，大概是在他去世前不到两个月，我询问他的病情，他告诉我：身体正在恢复，每天可以工作两个小时，前几天出去吃了烤鸭，胃口不错……

然而，到了这年的12月中旬，先生却因心脏病再次复发，而溘然长逝了。

叶先生用自己的智慧与勤奋，创造属于自己的历史；现在，他自己也成了历史。

叶先生去世后，我因撰写国家社科基金重大项目《新中国外国文学研究六十年》的需要，再次从中国的日本文学学术史的角度研究，评述和研究叶先生的学术贡献，又仔细细读了他的《日本文学思潮史》和《日本文学史》等著作。关于《日本文学史》，我写下了这样一段话：

　　……全四卷的《日本文学史》作为迄今为止篇幅最大、内容最丰富、资料最全面的日本文学史，代表了我国20世纪末期之前日本文学史研究写作的最高水平，是叶渭渠、唐月梅夫妇日本文学史研究成果的集大成。作者虽然借鉴和参阅了许多已有的日文版文学史，但由于建立了自己科学严谨的文学史观和文学史研究写作方法论，能够有效地避免了日本学者常有的那种材料堆砌、文本细嚼、散漫烦琐、过于感性化、过多赘词赘句、缺乏理论思辨性的弊病，充分发挥了中国学者所擅长的思路清晰、表达准确洗练的优势，体现了中国学者日本文学研究的实力和贡献。这样大规模、高水平的日本文学史著作，不仅在中国是空前的，即便在日本也并不多见，与日本的同类文学史相比，也是出类拔萃的。全书结构合理，罗织周密，知识密集，信息丰富，既可以作为专著连续阅读，也可以作为工具书与资料书供随时查阅使用，具有阅读和收藏的双重价值。对于日本中国的日本文学史学习与研究者来说，可以将此书置于座右。

不仅是《日本文学史》，叶先生留下的全部著作与译作，已经成为中国日本文学翻译史、日本文学研究史中的宝贵遗产，值得我们好好学习、好好借鉴。我希望今后学界能从中日比较文学、比较译本学的角度，对叶先生的著作与译作加以具体而又深入的研究，并希望看到叶先生的学术评传早日问世。

2013年10月10日

王向远，北京师范大学文学院教授

日本文学史研究中基本概念的界定与使用

——叶渭渠、唐月梅著《日本文学思潮史》及

《日本文学史》的成就与问题[1]

王向远

叶渭渠、唐月梅著《日本文学思潮史》及四卷本《日本文学史》，是20世纪中国的日本文学史研究的代表性、集大成的著作。《日本文学思潮史》突破了作家作品论的模式，具有可贵的革新意识，形成了科学严谨的文学史观和文学史研究方法论；《日本文学史》作为迄今仅有的中文版大型日本文学史，资料丰富，填补空白。但在文学史基本概念、术语的确立、理解和界定和表述方面，还有一些值得商榷的问题，如对"文学思潮"的界定，对西方文论中"写实""浪漫""象征"等文学概念与日本特有的文学思潮概念之间的对接，对"诚""幽玄""寂""粹"（意气）等日本文学基本审美概念的阐释，对日本的"近代文学""现代文学"的界定及不同性质的理解等等，都留下了可

---

[1]　本文是国家社科基金重大研究项目《新中国外国文学研究 60 年》（日本卷）的先期成果之一。

以再加思考的余地。

在文学史的研究撰述方面，中日两国有深刻的渊源关系。一般认为，第一部中国文学史是日本人撰写的，而中国人撰写的中国文学史著作（如鲁迅的《中国小说史大纲》等）也受到了日本学者的影响。同时，中国人对日本文学史也早就放出了自己的眼光。1918年，为了给中国新文学的发展提供参照，周作人写出了题为《日本近三十年小说之发达》的长文，是中国最早的较为系统的日本文学史断代述。十年后，谢六逸的《日本文学史》出版，成为中国第一部完整的日本文学通史。此后的半个多世纪，中国日本文学史的著述几乎处于空白状态。直到1980年代后，王长新教授的日文版教材《日本文学史》、吕元明教授《日本文学史》等出版发行；1990年代后，陈德文《日本现代文学史》、雷石榆《日本文学简史》、李均洋《日本文学概说》、刘振瀛《日本文学史话》以及叶渭渠、唐月梅夫妇的相关著作陆续问世。而其中最有代表性的、最有学术价值且影响最大的，当数叶渭渠《日本文学思潮史》和叶渭渠、唐月梅合著《日本文学史》（全四卷）。因此，对两书所取得的学术成就加以确认阐发、对存在的问题提出商榷，就显得很有必要了。

一　叶渭渠著《日本文学思潮史》

1991年，叶渭渠、唐月梅合著《日本现代文学思潮史》由中国华侨出版社出版；1996年，叶渭渠著《日本古代文艺思潮史》由中国社会科学出版社出版。在这两本书的基础上，叶渭渠又出版了将古代与近现代文学合二为一的《日本文学思潮史》，1997年作为《东方文化集成》丛书之一出版。2009年，该书修订版作为三卷本《叶渭渠著作集》之一卷，由北京大学出版社出版。这个版本（以下简称北大版，下文评述以该版本为据）最出彩之处，是冠于全书的绪论《日本文学思潮史的研究课题》。这篇绪论在旧版的基础上做了较大补充和提升，可以说是叶渭渠晚年对其一生日本文学史研究经验的高度概括和总结。对他所理解和界定的"文学思潮"的定义、文学思潮的流变因素、文学思潮的发展模式及特征，以及文学思潮的时代划分等做了阐述，可以说是全书的理论总纲。

　　一般认为，"文学思潮"是从西方文论中传来的一个概念，它指的是在某种特定的时空条件下、由共同或相近的理论主张与创作而形成的共通的文学倾向。文学思潮又如气象学的冷暖空气，在某时某处发生后，具有明显的流动传播性、系统整体性、超越国界性等特征。叶渭渠对"文学思潮"做了广义上的理解，认为"文学思潮是在文学流动变化的过程中，伴随着文学的自觉而超个体的、历史形成的文学思想倾向"。取广义上的文学思潮的概念，可以帮助作者处理日本古代文学中的"思潮"问题，因为日本古代的一些文学观念和文学思想，固然受到中国文学和文化的深刻影响，但也有着自己民族特色的文学观念，例如关于"言灵"的思想，"物哀""幽玄""寂""意气"的思想等，按狭义的文学思潮的定义，它们都是较为本土化的文学观念，空间上的流动性、超国界性也不太明显。在这个意义上，叶渭渠将"文学思潮"与"文学思想"做同一观，他认为："文学思想与文学思潮属同一概念范畴，两者不能绝对区别开来。如果说有区别的话，就是对不同发展阶段的不同称谓罢了。"为此，他将日本"文学思潮"划分为"文学意识→文学思想→文学思潮"这样三个阶段。具体而言，就是上古时代只有不自觉的"文学意识"，古代在中国文学思想影响下有了自觉的"文学思想"，到了近现代受西方文学的影响，有了以"主义"为形态的"文学思潮"。在这样的区分中，实际上等于说只有近现代文学才有严格意义上的"文学思潮"。

叶渭渠的这种观点，在理论上是能够自圆其说的。但是，把日本古代文学作为"文学思潮"来处理，仍有一些问题，就是在明治维新之前漫长的日本传统文学中，文学思想、文学理论都是存在的，而真正称得上有"思潮"特点的，在哲学思想上大概只有江户时代的"儒学"与"国学"思潮了，而反映在江户时代文学上的以町人文学为主体的游戏主义（主要表现为叶渭渠所谓"性爱主义文学思潮"），以及以"意气"为中心的身体审美、色道审美的思潮，实际上以一种本能的、不自觉的方式体现出来，而由后人加以提炼和总结的。归根到底，严格意义上的"文学思潮"，只是存在于明治之后的日本近现代文学中。

尽管如此，《日本文学思潮史》的写作仍具有充分的合理性和可行性，因为作者的根本动机，是要以这种途径和方式对日本文学史写作加以更新。在"文学思潮史"的架构中，可以把老套的以作家评论、文本分析为内容的文学史，改造为立体的、多维度的文学史，可以将文学史与思想史结合起来，将文学思潮与社会思潮结合起来，将作家的作品文本、与理论家的理论文本结合起来。对此，叶渭渠论述道：

目前，一般文学史研究基本上习惯于对具体作家的作品、内容与形式进行孤立的、静态的评价这种固定的模式，这样就很难准确把握作为文学整体内涵的文学思潮与美学思想，以及与之相关的大文化思想背景，以做出历史的本质的评价。因此，要突破这种带惰性的固定研究模式，就要在历史的结构框架上，以文学思潮为中轴，纵横于文学理论、文学批评和文学创作几个相互联系而又不尽相同的环节中展开，并以作家和作品作为切入点，进行多向性的、历史的动态研究，这样才能更好地透过文学现象，深入揭示文学发展的态势和更本质的东西。[1]

通观《日本文学思潮史》全书，作者完全实现了这样的意图。例如，一般的日本文学史大都直接进入作品文本，讲古代往往先从《古事记》《万叶集》讲起，但在《日本文学思潮史》的古代篇中，并不是直接进入作品，而是用两章的篇幅对日本古代文学文化特质加以总括。第一章《风土·民族性和文学观》从风土与民族性格的角度出发，总结了日本的民族性格中的四个特点，即"调和与统一的性格""纤细与淳朴的性格""简素与淡泊的性格""含蓄与暧昧的性格"；第二章《自然观与古代文学意识》则从哲学的角度，分析了日本的自然观（包括色彩、季节与植物等）与日本古代文学意识的关系。虽然这些看法和结论是其他学者早就提出的定说，但用这些基本结论来统驭文学史的叙述，还是不乏新意的。

从第三章起，作者开始按时代顺序进入文学思潮的叙述，从汉诗集《怀风藻》《古事记》与《日本书纪》《万叶集》《歌论》等重要原典中加以分析，梳理了以"真实"为中心的美意识的形成轨迹，认为"日本古代'真实'的文学思想，除了上述表现'事''言'的真实以外，还表现心的真实、即真心、真情的一面。"（北大版第82页），进而把从文学思潮的角度把"真实"的美意识提升概括为"写实的文学

---

[1]　叶渭渠：《日本文学思潮史》，北京大学出版社 2009 年版，第 4 页。

思潮"，认为到了紫式部，真实的文学意识达到了自觉的程度。"可以说，'真实'是日本文学思潮自觉地开展的最初也是最重要的思潮之一。这一文学思潮支配着日本古代文学，左右着那个时代文学的走向"。（北大版第90页）到了第八章，作者继续从江户时代的"国学家"、松尾芭蕉、上岛鬼贯等人的俳论中寻绎"真实"论，使古代"写实的真实文学思潮"的来龙去脉得以系统呈现。不过，需要指出的是，作者把日本的"まごと"译为"真实"，意思固然没有错，但"真实"只是一种解释性的翻译，在日语古语中，也有"真实"一词，音读为"しんじつ"，是一个汉语词。但"まごと"不同于"真实"，"まごと"训为汉字"真言""真事"，汉字常标记为"诚""真"或"实"，其基本含义更趋向于精神性。也就是说，它固然是指真实，但主要指的是真心、真情、真诚，而重点并不主要强调对客观外在加以真实描写的"写实"，因而与西方文论及一般文论中的"真实"论、"写实论"是有区别的。应该说，在世界各民族文学中，对"写实""真实"都有普遍的追求，都有叶先生所说的"写实的真实的文学思潮"，在这方面，日本文学并没有突出的特点。但在对"真实"的理解上却有自己的民族特色，就是"まごと"并不强调客观性，而是倾向于精神的、情感的方面，这是需要加以特别强调的。叶先生似乎是为了与一般文论相接轨，才使用了"写实的真实文学思潮"这样的表述。

　　《日本文学思潮史·古代篇》中所论述的第二种文学思潮是"浪漫的物哀文学思潮"。关于"物哀"，日本学者在这方面的论述很多，叶先生参照相关成果，对从"哀"到"物哀"的发展演变，"哀"与"物哀"在不同时期作品中的用例与表达，特别是《源氏物语》中的"哀"与"物哀"的用法，都做了仔细分析，指出了紫式部在《源氏物语》中所表现的文学观，并在《源氏物语》与《红楼梦》的比较中，表明了两者在儒教与佛教思想受容方面的差异性。认为《源氏物语》中的"物哀"是日本神道观念与佛教思想相融合的产物，"物哀的本质，以佛道思想为表，以本土神道思想为里、为主体。实际上，《源氏物语》是古典写实的'真实性'与古典浪漫的'物哀性'的结合达到完美的境地"[1]。接着，作者又对江户时代国学家本居宣长的"物哀论"进行了评述分析。从"物哀"的角度理解《源氏物语》，也是本居宣长以来日本"源学"的主流观点，上述的谢六逸的《日本文学史》已经注意到这一阐释视角，叶渭渠在这里用较大的篇幅做了系统论述，体现了中国学者试图走进日本文学内部、设身处地地理解原作所做的努力。而不是"用放之四海而皆准"的政治意识形态观念解读，这是很可贵的。在这个方面，稍感遗憾的是，作者似乎对本居宣长的"物哀论"原典没有全面接触，对最早、最集中阐述"物哀论"的《紫文要领》一书也没有提到，因而对"物哀"的内部构成的探讨还留下了不小的余地。

　　该书第十章《象征的空寂幽玄文学思潮》，主要围绕日本文学美学的另一个关键概念"幽玄"而展开。叶渭渠认为：

　　　　幽玄是这个时期（镰仓室町时代——引者注）文学精神的最高理念。它在日本文艺中又是与日本空寂的审美意识互相贯通的。空寂文学意识的出现，可以远溯古代，而发展到中世与禅宗精神发生深刻联系，形成空寂文学思潮就含有禅的幽玄思想的丰富内涵，从而更具有象征性与审美性。[2]

---

[1]　《日本文学思潮史》，北京大学出版社 2009 年版，第 131 页。
[2]　《日本文学思潮史》，北京大学出版社 2009 年版，第 143 页。

　　把"幽玄"视为中世时代（镰仓室町时代）日本文学精神的最高理念，是没有问题的，这也是日本学术界的定论。但这一章把"幽玄"与所谓的"空寂"作为几乎相同的概念来处理，却很成问题。日本古典文论概念中并没有"空寂"这个词，这是叶渭渠对"わび"（汉字标记为"侘"）一词的翻译，而被译为"空寂"的"わび"这个词，在含义上与近世（江户时代）以松尾芭蕉为中心的"蕉门俳谐"核心的审美概念"寂"（日语假名写作"さび"）意思是相同的。而"幽玄"则是中世时代和歌、能乐的审美概念。"幽玄"与"寂"虽然有着内在联系，但它们的适用对象与领域各有不同。在《象征的空寂幽玄文学思潮》这一章中，作者却把两个概念视为本质上同一的概念了，因而有时表述为"空寂幽玄"，使两个概念并列，有时则表述为"空寂的幽玄"（第148页），如此用"空寂"来限定"幽玄"，是颇值得商榷的，也不太符合日本学界大部分研究成果所得出的结论。而且，把"わび"译成"空寂"，把"寂"（さび）译成"闲寂"，问题似乎更大，因为它们本身都是"寂"，只是前者多用于茶道，后者多用于俳谐。"空寂""闲寂"的译法，是用"空"和"闲"字，对"寂"做出了限定。做出这样的限定本质上也无大错，但却缩小了原来"寂"概念应有的丰富内涵。所谓"空寂的幽玄"这样的表述，实际上是说"幽玄"是具有"空寂"的属性。实际上，"幽玄"虽然有空灵感，但绝不是"空寂"，相反，却具有像现代美学家大西克礼所说的那种"充实相"，而且这个"充实相"非常巨大、非常厚重。[1]总之，由于这一章将"幽

---

[1]　参见大西克礼《幽玄论》，译文见王向远译《日本幽玄》，吉林出版集团2010年版，第245页。

玄"与所谓"空寂"合为一谈，对"幽玄"这个重要审美术语的探讨和
阐发也就受到了严重妨碍。

　　同样的问题也体现在下一章（第十一章）《象征的闲寂风雅文学思
潮》中。这一章的中心是论述以松尾芭蕉以"寂"为中心的风雅论。由
于在上一章中已将所谓"空寂"与所谓"闲寂"分开，这一章的开头就
讲述两者之间的区别与联系——

　　　　空寂与闲寂作为文学理念，在许多情况下，尤其是在萌芽的初
　　级阶段，含义几乎是混同的，常常作为相同的文学概念来使用……
　　而且作为日本文学理念的空寂和闲寂的"寂"包含更为广阔、更为
　　深刻的内容，主要表达一种以悲哀和寂静为底流的枯淡与朴素、寂
　　寥和孤绝的文学思想。[1]

　　既然说"空寂"与"闲寂"，也就是"寂"（さび）和"侘び"
（わび）两者"含义几乎是混同的，常常作为相同的文学概念来使
用"，那么，既然这样，为什么还要将它们拆分为两个概念，做出两
种不同的翻译呢？这就显示了论述和操作上的矛盾。而且，接下来又说
"作为日本文学理念的空寂和闲寂的'寂'包含更为广阔、更为深刻的
内容"云云，这就等于承认了"寂"这个概念包含了所谓"空寂"和
"闲寂"两个概念；换言之，"空寂"和"闲寂"这两个译词，即便能
作为概念来使用，那也只是从属于"寂"的两个次级概念。当作者在第
十章中不恰当地将所谓"闲寂"和"空寂"分开来，到这里就不可避免

---

[1]　叶渭渠：《日本文学思潮史》，北京大学出版社 2009 年版，第 153 页。

地引发逻辑上的混乱。此外，这一章在论述蕉门俳谐所谓"寂静风雅"的文学思潮的时候，由于对俳论及"寂"论原典的使用和征引不多，对"寂"的丰富内涵阐释不够，显得浅尝辄止。

还需要特别指出的是，《日本文学思潮史·古代篇》上述几章的标题，分别为《写实的真实文学思潮》《浪漫的物哀文学思潮》《象征的空寂幽玄文学思潮》《象征的闲寂风雅文学思潮》，其定语分别是"写实""浪漫""象征"，显然是受西方文学思潮的术语概念的影响。这样做的好处是容易和西方文学思潮对位，并有助于现代读者的理解。但由此也带来了问题，就是日本的"诚"的文学观念不是西方意义上的"写实主义"意义上的"写实"，而是出于儒教、神道的"诚"的观念；"物哀"的文学思潮虽然以其情感性、情绪性的特征而具备一些"浪漫"的特征，但"物哀"与西方"浪漫"，特别是与"浪漫主义"建立在思想解放基础上的自主自由精神和反叛性等，相距甚远；同理，作为蕉门俳谐审美理念的"寂"，虽然因使用暗示、托物等手法，不无"象征"的因素，但也绝不等于文学思潮意义上的"象征主义"。这样看来，假如不使用"写实""浪漫""象征"这三个限定词，似乎更为稳妥一些。

除了上述的《象征的闲寂风雅的文学思潮》外，《日本文学思潮史·古代篇》在论述近世（江户时代）文学的时候，还划分出了另外三种文学思潮，即"古典主义""性爱主义""劝善惩恶主义"，并用三章（第十二至十四章）加以论述。加上"闲寂风雅的文学思潮"，这四种类型的划分概括了江户时代从文学创作、文学理论、学术研究方面的主要的思想倾向。严格地说，如果不使用西方文论概念来表述的话，所谓"古典主义"，实际上是一种思想理论方面的国粹主义复古思潮，但作者显然是特意与西方文学史相对应，而将日本的这种思想倾向称为"古典主义"。"古典主义"这样的称呼在日本各种文学史著述中，是很少看到的；作为作者的创意之一固然是值得肯定的，但是另一方面，"古典主义"这个词也有词不称意的问题。"古典"，最根本的含义就是既"古"又"经典"，对于日本文学而言，所谓"古典"绝不仅仅是本居宣长、贺茂真渊等江户国学家所推崇的《古事记》《万叶集》《源氏物语》，也包括日本源远流长的汉文学，因为在日本从奈良时代到江户时代长达一千年的文学史上，汉诗汉文都被认为是文学的正统，比日本语文学更"古"，也更"经典"，至于日本语文学，则长期被视为闺房文学、妇幼文学，是后来才逐渐被认可的。这样看来，"古典主义"也应该包括对汉诗汉文等汉文学的推崇。然而实际上却恰恰相反，作者在这一章中所说的"古典主义"却是排斥汉文学，反对汉文学的价值观念、审美趣味和表达方式，是将原本非经典的日本语文学加以经典化、正统化。这样看来，比起"古典主义"一词，用"国粹主义""复古主义"或"国粹复古主义"之类的名称来概括这一思潮，似乎更为恰当吧。

　　第十三章《性爱主义文学思潮》中的"性爱主义"，也是作者的新提法，指的是日本人常说的"好色文学"，或者说是"好色"的文学美学思潮。在这一章中，作者简单梳理了日本文学史上性爱传统，然后将论述的重点放在以井原西鹤为代表的"以'粹'为中心的新的性爱主义文学思潮"。诚然，"性爱"的问题作为人性中的基本问题，不仅贯穿于从古到今的日本文学，也贯穿于其他各民族的文学史。在日本，把性爱"道学"化而成为"色道"，将性爱文学提高到一种美学形态的，是江户时代的市民文学即"町人文学"，因此，也不妨把这个意义上的

"性爱"作为一种"文学思潮"来看待。但很可惜，这一章没有很好地展开，内容显得单薄。特别是对"性爱主义"之所以成为文学的审美思潮，没有透彻阐述。"性爱主义"之所以成为一种"文学思潮"，是因为它体现了自己的文学审美观念，这种观念集中体现在"意气"这个概念中。关于"意气"这个词，此前的吕元明《日本文学史》时已经涉及。对这个问题，叶渭渠写道：

> 这时期将这种纯粹精神性的好色的美观念，提升归纳为对"粹"（すい）、"通"（すう），训读"いき"时写作"雅"，其内容大致是相通的，只不过不同时期、不同文艺形式，其称谓有所不同罢了。[1]

以上表述中，显然存在一些不确之处。首先，"いき"并不是对"粹""通"的训读，而是一个独立的概念；第二，"いき"训读，即用汉字解释为"意气"两字，而不是"雅"字。在江户时代的文学作品中，有作家偶尔将"意气"（いき）表记为"雅"，但那是极少的情况，因为"雅"作为一个审美观念，假名写作"みやび"，与"意气"属于完全不同的范畴。第三，"意气"（いき）是核心概念，次级概念是"粹"与"通"，关于这一点，现代美学家九鬼周造在《"意气"的构造》中阐述得已经很清楚了。[2]

与"古代篇"比较而言，《日本文学思潮史·近现代篇》用"文学思潮"来统驭之，理论上的问题要少一些。因为对明治维新后的日本文

---

[1]　《日本文学思潮史》，北京大学出版社 2009 年版，第 153 页。

[2]　《日本文学思潮史》，北京大学出版社 2009 年版，第 153 页。

学而言，"思潮"是文学发展的主线。在西方文学思潮影响下，各种思潮相互更替，相生相克，推动着文学的不断发展演变。作者在"近现代篇"中，用十四章（十五至二十九章）的篇幅，从近代启蒙主义文学思潮讲起，一直讲到20世纪末当代文学思潮。各种文学思潮之间具有千丝万缕的联系，划分的角度和标准有所变化，思潮的名称和论述方法就会有变化。在这些思潮中，写实主义、浪漫主义、自然主义、唯美主义、人道主义与理想主义、无产阶级等，现代派文学、战后文学等，都是经典化的文学思潮，作者对这些思潮分专章论述，是无可争议的。但是到了战后的半个多世纪至今，日本的文学思潮如何例定和划分，就成了一个问题。《日本文学思潮史·近现代篇》在这个问题上是有商榷余地的，主要问题是切分过细。例如，第二十二章《无产阶级文学思潮》与第二十七章《民主主义文学思潮》，这两种思潮虽然分别发生在战前和战后，实际上是一脉相承的左翼文学思潮。"民主主义文学"这个词，与其说是文学概念，不如说是一个政治性的概念。所谓"民主主义"文学在理论上除了内部理论斗争之外，并没有新鲜的理论建树，也没有写出真正胜过战前无产阶级文学的优秀作品，因此尽管作者强调民主主义文学"不是战前无产阶级文学运动的简单延续"，但它在性质上属于"左翼文学思潮"是毋庸置疑的。又如，第二十五章《战后派文学思潮》与第二十八章《无赖派文学思潮》，都是日本战败后社会状况与精神状态的反映，作为文学思潮，两者实际上具有同时、同质、同构的特点，因此，"无赖派"完全应该合并到"战后文学思潮"中去。而作者之所以把"民主主义"与"无产阶级"文学、"战后派"与"无赖派"分开，关键原因似乎是没有在理论上对"文学思潮"与"文学团体""文学流派"这几个概念加以严格区分。民主主义文学也好、无赖派文学也好，这些都属于文学团体、文学流派。比起"文学思潮"来，文学流派或文学团体更受时间、地域和组成人员的限制，而文学思潮完全可以在涉及不同地域、不同作家与理论家，持续的时间也相对较长。因而，"文学思潮"完全可以笼罩和包含"文学流派"和"文学团体"的概念。如果将思潮切分得过于细碎，那么"文学思潮"这一概念对"文学史"的统驭性，就势必会受到削弱。

在具体的各种思潮的论述中，应该以"思潮"（思想倾向、理论主张等）为纲，以作家作品为目加以研究和评析，将理论文本与作品文本结合起来加以研究，这在《日本文学思潮史·近现代篇》中的大多数章节都有很好的体现。但也有的章节在理论文本方面的评析上显得薄弱。例如，在第十五章《启蒙主义文学》中，作者论述了启蒙思潮的起源及其倾向、翻译小说的意义、自由民权运动与政治小说的关系、近代文学观念与方法的引进、文学改良运动的性格，抓住了启蒙主义文学运动各个方面，都是很得要领的，分析也是到位的，但是对启蒙主义文学理论的分析评述却有不足。既然讲的是启蒙主义的"文学思潮"，那么关于文学启蒙的理论观点、理论主张的分析评述就应该是主体内容。而对于启蒙文学时期的重要的理论家，作者只提到了西周的《百学连环》《美妙新说》等著作以及井上哲次郎等的《新体诗抄序》等少量篇什。而实际上，构成启蒙主义文学思潮主流的，是小室信介、坂崎紫澜、尾崎行雄、末广铁肠、矢野龙溪、德富苏峰、内田鲁庵、森田思轩、矢崎嵯峨屋、金子筑水等启蒙主义文学理论家的文章，应该对这些文章加以重点评析，才能细致深入地揭示启蒙主义文学思潮的内容及其特点。

总起来看，《日本文学思潮史》在日本文学史观念和方法上具有创新意识，很大程度地更新了中国的日本文学史研究与写作的模式，与日本的众多文学史著作相比较，也是突出的。书中所存在的一些问题，大多是在观念和方法论更新过程中所产生的问题，也为今后的继续研究留下了余地与空间。

二　叶、唐合著四卷本《日本文学史》

《日本文学思潮史》近五十万字，是篇幅上属于中型的专题文学史。也可以看作是叶渭渠的日本文学史研究的一个浓缩。此后，叶渭渠先生和唐月梅一道，将日本文学史的研究进一步展开，写出了四卷本的《日本文学史》。

《日本文学史》全书分为"古代卷"（上下册）、"近古卷"（上下册）、"近代卷"、"现代卷"，近二百万字，属于大型的日本文学通史。其特点是"大"。从篇幅规模上说，文学通史的撰述，最难的是两端，一端是小型文学史，用十来万的篇幅就把文学史写下来，非有极强概括力而不能为。另一端是大型文学史，篇幅在数百万之上。迄今为止，我国出版的外国文学史中，堪称大型文学史的，据笔者所知大概有两种，一种是王佐良、何其莘主编，1994—1996年陆续出版的五卷本《英国文学史》，总字数有二百万字左右；另一种是2000年出版的刘海平、王守仁主编四卷本《新编美国文学史》，总字数在一百五十万字左右。以上两种大型文学史，都是多人合作撰写。这样比较看来，多达二百万字的《日本文学史》，由叶、唐两人合著而不是多人执笔，保证了文学著作风格的统一性，实在是难能可贵的，也从一个侧面表明了我国的日本文学史研究水平是居于前列的。这样大规模的日本文学通史，不仅在中国是空前的，在日本也是不多见的。日本学者的"日本文学史"类的著作，卷数字数有更多的，但日语表述比汉语拖沓，若把它们译成汉语，超过二百万字的恐怕也是屈指可数，规模最大的似乎只有美国学者唐纳德·金的十八卷《日本文学史》。叶、唐合著四卷本《日本文学史》从古代一直写到20世纪末，是中国唯一一部跨度最长、规模最大的日本文学通史，堪称叶、唐夫妇日本文学研究的集大成的著作，是几十年孜孜不怠、潜心研究的结晶，显示了他们在日本文学方面长期的、丰厚的积累。可以预料，今后相当长的时间里，中国学者要在规模和水平上超越此书，恐怕是很困难的。

作者在序章《研究日本文学史的几点思考》中，阐述了日本文学史研究的基本思路和方法，这些主张和表述与上述《日本文学思潮史·绪论》中的主张和表述大体一致。作者不满意以往日本文学史的既定模式，意欲有所突破和更新。表现在文学史分期上，作者分析了日本文学史的各种分期方法，没有采用日本人最常用的按朝代更替来划分文学史时期的做法，而是采用西方式世界通史的做法并做了简化，将从古到今的日本文学史分为古代、近古、近代、现代四个历史时期。其中，作者所说的"古代"，是指平安王朝时代及其此前的文学史，"近古"是从镰仓时代、室町时代到江户时代的文学史，"近代"是指明治、大正时代，"现代"是指昭和时代至今。并按照这样的划分，每个时代各成一卷，简明扼要，有利于分卷。这样的时代划分与日本学者西乡信纲的《日本文学史》大体是一样的，不同之处在于，西乡信纲将"近古"表述为"中世纪"。叶、唐合著《日本文学史》把"古代"之后的历史时期称为"近古"，是一个独特的表述。细究起来，既然以"古代"为开头，那么一般而论"古代"以下应该依次有"中古""近古"。从"古代"突然跳到"近古"，势必会使习惯于世界通史划分方法的读者多少感到困惑。但好在作者对此做了明确的时代界定，不至于产生太大的误解。

在文学史撰写的方法上，《日本文学史·古代卷》在对日本文学的起源和发展进行追溯和清理的时候，既注意日本本土文化的特性，也不忽略中国语言文化的影响及它与世界各民族文学的共性；既充分论述日本语文学，也用相当的篇幅研究日本的汉文学，包括《日本书纪》那样的历史文学以及《怀风藻》等汉诗集；在论述日本古代文学评论及文学观念的时候，也周到地论述了中国文学批评的影响，反过来又肯定了空海的《文镜秘府论》对保存和整理中国古代文论所做出的贡献。在论述《源氏物语》的时候，作者则专辟一章论述《源氏物语》与中国文化的关联。在《日本文学史·近古卷》中，作者对镰仓时代以佛教僧人为主体的"五山"汉文学以专章加以论述。在论述到江户时代文学时，也分专章论述了中国儒学的文学观对江户文学观念的影响。因而，在某种意义上说，《日本文学史》的"古代卷"和"近古卷"也是中日古代文学的关系史和交流史，并揭示了一个历史事实：上千年的日本古代文学史，是汉文学与日语文学并存的历史，而且在大部分情况下，汉文学一直是居于正统和主流的地位。一些具有日本文化民族主义倾向的学者写作的《日本文学史》，虽然也都承认汉文学的存在，并给予一定篇幅的论述，却有意地贬低汉文学的价值，例如用"历史唯物主义"观点写成的西乡信纲等著《日本文学史》，认为"汉诗是由头脑里产生出来的理性的文学，卖弄学识的文学。作为具有无限生命力的古典作品流传至今的，当然不是《怀风藻》，而是《万叶集》"[1]。从这种认识出发，该

---

[1]　《日本文学思潮史》，北京大学出版社 2009 年版，第 153 页。

书对后来的"五山文学"等汉文学创作则基本未提。近些年来，日本出版的一些《日本文学史》，由于新一代作者汉文学修养不足，想谈也谈不了；抑或出于文学史观念上的原因，导致对汉文学的论述越来越少。这种情况下，叶、唐合著的《日本文学史》全面客观地再现了日本传统文学中汉文学与日语文学并存的状况。不过，该书对汉文学的评述方面也存有一些缺憾之处，例如江户时代、明治时代日本人创作的大量的汉文小说，就基本没有提到。

《日本文学史·近代卷》和《日本文学史·现代卷》，由于作者对相关作家作品的翻译研究积累更多，所以显得更为成熟。在长达半个世纪的岁月里，叶渭渠、唐月梅先生的主要精力用在了对日本现当代作家作品的译介方面，许多重要的作家作品，包括川端康成、三岛由纪夫、谷崎润一郎、横光利一、东山魁夷、安部公房等著名作家的多卷本文集，就是经他们两位组织、策划并译成中文出版的。在译介这些作家作品的过程中积累了对作家作品丰富的阅读经验，对其中的有些作家，如川端康成、三岛由纪夫等，还做过专门深入的研究，这些都为《日本文学史·近代卷》和《日本文学史·现代卷》的研究和写作打下了坚实基础。

在《日本文学史·近代卷》的"序章"中，作者论述了日本近代文学与日本传统文学、与西方文学之间双向的密切关系，同时强调了近代文学成立的三个价值基准：一是近代自我的确立，二是文学观念的更新，三是文体的改革，并在具体章节的论述中加以贯彻。"近代自我的确立"属于近代文学综合体现的思想内涵，"文学观念的更新"主要是在文学批评与文学理论中得以反映，"文体的改革"主要体现在作品表现形式演变的层面。作者就这样以"近代性"为中心，从内容到形式，从理论到创作，系统地呈现了日本近代文学的发展进程及基本特点。在以下各章中，作者以作家作品论为中心，以思潮流派的更替为线索推进近代文学的叙述，将翻译文学、政治小说作为启蒙主义文学的主要表现，将二叶亭四迷作为日本近代小说的开山者，将坪内逍遥、森鸥外分别作为近代写实主义与浪漫主义文学理论的奠基者，将正冈子规作为近代俳句的革新与确立者。在论述日本文学思潮的时候，将浪漫主义运动作为近代文学主体性确立的标志，将自然主义思潮作为日本近代文学的主潮，将反自然主义的唯美主义、理想主义文学作为近代文学进一步展开，将夏目漱石作为的日本近代文学的高峰和代表。在论述过程中，把小说视为近代文学的主要样式，同时也对诗歌、戏剧的近代化发展进程做了评述。总之，《日本文学史·近代卷》写得周密周到和成熟。

当然，具体到有些论述，也有一些问题值得商榷。例如在第十章《岛崎藤村与近代现实主义的发展》中，把岛崎藤村看成是"现实主义者"，这似乎是延续了1950年代刘振瀛先生在《破戒》译本序言中的说法，但刘的说法是在独尊现实主义的那个特定时代产生的，实际上，按日本自然主义的标准，岛崎藤村的《破戒》在"描述实事""个人隐私告白""无理想、无解决"等方面，是地地道道的自然主义小说，这也是日本学界的定论，不能因为作品反映了社会现实问题就判为"现实主义"。如果单从反映现实甚至批判现实着眼，实际上，浪漫主义、现代主义等几乎所有思潮流派的作品也都从不同角度反映了现实，甚至批判和否定了现实。因此，还是得从日本自然主义的独特定义出发，来判断岛崎藤村思潮的归属问题。再如，在第十一章《夏目漱石》中，把夏目漱石定位为"一位伟大的批判现实主义作家"（第364页），把《我是猫》视为"批判现实主义的经典"（第380页），恐怕是以偏概全了。夏目漱石的作品充满社会正义感，有批判精神，但更有欧美"批判现实主义"作家所没有的那种佛教禅宗式的超越、余裕、旁观、静观的姿态，尤其是对社会政治保持了足够的距离，也没有欧美批判现实主义者那种以文学干预社会，乃至改造社会的动机与意图。《我是猫》《哥儿》等前期创作是取江户文学的滑稽讽刺，后期则专心对人性中的利己主义的剖析。因此，漱石作为一个大作家，其文学具有超流派的、综合性的特征，不能简单地说夏目漱石是个"现实主义"作家，用欧洲的"批判现实主义"来给夏目漱石定性，这样就难以揭示夏目漱石作为"日本近代文学之代表"的本质特征。此外，对戏剧家菊池宽的戏剧的评析和评价也嫌不够。

和日本近代文学史比较而言，1920年代末期之后，即芥川龙之介去世后的日本文学史，被一些日本文学史家称为"现代文学"，这一时期处在日本历史上最为动荡的混乱年代。在战前和战中，反国家体制的无产阶级文学、为天皇制国家服务的民族主义及日本国家主义文学，协力侵略战争的战争文学，西化的新感觉派及现代派文学，以娱乐消遣为目的的大众通俗文学，反对西化和反驳近代化进程的"近代的超克"文学等，呈现出错综复杂的局面，加上历史沉淀时间不长，经典化的过程太短，因而现代文学史的撰写也远比近代文学史困难。

在这种情况下，叶渭渠、唐月梅合著的《日本文学史·现代卷》在"序章"《现代的探索》中，谈了这一时期文学史发展的基本特点，认为"在社会的重压之下，近代文学虽然在促使近代人的观念、文学思想和文学方法开始发生变化，但未能实现根本性的变化。这就是日本近代文学软弱性和妥协性的原因所在。"（第4—5页）那么这种情况到了"现代文学"中有了什么改变吗？若没有改变，近代文学如何演进到现代文学呢？"现代文学"的"现代性"又体现在什么地方？对于这个问题，《日本文学史·现代卷》并没有明确地加以回答。作者认为："无产阶级文学和新感觉派文学是近代文学解体期的产物，前者从个人意识转向社会意识，以实现革命文学的形式，促进这种解体；后者脱离社会意识而笼闭在个人意识中，试图以文学革命的形式来完成这一解体的过程。它们的诞生，宣告了近代日本文学的完成，拉开了现代日本文学的序幕。"（第5—6页）又指出，无产阶级文学与现代派文学"这两种文学思潮的基本对立关系，就是日本现代以来的文学本质，也是20世纪世界文学状况在日本现代文学中的反映。"（第6页）这个基本判断是符合历史事实的，也是日本文学史家们的共识。但是，上述近代文学中人的解放、个性解放、自我意识的主题，在现代文学中并没有得到进一步解决，而且在很大意义上是后退了。对此，作者也指出：无产阶级文学的实质是以阶级性、党性、政治性、集体性为优先，是反对个人主义和个性表现，而战争时期的为天皇制政权对外侵略服务的御用文学及战争文学，也是强调个人一切服从国家。还有一些理论家提出了反对西化、回归日本民族传统的"日本主义""近代的超克"的主张。这一切，不但很不"现代"，而且是在"超克"近代了。对此，作者没有加以透彻分析。实际上，将日本的昭和时代以后的文学史称为"现代文学"，只不过是一些日本文学史家为了给明治以后的文学史做时代分期，而使用的一个单纯的时间性词汇而已。换言之，1926至1945年的日本文学，在天皇制政府前所未有集权统制及对外侵略的举国体制中，人的解放、个性解放方面，总体上是倒退了，在一定程度是反"近代"的，更遑论"现代"。对于这个问题，文学史家必须做出清醒的判断，也必须让读者明确：只有到了日本战败后，才在一定程度上接续了近代的传统，而具备真正的"现代"文学的性质。

　　正因为"现代"历史不长，因而哪些该写进文学史，哪些该多写，哪些该少写，不同作者由于立场视野和方法论的不同，而处理有所不同。叶、唐合著的《日本文学史·现代卷》，在这方面也有自己的选择。对于战前文学部分，众多的日本文学史书论述很多，选材上是没有问题的，但也存在一个论述上多寡与轻重的问题。例如，在《日本文学史·现代卷》的"序章"之后的头三章，讲的都是无产阶级文学，三章的篇幅是全书各流派中最多的，可见对无产阶级文学的高度重视。其中对小林多喜二单列了一章，与后文中单列一章的井上靖、川端康成、三岛由纪夫处在一个等级，给了他以大作家的地位。但是，应该明确：小林多喜二去世的时候不到三十岁，生前主要精力并不在写作，艺术上处在学习阶段，如何能把他作列为专章，作为第一流的大作家来论述呢？老实说，这样的选材标准，恐怕主要还不是文学本身的标准、艺术性的标准，而是社会政治的标准，这与作者关于文学与政治关系的理解也不尽相符。而另一方面，对战争时期的侵略文学，作者单列第八章《黑暗的战争年代与文学》做了评析，但对侵华文学及战争文学的来龙去脉的分析还不太充分，对日本文学史上的反文学的阴暗面还应该更充分地加以揭示。特别是该章第四节谈到所谓"抵抗文学"的时候，与其他一些日本文学史书一样，没有明确说明那些看起来是"抵抗文学"或反战文学的作品篇什，到底是战争期间，还是战后写的。只有在战争中发表的抵抗文学才是真正的抵抗文学，正如只有面对着敌人抵抗才是抵抗一样。鉴于日本很多作家战前、战中、战后，在压力之下见风使舵，频繁"转向"，战后发表的那些所谓反战文学，很难证明是战争中写的，而很可能是战后写的而故意说成是战中写的。这一点要做明确辨析虽然不容易，但一定要跟读者说明。否则就会使读者误以为日本文学界也像德国文学界那样存在"反战文学""抵抗文学"，并给予过高估价。

　　对于战后文学部分，特别是近20世纪最后二三十年，选材上有许多困难，这也许就是所谓"灯下暗"现象，越是晚近的，也难以入史。例如，大众文学、通俗文学，主要包括战前战后的历史小说、推理小说等，是日本现代文学的重要组成部分，大众文学的发达也是日本现代文学的一个突出特点，对此，《日本文学史·现代卷》第七章《现代戏剧再兴与大众文学流行》中的后两节，评述了1920—1930年代大众文学及代表作家中里介山、吉川英治、大佛次郎、直木三十五等人。鉴于这些作家在读者中影响很大，一些日本文学史家认为这不是"纯文学"而是商业化的文学，便予以轻视。《日本文学史·现代卷》在这里予以专门介绍是非常必要的。但写到战后至当下文学部分的时候，《日本文学史·现代卷》对战后十分繁荣发达的大众通俗文学虽有涉及，但评析不足，例如，在日本读者中几乎人人皆知、长期以来影响力名列前茅、被众多研究者作为研究对象的著名小说家司马辽太郎，论述却过于简单，与司马辽太郎在日本文学中的实际地位与影响不甚相配。平心而论，就当代日本作家的创作成就、对读者与社会的影响力而言，能与司马辽太郎比肩的作家，为数极少，司马辽太郎是应该用单列专章予以论述的大作家。另一方面，对于推理小说这样一种具有巨大影响的文学样式介绍不够。站在中国读者的角度来看，近三十多年来，特别是1980—1990年代的二十多年间，日本的推理小说在中国的译介很多、传播甚广，对此，面向中国读者的《日本文学史》也应该做出相应的反应和解说。同样的，中国读者很熟悉的村上春树并不是大众文学家，而是属于纯文学或精英文学，村上1980年初就走向文坛，并产生了持续的、世界性的影响，可惜在《日本文学史·现代卷》全书中，甚至难以找到村上春树的名字。除了村上以外，在战后文坛上影响很大的许多作家，都没有进入该书的视野。本来全书的最后一章《当代日本文学的走向》和终章《未来文学发展的大趋势》中应该提到，但是作者只是援引了若干日本评论家的话并做了宏观层面上的综述，便匆匆结束全书。看来，《日本文学史·现代卷》中涉及当代（战后）部分的文学史时，面临的关键还是选材问题。要把近十年来的重要文学现象纳入文学史，需要冲破已有文学史的论述范围，紧密追踪文学发展的实际，将文学史的纵深性与当下性链接起来。总之，尽管存在选材范围及论述轻重上的一些值得商榷的问题，但这并没有从根本上妨碍《日本文学史·现代卷》的学术上的高水平和重要价值。作者的论述和评析在知识层面上是可靠的，在思想层面上也不乏启发性。

进而言之，全四卷的《日本文学史》作为迄今为止篇幅最大、内容最丰富、资料最全面的日本文学史，代表了我国20世纪末期之前我国日本文学史研究写作的最高水平，是叶渭渠、唐月梅夫妇日本文学史研究成果的集大成。作者虽然借鉴和参阅了许多已有的日文版文学史，但由于建立了自己科学严谨的文学史观和文学史研究写作方法论，能够有效地避免了日本学者常有的那种材料堆砌、文本细嚼、散漫烦琐、过于感性化、过多腌词赘句、缺乏理论思辨性的弊病，充分发挥了中国学者所擅长的思路清晰、表达准确洗练的优势，体现了中国学者日本文学研究的实力和贡献。这样大规模、高水平的日本文学史著作，不仅在中国是空前的，即便在日本也并不多见，与日本的同类文学史相比也是出类拔萃的。全书结构合理、罗织周密、知识密集，信息丰富，既可以作为专著连续阅读，也可以作为工具书与资料书供随时查阅使用，具有阅读和收藏的双重价值。对于日本中国的日本文学史学习与研究者来说，可以将此书置于座右。

风飘叶，一剪梅

王升远

窗外飘着细雨，近来东京有些阴冷，下午4点时分已须开灯写作。

从出版界的朋友那里得知，叶先生魂归道山已是下午近五点的样子，不禁愕然。下意识地打开Hotmail邮箱（微软提供的邮件系统），习惯性、下意识地去找"Weiqu Ye"发来的邮件，打算直接回复、慰问，猛然意识到自己的鲁莽——我已无法再从"Weiqu Ye"那里收到哪怕一封邮件了。斯人已逝，慰问何及，迫不及待地拨通了北京的电话，唐先生声音嘶哑，语气低沉。自报家门，和叶先生生前一样，唐先生又确认两次：是北京的向远还是上海的升远？得知这是越洋电话后，唐先生说，老叶11号晚上9点多走的，还是老毛病，心脏病。走之前几天还念叨过你呢。听过，一阵酸楚。

与叶、唐二先生拜识于2009年初夏之季。进门坐定，数句寒暄旋即转入"学术话题"。得知我对中国的日本文学教育史、学术史感兴趣，并正在做相关调查和研究工作，老人的语气陡然亢奋，却又转而愤然、低沉起来。亢奋是由于他极力推赏这一工作的学术意义。对中国的日本文学教育史的追溯，在我，是缘于对当下情状之不满，试图通过与前贤的对话、对历史的清理，为今日把脉、献芹。愤然、低沉乃是因为老人念及乃师刘振瀛先生，不禁哀怨顿生。20世纪中国的日本文学教育，千回百转，历尽曲折。在中日政治、经济关系阴晴冷暖之间，尽管日语教育得到了长足的发展，但日本文学教育、研究却始终难尽人意，较之于其他国家、语种文学的教育与研究，日渐式微。著史者有"为尊者讳""为贤者讳"的"潜规则"，但相形于周作人、钱稻孙等前辈（在此暂不涉及其政治倾向）的日本文学涵养及其在日本文学教育史上的开拓性贡献，刘老难望项背恐怕也大致合乎实情。当然，也不能苛求。建国初的"先生"一代，身负"收拾残局""重整山河"（受中日战争的影响，除沦陷区之外，中国其他地区的日本文学教育、研究几近停滞）的重任，自然不敢懈怠。作为"渡人"的一代，刘先生虽著述不多，可单是稳健，便可成就"意义"。当然，身处学术江湖，学界中的种种学术、非学术的辩难乃至攻讦上演过形式多样的"快意恩仇"，作为后来者无法侧身其间，缺少"临场感"，评价分寸难以拿捏，相关问题难免成为"悬案"。刘老溘然逝去为著史者留下了"史话"的叙述空间，而平素笃定的叶先生作为"摆渡舟楫"的受惠者之所以为之介怀、急于"为尊者申"，之所以为我留下这篇沉重的"课后作业"，师生情谊之拳拳可见一斑。

　　并非奉承，置于教育史、学术史的视野中考察，叶先生的成就地位要远过于乃师刘振瀛。（当然，在20世纪中国日本文学翻译、教育和研究史上，叶渭渠的贡献与意义尚须谨慎评价。）想来，赴百子湾A派公寓的我是带着"挽救史料"之私心的，毕竟叶先生已年届杖朝……于是，我"八卦"起来，问及先生的罗曼史、风雨飘零史、治学史，气氛由此舒缓开来。从"南洋"（越南）到北京，由庙堂之高（曾任职于国家对外文委）及至江湖之远（"文革"期间曾被下放改造），从川端（叶先生主译）到三岛（唐先生主译），其间风雨，一一品评；叶先生虽年事已高，然知人论世、臧否人物依旧锐气十足，当仁不让；唐先生则侧身其后，默然静听，偶尔纠正一下时间、人物上的记忆讹误、疏漏。我对二老提及的人和事，有知者，更有不知者，述者道之娓娓，闻者兴味盎然。二先生之学术著作有已购读者，亦有未得见者，蒙二先生慷慨，一一签名惠赠。侧聆垂教之际，颇感之者三：其一，在我国从事日本文学译介、研究，其路"艰险"，"来者"不易。我国的外国文学译介受国际关系变动之影响巨大，其中又以日本文学为甚。川端、三岛虽居国际文坛之巅，各领风骚，但国内种种非文学因素仍然极大地干扰了相关译介、研究工作的正常开展，延至今日，此弊犹在，解决之途，唯政界、知识界诸君诸贤思之、辨之并教我。其二，对其他国家、语种文学之越界中国的情况，敝人才疏，未敢妄议，至少在日本文学领域，由一作家之全面译介到关于该作家的系统研究，再至一时代的文学史撰述，终到彼邦文学史、文化史、美学史的总体清理、把握，叶、唐伉俪为学界提示了一种方法论——译介与研究之不可脱节，个案研究与整体把握的相辅相成，贵在"寡欲勤奋"，难在持之以恒。对二老的学术观点、学术成就大可见仁见智，但这一扎实的方法足堪好大喜功、日渐浮躁、充斥着各式"后主"（似乎只有张口"后殖民"、闭口"后现代"方为学界"潮人"，非此列者遂被视为"奥特曼"——OUT MAN）的外国文学界省思。其三，学术史、教育史类的研究须建立"临场感"。由于时间之悬隔、立场的差异，述者所言未必足信，但作为一家之言，"立此存照"本身即为意义所在。至于辨析、取舍、评骘便是后话了。当天，叶先生为我提示的一些已付之公表或仍因"敏感"而暂难公开的各种史料，乃至其"口述文本"都为我的后期研究还原了诸多不可多得的"现场"——尽管我还需要另一种，甚或另几种"现场"。

那日音容笑貌依稀模糊，我只记得，当时的我眼前曾浮现出过一个铜制小雕塑。我是徐家汇藏书楼的常客，那里民国风的书桌上昏黄的台灯之下常年摆着我的字典。读书、写作之余，我常踱到一楼的画展厅品鉴此间的油画。展览厅的桌子上摆有若干个小物件，一次与妻携手同去时，故意将她拉到一张小桌前坐定。桌子上是我最喜欢的一个物件，一老翁与一老妪在负暄闲聊，邀妻共欣赏，区区心意自不难窥测。叶、唐二先生，在风雨如晦的年月不离不弃，生死相随；在译界、学界引领风潮有年之后，生活归于宁静，其情其景，与负暄翁妪无异也。叶先生将书斋之名由团结湖时代的"寒士斋"易为"倚梅斋"，其意亦不难推知耳。

承二先生美意，与向远师及师妹诸位在A派公寓共进晚餐。席间，向远师表达了欲为叶、唐二老立传之意，谬举我当此重任。虽受之惴然，却无比荣耀。事后第三天，二先生复信云：

升远：

你好。来邮收悉。前天见面畅叙，非常愉快，你们给我们带来了青青的气息，将激励我们发挥迟暮的活力。

我们全力支持你目前的写作。有关刘先生的材料，在拙作《雪国的诱惑》中的《怀念恩师》一文，也是写刘先生的，可供参考。

席间你和王老师谈及为我们做口述回忆录一事，王老师还表示你写就后可以为你出版，我们十分感谢。我们征询几位中老年同人或同学的意见，他们认为我们这段求学史，不仅是我们个人的，也是解放后日本文化和文学研究史历程的一个缩影，是一件值得做的事。我们经过两日思考，如果你决定将此项目列入计划，我们将全力配合，包括将多年来报刊有关评介我们的文章整理出来复印送给你，以及你定期来舍下采访、录音口述等。你有了具体计划告诉我即可。

现在官体位化、商业化严重冲击着大学和学术单位，在这种情况下，学人要坚持"自由的思想，学术的独立"，就需要，再坚持。那天我看见你选择在"寡欲勤奋"的字幅下与我们合影，我心里就明白，你在求学之路上，已有自己的努力方向。我深信：你年轻，坚持，再坚持，一定会创造比前人更大的成绩来。为你祝福！匆此。

叶渭渠 唐月梅
2009年5月24日

私人信函本无意公表，录之于上，权作史料一则，谨供学界诸公参考。

我任教于上海，京沪遥远，与二先生往来多倚邮件、电话，往来数十次间受益良深。先生一向支持我的研究，因为二老本身便是我的研究对象。9月初，我受资助赴东京大学访学。在出国前，先生为我寄来了丰富的与其生平、学术有关的复印资料与光盘，今日回首，幸何如哉。而作为与先生缘分的见证，我约来的先生宏文《季羡林的"三十年河东"与"送去主义"》发表于《上海师范大学学报》2010年第4期。孰知是文竟成先生学术人生之绝响，得无悲乎！邮件往来之间，我与先生曾有个约定：春节回国，从东京先飞北京，赴倚梅斋一叙再回上海。谁想，那日一会竟成永诀。羞惭的是，我资质驽钝，每篇小文的写作都历时长久，直至先生驾鹤他界，相关文章竟未写出，不禁扼腕叹惋。期待自己能在先生五周年忌日之时，能携小著呈于倚梅斋案前，以抒忘年之交的怀念与敬意。

忽然想到了李清照与赵明诚。伊世珍《琅嬛记》说："易安结褵未久，明诚即负笈远游。易安殊不忍别，觅锦帕书《一剪梅》词以送之。"叶、唐伉俪，殆与此同。斯人已逝，唯望唐先生节哀。

眼前浮现着一副风景，不禁敲出六个字：风飘叶，一剪梅。

2010年12月14日于东京大学驹场客舍

追记：

前日回北京，有幸与对叶先生执弟子礼的许金龙先生一叙，知其欲为老人编制纪念文集及年谱，甚感其谊。此举无疑将为吾等后来者亲近前贤提供一种可能，盼学界同人倾力襄助，以尽美备，还原出立体的、多面的叶渭渠。又，由叶先生推及尚还健在的文坛耄耋，不禁感慨系之。在诸贤遽然西去前，若有心人能着眼于"抢救历史"，整理、出版一套"耄耋文丛"，必将泽被后学，功德无量也。

王升远，东北师范大学外语学院教授

不知哪一眼竟是那一眼

卢茂君

很长一段时间都不能接受叶先生离世的事实，总感觉先生还在世，只是自己最近没有前去拜访而已。在叶先生离世的这三年，唐先生基本上生活在美国，一年回国一次左右，每次我都会去看望唐先生，但基本上只是一次而已（除最近连续陪唐先生去北京医院检查身体），因为在记忆中，在习惯上，唐先生的身边一定是叶先生，看唐先生一个人形单影只，心里说不出的难受。

第一次有幸见到叶先生和唐先生是2009年5月22日那天下午，叶先生爽朗的笑声将我们引进客厅，由唐先生安排我们落座，叶先生马上进入厨房准备咖啡。这一细节，对于深受日本文化影响的我来说很不可思议，一般来说，都是男主人招呼客人，女主人准备咖啡。我满脸惊诧地看着唐先生翻看王向远老师刚刚赠送的书；之后，叶先生特别自然地将咖啡递给我们每一个人，一切都是那么自然，没有任何做作，或别扭。后来我才知道，因为叶先生平日里只是伏案工作从不锻炼身体，让叶先生给来访者沏咖啡是唐先生"逼迫"叶先生运动身体的一个小谋略。而这个小小的细节，让我们感受到了两位先生之间拳拳的情感。之后，唐先生合上书说："读书让人不寂寞"，这句话让当时的我感动不已，虽然身在高校工作，但身边很多人是不读书的，一边工作一边在博士后流动站学习的我经常被讥讽，有时候我也很困惑，被人当成怪人的滋味其实很不舒服，但听过这句话之后，我不再迷茫，尽情享受读书带给自己的幸福，读书让我变得更加自信、充实、丰富。两位先生的书满足着我求知的欲望，两位先生的为人和治学态度净化着我的心灵。

那之后，每周或是隔周周末去拜访两位先生，渐渐地更加了解了两位先生的生活和为人。两位先生生活很简约，感觉最大的开销就是买书。先生对人是非常信任的，常年委托楼下超市老板代买生活用品，虽然价钱稍稍有些高，但先生从不计较，还经常夸赞超市老板人好。超市老板也很尊重两位先生。北京堵车情况非常严重，我每次去先生家里都要提前出门，提前到了之后，就到超市里去等时间，超市老板听说我是要去叶先生家里拜访，对我也很客气。知道两位先生购物不便，我每次也都带些东西过去，多数是榴梿。那个时候还没有买车，经常是带着一个榴梿坐公交、换地铁地走遍大半个北京城。有时候感觉很奇妙，这种心情不像是去拜访学者，而像是去看亲戚。

2009年12月19日中午，我正准备拿着三十多斤重的波罗蜜去叶先生家，突然接到唐先生电话，说叶先生心脏病突发被送到了北京医院，我赶忙放下波罗蜜打车赶往北京医院，第一次见到唐先生神情慌张的样子，也是在那个时候第一次见到许金龙先生。急诊室门前需要家属二十四小时留守。当时，许金龙先生与我商量人选问题，我身边也没有合适推荐人选，只好打电话给王向远老师求助，王向远老师毫不犹豫地派了两名学生过来，并表示有什么需要他这边会全力支持。这样，白天由许金龙先生和叶先生的一位家属来守候，夜晚由我和同门的师弟沈德玮、李文静来轮流守候。当时，白天要上班，一下班急忙赶到医院接替许金龙先生。深冬的北京，夜晚还是很冷的，尤其是坐在医院大厅冰冷的座椅上。上半夜会有人过来问租不租行军床，当时我还想，在这么多人面前谁好意思躺下啊？可是，到下半夜两点钟左右，我也不得不侧卧在冰冷的座椅上。

　　近一周左右，叶先生病情好转就从急诊转到重症监护病房，这段时间需要做很烦琐的检查，一个特殊要求是病人做检查前的饮食只能是酸奶，许金龙先生跟我商量怎么办，我说那我就在家里做好给送过去吧！那两年我一边工作一边在做博士后，所以一直住在学校，工作很忙，虽然承诺做酸奶，实际上根本没有时间，所以，就把这个工作交给我七十岁高龄的母亲，每天白天母亲将酸奶做好，我下班后从学校赶回家，将酸奶送到医院，再从医院返回学校。北京冬天的夜晚格外孤寂，一个人坐在公交车上稍微有点害怕，但多数情况是还没来得及害怕就累得睡着了。当时内心非常充实，能为叶先生做点事情我非常高兴。因为叶先生所在病房是重症监护，所以不能进去探望，每次送去酸奶我也只是在门前张望一下，只有一次碰巧护士进出，就从她打开的那半扇门看到了叶先生。当时，叶先生正坐在床上看报纸，正巧两个护工在说叶先生一看就是知识分子，这么重的病还看报纸。

　　叶先生出院后，为了不影响叶先生养病，再也没有前往拜访。2010年11月14日，叶先生打电话给我说他儿子从美国回来了，想邀请许金龙先生和我一起吃顿饭表达一下谢意，后来就在团结湖的大董烤鸭店一起吃顿午饭。当时，叶先生的脸色非常红润，声音也高亢有力，完全恢复到生病之前的样子，让人非常放心！我还打电话向王向远老师汇报了一下叶先生的身体状况，王老师也非常高兴地说："那太好了！叶先生身体本来就好，现在医学这么发达，那完全没有问题。"就在我们都为叶先生的身体康复感到高兴的时候，12月中旬的一天，许金龙先生短信说叶先生去世了。我看了好几遍都不敢相信自己的眼睛，之后开车前往叶先生家里，家园小区还是那样，极为安静，安静得让你无法相信世事的变化。

人生就是这样的无常，你不知道也无法预期哪一次相逢竟是永生的诀别，哪一眼相望竟是永恒。

卢茂君，中央财经大学外国语学院副教授

永远珍藏的签字本

　　——忆叶渭渠先生

　　王燕

　　一周前，李硕先生打来为《叶渭渠纪念文集》组稿的电话，岁时上已，与农历癸巳年中秋临近。放下电话，沉思中目光不觉投向书柜里那厚厚一沓签字本书卷，思绪也随同意识之波回流到三年前的庚寅年中秋。

　　在我书柜居中格挡最显处珍存着叶渭渠、唐月梅两位先生亲笔题签的多种著作，除"日本文学史系列"之外，另有《日本文化史》《雪国的诱惑》《周游织梦》《樱园拾叶》《日本人的美意识》《三岛由纪夫与殉教图》等等，均系当年拜谒先生之时得赐的馈赠。

　　2010年9月赴京参加学术会议期间，得中央财经大学外国语学院日文系卢茂君老师转达先生邀请，到位于东三环外百子湾南二路78号院A派公寓的"倚梅斋"宅邸拜会叶、唐两位先生。

　　当日左近中秋，先生病后遵照医嘱居家静休。问及先生的健康状况，唐先生讲，看上去精神、气色还好，但大病一场伤损严重，医生告诫不能劳累，犹忌冲动、读书，谈话均要节制，每个时段不宜超过20分钟。卢老师与两位先生相交颇笃，特意带去先生喜食的鲜薄荷叶和粤式调味品鱼露佐餐。唐先生和卢老师两人备办午餐，叶先生便和我谈起了日本文学。落座后，先生谈兴渐浓，一再向唐先生申请延时，饭后畅谈又达两个钟点。

　　话题从川端康成作品的译事说起，先生回顾了20世纪80年代"由我来翻译"川端康成作品所经历的困难遭际和不公正指责，当其愤愤于当年有人攻讦其翻译描写"五等妓女出卖肉体"的《雪国》是"嗜痂成癖"时，我向先生介绍了那位权威批评者于川端作品"可译""不可译"判定上遇到的窘困。那是在1988年，在广州召开的日本文学会议上，该权威发言责问译者为何翻译描写乱伦关系的《千只鹤》，该译者回复说该作品系诺贝尔文学奖膺选作，艺术上自有其不争的价值。那位权威当即判定"《千只鹤》出了也就出了，但像《睡美人》《片腕》这样颓废色情的作品绝不能译"。就在当天，我于广州北京路书店购得河北人民出版社当年刚刚出版的题名为《睡美人旅馆》的小说集，其中所收恰是该权威提名决不能译的两篇作品，版权页上的起印数赫赫然竟是"100000"。我举起该书告知台上，那位权威切齿言道："连这种肮脏有害的东西都敢出版，从现在起我再也不说什么能译什么不能翻译了。"　与川端康成相关的话语还有，先生把《雪国》《古都》译毕后交由山东人民出版社出版，反对者为淡化《雪国》，在出版时改定书名为《古都·雪国》，先生则以译者身份写了题为《川端康成和他的〈雪国〉〈古都〉》的序言文章明辨曲直。正是《雪国》的这个译本后来相继被不同机构印行出版了二十七个版本。接着，叶先生问我是否了解所谓的"刘振瀛抄袭事件"。事也凑巧，1986年在北师大访学时确曾听到过对此"事件"的别家说法。导师主编的《东方文学简史》由北京出版社印发，为推介该种教材，导师请前文提及的前辈权威写篇书评。该先生的反馈意见是他抽不出时间去看教材，吩咐我们撰写好文稿，送他阅读认可后可在发表时署他的名字。我和同门师妹黄女士呈送书评文章上门讨教，言语中，该权威很是详尽地介绍了他和刘振瀛先生之间的纠葛过节。该先生还特意要我们查阅《中国大百科全书•外国文学》卷的"日本古代文学"词条，告诉我们整部工具书中只有这个词条是由两人分段执笔并各署其名（一个是他本人，另一个则是北大的刘振瀛先生）。和叶先生的后续交谈还涉及因横遭行政干预没能开成的"三岛由纪夫国际会议"等一些事项和问题。

说话间，有出版机构派员上门议谈购求先生著作版权事宜，也被唐先生以家有访客为由挡驾推脱，出版商只好表示另约他日、择期再来。兹事体大，唯愿不曾耽搁先生，至今想来除却感动仍觉心中忐忑。

究其实在，自从教以来我始终是叶先生教导的对象，早已忝列先生的学生门墙，今番能被先生引为忘年挚友皆随一个缘字。社会分层，人聚族类，我们所事的无论叫作科学还是学科，其意都是分科之学，学界壁垒间隔，总体趋势是专业愈分愈细，学术便划出了一个个的"圈子"。本人不是专事研究日本问题的学者，亦非翻译日本文学的专家，只是个在大学中文专业授课的教习，对于日本文学的了解充其量局限于应对教学之需，入不了迻译、覃究日本文学的"圈子"之围。然而，大学中文系科外国文学课程内容中有着相当比重的日本构成，授课前把握文学发展脉络、遍览重要作家的代表性作品是必修的功课，除工具书和少量日人论述，准备讲义及编写教科书时必须参阅的日本文学史和作家、作品论资料大多出自先生笔下，《日本文学思潮史》《日本文学史》《20世纪日本文学史》《川端康成文集》等各种卷册的先生著译无不为我提供了教书、著文的案内指南。就这样，我在工作状态中凭借"书缘"得"识"先生，是先生的文字导引我同所学中文专业界阈殊异的日本学发生了些许"越界"式的关联。

2009年冬季，受出版社之托修订《外国文学通用教程》，我到北京与卢茂君老师就请其执笔添加"井上靖"内容进行会商。时值叶先生突发心梗入北京医院救治，卢老师前去陪护。那天下午，随同卢老师一道赶往病区，替换在医院走廊昼夜守候的夫人唐月梅和先生高足许金龙先生。傍晚时分，先生恢复了意识，但身体极度虚弱，重症特护病室的值班医生严格控制探视。卢老师向叶先生转达我的康复祈愿，叶先生遂向医生申请，"我的一位亲戚从苏州赶来，一定要让她进来看我"，医方特许我进入病房，得与病卧榻上的叶先生会面交谈"不能超过三分钟"。这是我同先生的初次谋面和首次交谈，时间很短，先生邀我再次来京到他家中做客。于是，遂有了本文前述的"倚梅斋"拜访、聆听教诲开蒙启智、捧奉大作荣幸南归的传奇际遇和美好记忆。

先生赠书有《周游织梦》一册，内容涵盖游历心得、羁旅情怀、人事见闻及感悟体验，先生借此既与历史对话亦同现实交通。书中披阅的先生往事，蒙太奇般迭现着世界上东西域、南北方的都市和乡村；背景既有欧陆的山光，也有东瀛的水色，情景交融，依依如画。先生于匆匆行色之中仍时时命笔挥毫，记录下实景致、真性情：行文纪言，率真奔放，端的风流。

所赠书卷均得"2010年中秋"题签，唯加盖两位先生印鉴的《日本文化史》书题是"2011年秋"。先生积劳成疾，辞世于2010年12月11日。多希望先生题签于书册上的"2011年秋"能是真时日；更企盼自己呈先生通信中祝愿的"秋日高爽，谨请两位先生日日重阳！"能是实情境。

先生已同我们幽明永隔，留给我们的是高尚的道德情操和未竟的事业文章。

先生自幼含英秀发，聪慧笃正；受业北大学有本源，信则由衷。为人志存高远，为学技无不综，著书家满橱壁，旅迹遍及寰宇。担任编辑抑或研究学术均能以维系文脉、寄托理想、传递薪火为己任，藉时代力、凭出众才，将事业从大文化的角度把控得应心顺手、张扬得成果斐然。

先生本真：笔耕不辍，焚膏继晷，辞彩章华，风骚独具。

先生仙逝：驾鹤西去，龙驭宾天，地下修文，接引后学。

2013 年 9 月 19 日识于木渎香榭山庄

王燕，苏州科技学院教授

附记：与叶先生互通的三封电子邮件：

叶渭渠于 2010年9月29日（星期三）22：47 发给王燕

王燕老师：

你好。谢谢你的来访，王老师对我国日本文学研究翻译界了解很多，十分高兴。传上病后发表的《浅谈季先生的"三十年河东"论》小文，此问题学界颇有争论，请多批评指正。王燕老师来京时，欢迎来舍下再相叙。

祝

节日快乐！

叶渭渠

2010年9月29日

王燕于2010年10月2日（星期六）10：56 发给叶渭渠

叶先生台鉴：

恭请您和唐先生安适康祺！

拜悉大扎和评析季先生有关两个"三十年"的专论，获益良多。我是20世纪80年代初入学道便在一次东方文学讲习会议上聆听到季先生有关论断的，以后相关论争屡屡见于各种文本，圈内供职于北大的梁立基、李谋诸位先生亦时常维持此说，但止于情绪化地肯定坚持，终未见您这样既有系统纵深且具现实针对的诠析解说。对"三十年"一说，学界及社会上虽立场反对、态度怀疑者众，但不争的事实是近十数年来世界历史文化的总体发展格局径直在为两个"三十年"论断提供着实践性的明证，而这种总体文化动向是不以哪个或哪些人的主观意愿作为向背转移的。有关这方面问题，待我思考须臾后再向叶先生讨教。

秋日高爽，谨请两位先生日日重阳！

晚辈王燕顿首

2010年10月2日

叶渭渠于2010年11月13日（星期六）15:11 发给王燕

王燕老师：

来函敬悉。近日主要重读《日本文化通史》，进行一些勘误，赶让出版社第二次印刷，迟复歉甚。

叶渭渠

2010年11月13日

叶渭渠先生与中国的日本文学研究

李强

叶渭渠先生的弟子许金龙曾就叶渭渠先生对中国日本文学研究的贡献说过这样的话："正因为有叶老的工作，中国的日本文学研究水准才没有恶化。"[1]这句话言简意赅地概括了叶渭渠先生在中国日本文学研究界的地位及发挥的作用；同时也提醒了我：在谈及叶渭渠先生的研究时，必须将其置于中国日本文学研究的大背景之中。因为只有这样才有可能充分地了解和把握其研究的意义和价值。基于这样的想法，本文拟结合中国日本文学研究不同阶段的背景，从三个方面谈一下叶渭渠先生对中国日本文学研究的贡献。

---

[1] 摘自《研究者称因为叶渭渠日本文学研究水准才没恶化》，《青年报》（上海）2010 年 12 月 15 日。

一 翻译

这里说的"翻译"是指"翻译文学"。用史的眼光看，在一个相当长的时期内，"翻译文学"对于外国文学研究来说曾是不可或缺的。在中国，对日本文学的翻译最早可以追溯到清朝的梁启超，[1]其后，"从1901年到1949年的将近五十年间，大约共翻译出版了三百余种日本文艺理论著作、小说和剧本等。"[2]其中在小说方面虽然出现过若干次译介热点，但始终未能与研究形成同步。新中国成立后的1949年至"文革"前的1965年，由于"政治标准"的干扰，得到翻译的几乎都是"批判现实主义"或"无产阶级文学"的作品。据说整个"文革"期间只翻译出版了三种有关日本无产阶级作家小林多喜二的作品。[3]这样的翻译严重阻碍了学界对日本文学的全方位了解，也局限了研究者的学术视野和研究范围。

"文革"结束后，整个中国百业待兴，外国文学研究也在其列。经过努力，时至1970年代末，日本文学研究得以复苏，作为学科，也渐成气候。一批"文革"前从事日本文学研究的前辈学者审时度势提出了日本文学的学科建设问题。在他们的奔波劳顿下，1979年9月12日至20日，中国社会科学院外国文学研究所和吉林师范大学（现东北师范大学）外国问题研究所在长春联合召开了全国日本文学讨论会。来自全国各科研院所、高等院校和出版社的八十多位学者与会。这次会议有三个

---

[1] 梁启超于1898年12月至1900年2月在《清议报》上连载了其翻译的《佳人奇遇》。

[2] 李芒：《日本文学在中国》，《外国文学》1984年第4期。

[3] 参见《全国日本文学讨论会在长春召开并成立全国日本文学研究会》，《吉林师范大学学报》1980年第1期。

主要议题：一是重点讨论了因"文革"而被迫停止的日本文学的翻译和研究问题，呼吁要解放思想，清除"四人帮"的影响，加强对日本文学的翻译和研究工作；二是研讨了提交讨论会的三十多篇论文；三是成立了中国日本文学研究会。"这是建国以来第一次日本文学的讨论会，也是五四运动以来新老两代日本文学翻译与研究者的团结大会。"[1]这次日本文学讨论会，特别是中国日本文学研究会的成立，标志着中国的日本文学研究由此进入了一个新的历史阶段。

中国日本文学研究会的宗旨是团结广大会员进行日本文学的翻译、研究和教学工作。之所以将翻译放在三项工作的首位，是考虑到在当时的情况下，要重新起步日本文学研究，翻译日本文学的名家名作是至为重要和迫切的。作为回应，学界曾经出现一股持续时间较长的"日本文学名家名作翻译出版热"[2]。据统计，1979年至1989年的十年间，翻译出版的日本近现代文学名家名作数量不下百种，其中有重译，也有新译。这批译作的问世为学界了解和研究日本近代文学的多样性、复杂性和艺术性，提供了翔实的文本资料，也标志着中国学者重新起步日本文学研究的努力取得了初步的实效。

叶渭渠先生是在20世纪50年代末60年代初开始走上业余写作和翻译文学之路的。"文革"前，他就翻译过小林多喜二的多部作品。"文革"后，在"日本文学名家名作翻译出版热"之初，他选择了译介诺贝尔文学奖得主——川端康成。目的是"试图打破迄今只翻译无产阶级文

---

[1]　《全国日本文学讨论会在长春召开并成立全国日本文学研究会》，《吉林师范大学学报》1980年第1期

[2]　1981年人民文学出版社率先出版《日本文学丛书》；1985年福建海峡文艺出版社联合江苏人民出版、中国文联出版社、吉林人民出版社、黑龙江人民出版社、四川文艺出版社、浙江文艺出版社出版《日本文学流派代表作丛书》；1987年上海译文出版社出版《日本文学丛书》。

学和批判现实主义文学的即成局面"[1]。川端康成是1968年获得诺贝尔
文学奖的，但在中国却被视为政治上反动的作家，在很长的一段时间内
是无人敢于公开问津的。据说有年轻学者曾带着有关川端康成的研究论
文参加1979年9月的第一届全国日本文学讨论会，竟受到了前辈学者的
好心告诫，规劝其别犯错误。[2]关于翻译川端康成的契机，叶渭渠先生
日后回忆道："我翻译川端文学，是从70年代末开始的。当时我在人民
文学出版社担任亚非文学组组长，编辑部决定出版一套《日本文学丛
书》，我将《川端康成小说选》作为一卷列入计划中，主管领导没有反
对，但担心会引起非议。因为改革开放伊始，人们的观念还没有完全开
放。此前川端康成是个禁区，有风险。我说："既然有风险，我来译好
了。'这就是我翻译川端文学的开始。"[3]1981年7月，上海文艺出版
社出版了韩侍桁译《雪国》；两个月后，山东人民出版社以《古都·雪
国》为题出版了叶渭渠译《雪国》和唐月梅译《古都》。其实叶渭渠译
《雪国》和唐月梅译《古都》早在1979年就已经译毕。"结果在出版社
足足拖了一年多。"因为"有人认为《雪国》是写'五等妓女'，给妓
女唱赞歌的"。所以"出版社最后要撤《雪国》，只出《古都》"。但
译者"坚持宁愿退稿，也不撤《雪国》，因为《雪国》无论在艺术上还
是在影响上都远大于《古都》。出版社不愿放弃这个选题，于是请示
了当地出版局，获准后又发生书名排序问题。这个本子定名《古都·雪

---

[1]　叶渭渠：《日本文学思潮史》，北京大学出版社2009年版，《自序》第1—2页。

[2]　参见谭晶华《回眸与见证——改革开放时代的中国日本文学研究会（代前言）》，谭
　　　晶华主编《日本文学研究：历史足迹与学术现状》，译林出版社2010年8月，第2页。

[3]　高立志：《让学者回归学者学术回归学术——访日本文学专家叶渭渠先生》，《文汇
　　　读书周报》2005年10月4日。

国》，就是为了淡化《雪国》"。[1]事实上，《雪国》在之后的再版也是一波三折。"1984年'反精神污染运动'一来，编辑室一负责人还要把《雪国》从正在编辑的选集中撤下来。我坚持不收入《雪国》选集就没有代表性，干脆就不出这选集算了。经过一番周折，得到其他负责人的支持，《雪国》才没有被毙掉。"[2]可见译介川端康成，特别是他的《雪国》在当时是要冒政治风险的，也是颇费周折的。

　　由韩侍桁先生、叶渭渠先生和唐月梅先生于1981年[3]开译的川端康成，在1980年代中期至末期迎来了第一个译介高潮。到了20世纪90年代又迎来了第二个译介高潮。第一个译介高潮的1985年至1989年间翻译出版的川端康成作品的单行本和作品集有十一种[4]。至此，川端康成获得诺贝尔文学奖的三部作品——《雪国》《千只鹤》《古都》在中国都有了汉译本。第二个译介高潮的20世纪90年代的十年间，除了单行本外，

[1]　高立志：《让学者回归学者学术回归学术——访日本文学专家叶渭渠先生》，《文汇读书周报》2005年10月4日。

[2]　叶渭渠：《扶桑掇琐》，湖北教育出版社2002年版，第242页。

[3]　以实际出版年月统计。

[4]　具体为：《古都》（侍桁、金福译），上海译文出版社1985年版；《千鹤》（郭来舜译），陕西人民出版社1985年版；《雪国·千鹤·古都》（高慧勤译），漓江人民出版社1985年版；《舞姬》（唐月梅译），外国文学出版社1985年版；《花的圆舞曲》（陈书玉等译），湖南人民出版社1985年版；《川端康成小说选》（叶渭渠译），人民文学出版社1985年版；《弟弟的秘密》（朱惠安译），浙江少年儿童出版社1985年版；《湖·山之音》（林许金、张仁信译），海峡文艺出版社1987年版；《川端康成谈创作》（叶渭渠译），生活·读书·新知三联书店1988年版；《川端康成散文选》（叶渭渠译），百花文艺出版社1988年版；《川端康成掌小说百篇》（叶渭渠译），生活·读书·新知三联书店1989年。

还出版了多卷本的作品丛书。[1]至此，川端康成几乎所有的作品在中国都有了汉译本。

如上，我们可以将川端康成在中国的译介分为三个阶段。检索叶渭渠先生在其中的工作，可以说他始终起到了引领和主导的作用，所以称叶渭渠先生为"中国川端康成翻译第一人"是毫不为过的。

二　作家作品研究

叶渭渠先生是1983年由出版社调入中国社会科学院日本研究所专门从事日本文学研究的。他说自己是"半路出家做学问"的，所以特别珍视这次来之不易的机会。因为"文革"后叶渭渠先生就已抱定"从清水寺舞台跳下去的决心"，弃政从文，弃仕从学，完全走做学问的路。叶渭渠先生为自己制订了短期、中期、长期三个目标。所谓的短期目标就是选定川端康成、三岛由纪夫为自己研究的起步对象。如上所述，叶渭渠先生是在编辑和翻译川端康成作品时对川端康成产生兴趣且一发而不

---

[1]　具体为：《睡美人》（张哲俊译），陕西人民出版社1992年版；《川端康成作品精粹》（高慧勤选编），河北教育出版社1993年版；《睡美人》（王向远译），北京师范大学出版社1993年版；《川端康成散文选》（海翔选编），中国世界语出版社1993年版；《雪国·古都·千只鹤》（叶渭渠、唐月梅译），译林出版社1996年版；《川端康成集》（叶渭渠主编，共三种），东北师范大学出版社1996年版；《川端康成文集》（叶渭渠主编，共十卷），中国社会科学出版社1996年版；《川端康成作品》（叶渭渠主编，共九种），漓江出版社1997年版；《川端康成哀婉小说》（高慧勤编选），上海文艺出版社1997年版；《雪国》（叶渭渠、唐月梅译），外国文学出版社1998年；《雪国·古都》（叶渭渠、唐月梅译），漓江出版社1998年版；《川端康成少年少女小说集》（叶渭渠主编，共二种），中国文联出版社1999年版；《古都》（高慧勤译），人民日报出版社1998年版；《雪国·古都》（高慧勤译），沈阳出版社1999年版；《川端康成散文》（叶渭渠译，上、下两卷），中国广播电视出版社1999年版；《川端康成经典作品》（叶渭渠、唐月梅译，共三册），人民文学出版社1999年版；《川端康成、三岛由纪夫往来书简集》（许金龙译），昆仑出版社2000年版；《川端康成十卷集》（高慧勤主编），河北教育出版社2000年版。

可收。而三岛由纪夫则是作为"政治任务"，不得不承担的翻译工作。但日后却成为叶渭渠先生为之倾注一生的研究对象。现在看来还真有些"戏剧性"和"幽默性"。所谓的中期目标就是为文学史和文化历史书写做准备；而所谓的长期目标就是将文学史和文化历史书写付诸实施。

　　叶渭渠先生说：我们（指叶渭渠先生与唐月梅先生。作者注，下同）选择了川端康成、三岛由纪夫这两个至难解读的，要冒一定风险的，但却在日本现当代文学史占有重要地位的而不能忽视的人和作品，作为我们求学问的切入点，目的是从严从难入手，以点带面，进一步全面深入挖掘日本文学的"矿脉"，同时走前人没有走过的路。[1]这是叶渭渠先生身份转换后的一次"文学宣言"：1.自觉身上肩负的学术使命；2.非常了解和掌握学界的现状；3.从方法论上规范了日后的研究。

　　从国内当时日本文学研究的整体状况开看，改革开放时日还短，"政治标准"的影响还在。在"作家作品研究"方面，研究者的兴趣大多集中在夏目漱石、森鸥外、岛崎藤村、国木田独步、芥川龙之介、白桦派作家以及二叶亭四迷和樋口一叶上。夏目漱石、森鸥外、岛崎藤村、国木田独步、芥川龙之介和白桦派作家都是日本近代文坛名家，早在20世纪20年代，鲁迅和周作人就译介过他们的作品，[2]以后也有相应的研究。二叶亭四迷和樋口一叶则是在新中国成立后得到译介的两位被誉为批判现实主义的作家。[3]所以上述作家在"文革"后受到关注是有历史和时代原因的。这一时期的作家论和作品论，尽管作为改革开放后

---

[1]　叶渭渠：《扶桑掇琐》，湖北教育出版社 2002 年版，第 358 页。

[2]　参见周作人译述：《域外小说集》，上海群益书社 1921 年版；周作人编译：《现代日本小说集》，上海商务印书馆 1923 年版。

[3]　参见石坚白等译：《二叶亭四迷小说集》（刘振瀛撰写《前言》），人民文学出版社 1962 年版；萧萧译：《樋口一叶选集》（刘振瀛撰写《前言》），人民文学出版社 1962 年版。

重新起步日本近代文学研究的成果，具有一定的学术史价值；但有相当多的作家论和作品论是沿用社会历史批评的方法，分析作品的主题和思想，探讨作家成长的社会环境，持论都较为拘谨，而且在观念、视野和方法论上也缺乏中国学者完全独立的思考和见解。

从1982年起，我国的外国文学研究界开始知道了川端康成这个作家。但在很长一段时间里，对川端康成及其《雪国》的批评一直是众说纷纭，贬毁多于褒誉。1982年9月在山东济南召开的第二届日本文学讨论会上，川端康成及其《雪国》正式成为研讨的话题。但大会制定的基调是"如何以马克思主义的文艺观深入探讨和研究这部作品"。检索和阅读1982年至1985年发表在国内主要刊物上有关《雪国》的研究，多数的文章对《雪国》主题思想和人物形象是持否定意见的，但对其艺术手法却是持中性或肯定意见的。叶渭渠先生这一时期发表的主要文章有：

《论川端康成的创作》，《外国文学评论》1984年第1期；

《〈舞姬〉——爱情、生活和事业》，《外国文学研究》1984年第4期；

《创造美的抒情世界——〈评伊豆的舞女〉》，《日本研究》1985年第1期。

叶渭渠先生用审美批评的方法批评了川端其人及其《舞姬》和《伊豆的舞女》，而没有直接参与《雪国》的批评。我以为叶渭渠先生不参与《雪国》的批评，是为了避免让自己陷入在当时环境下谁都无法规避的主题思想上否定、艺术手法上肯定的悖论境遇；用审美批评的方法批评川端其人及不受争议的作品是为了用该方法为研究川端有争议的作品打下基础并赢得时间。

随着国内研究环境的改变，川端康成被越来越多的人所接受，川端康成研究中的禁区被逐步解除，研究方法也变得多样化。叶渭渠先生此后就川端康成所发表的主要文章有：

《川端康成与日本文学传统》，《外国文学评论》1987年第3期；
《〈雪国〉论》，《日本研究》1987年21期；
《川端文学研究的几点思考》，《日本学刊》1993年第4期。

这些文章无一例外地都谈到了川端文学与日本传统文学的关系。任何一部被公认为好的作品，其标准除了感性、知性和理性外，还会有一性凌驾于这三性之上，那就是诗性，即审美。具体到川端康成，也就是"物哀"。在一篇论及翻译的文章中，叶渭渠先生谈到了川端美学，特别是《雪国》与"物哀"的关系：

譬如，对川端康成的《雪国》，尤其是《雪国》中的驹子，如果不了解日本文学的"物哀"审美精神，乃至不了解日本的艺妓制度，就容易将"物哀"单纯理解为悲哀，将艺妓完全等同于妓女，将《雪国》单纯看作是写游客与妓女的"肉体关系"，甚至用放大镜来"观察"作家为了情节的需要而做了非常简洁、朦胧的性描写，并加以夸张，这怎么能正确把握作家在《雪国》中所追求的性因素的爱情，又怎么能以同情的笔触艺术再现驹子双重性格中值得同情的一面，即怎么能准确翻译和传达出这部小说的神髓，保留原文的情调和风格呢？尤其在翻译川端的《千只鹤》时，如果不把握

作家主要是为了写人性中的理性与心理上的非理性的微妙关系，写
性苦闷的情感与丑陋、邪恶与非道德的冲突，又如何在翻译过程中
体味作家的文学理念中的美的存在呢？[1]

为了让中国的读者了解川端康成，叶渭渠先生于1989年写作出版了
国内第一部川端康成的传记，取名《东方美的现代探索者川端康成评
传》[2]。七年后，叶渭渠先生以《冷艳文士川端康成传》[3]为名修订了
这部传记。从《冷艳文士川端康成传》的《自序》来看，在20世纪80年
代中国川端康成研究初期，为了把握川端美学，给川端以准确的定位，
叶渭渠先生采用了宏观的研究方法，将川端美学解读为"东方的传统
美"。但随着研究的深入，"就有必要从微观的角度来全面、具体、细
致地考察川端各个时期的作品、各种不同模式的作品，才能得出切实的
科学结论"[4]。从"东方美"到"冷艳美"，说明叶渭渠先生对于川端
美学有了新的认识和理解，也说明叶渭渠先生的川端研究已从宏观转向
了微观。

1999年，为纪念川端康成一百周年诞辰，叶渭渠先生、千叶宣一、
唐纳德·金主编了研究论文集《不灭之美——川端康成研究》[5]，收入
中、日、美、韩四国学者的代表论文二十九篇。[6]这是一次成功的国际
合作交流，说明中国的川端康成研究已经融入了世界。

---

[1]　叶渭渠：《扶桑掇琐》，湖北教育出版社 2002 年版，第 290 页。
[2]　中国社会科学出版社 1989 年版。
[3]　中国社会科学出版社 1996 年版。
[4]　叶渭渠：《冷艳文士川端康成传》，中国社会科学出版社 1996 年版，《自序》第 4 页。
[5]　中国文联出版社 1999 年版。
[6]　不计川端香男里的《致中国读者的话》和《川端康成年谱》以及叶渭渠的《序》。

三　文学史书写

日本文学史书写在中国一直是研究者的研究重点。早在1929年，老一辈的日本文学研究家谢六逸曾就出版过《日本文学》[1]一书。尽管它是一部简史，但在学界却是一部不朽的经典。以后直至"改革开放"前，学界就没有再出版过中国学者书写的日本文学史。"改革开放"后的三十年可以分为三个十年来看中国的日本文学史书写。

第一个十年（1979—1989），对于日本文学研究来说，因为尚处在重新起步阶段；期间只有老一辈的学者拿出了几部文学史，其中有三长新著《日本文学史》[2]、王爱民等编著《日本戏剧概要》[3]、吕元明著《日本文学史》[4]等。王长新著《日本文学史》和吕元明著《日本文学史》都是日本文学通史。王著是一本教科书，用日语编撰，特点是以"阶级意识形态"的观点统摄全书，并据此论述了构成研究对象的文学现象、思潮流派和作家作品。吕著是一部研究专著，用中文写成，特色是在《总论》中关注了文学史研究和书写的两个基本问题，即：1.在《日本文学史的意义》一节中，从文艺学的层面回答了"日本文学是什么"；2.在《日本文学的特征》一节，以论述"日本文学发展的规律是什么"阐明了自己的文学史观。由于"政治标准"的影响尚存，两部文学史都把重点放在文学与外部关系的研究上，而少有从文学内部而做

---

[1]　谢六逸：《日本文学》，（上海）商务印书馆1929年版。

[2]　外语教学与研究出版社1982年版。

[3]　中国戏剧出版社1982年版。

[4]　吉林人民出版社1987年版。

的语境还原和文本细读，这不能不说是一大局限。但它们作为填补"文革"后此类"文学史书写"空白的"第一部日文版日本文学史"和"第一部中文版日本文学史"，无疑是具有学术史价值的。

第二个十年（1990—1999），在1990年至1992年出版了一批"文学史书写"的成果，其中有王长新主编《日本文学史》[1]、叶渭渠和唐月梅合著《日本现代文学思潮史》、《20世纪日本文学史》[2]、陈德文编著《日本近现代文学史》[3]、雷石榆编著《日本文学简史》[4]、谭晶华选编《日本近代文学史》（小说·评论）[5]、李均洋著《日本文学概说——发展史和作家论》[6]等。这些通史、断代史和文学史，有教科书，也有研究专著。它们的编撰出版既回应了日本文学学科建设的需要，同时也体现了研究者在研究和编撰过程中所做的努力。这种努力主要体现在以下三个方面：

一是述史立场。由于受客观条件的限制，研究和编撰时运用的资料几乎都来自日本，所以研究者特别重视运用马克思主义的文艺观去解释各种文学现象。比如，王长新主编的《日本文学史》就"力图遵循马克思主义唯物史观的观点，对日本各个历史时期的社会经济、政治、阶级关系做比较深入的分析，找出它对社会上层建筑文学的影响，以及相互之间的关系和各个时代主要作家与作品的产生、发展及其衰退的原

---

[1]　吉林大学出版社 1990 年版。
[2]　青岛出版社 1998 年版。
[3]　南京大学出版社 1991 年版。
[4]　河北教育出版社 1992 年版。
[5]　上海外语教育出版社 1992 年版。
[6]　陕西人民出版社出版 1992 年版。

因"[1]。

二是述史内容，主要体现在对构成文学史叙述对象的文学现象、思潮流派和作家作品的取舍编排和解释评价上。陈德文的《日本近现代文学史》、谭晶华的《日本近代文学史》、李均洋的《日本文学概说——发展史和作家论》等，都主张个性和独特的文学史书写，强调史论结合、点面结合的述史模式。雷石榆的《日本文学简史》则以自己在日本从事诗歌创作的亲身经历，在《下篇》中补充了"30年代到这次大战后出现的一些较重要的左翼进步诗人和诗歌团体"[2]。

三是述史方法，即用什么方法进行研究的问题。比如，陈德文的《日本近现代文学史》在评述作品时采用了文本细读的方法。叶渭渠和唐月梅合著的《日本现代文学思潮史》在整体结构上"十分重视以民族精神作为根基的日本文学传统的社会基础和政治史的背景，同时还从比较文学的视野出发，用实证与理论结合的方法，来考察日本文学在现代过程中，吸收起着主导作用的西欧文学思潮的各方面表现"[3]。

第三个十年（2000—2009），据统计，本期问世的相关著述在数量上远远超过前两个十年的总和。其中有教科书十种[4]、研究专著十七

---

[1] 王长新主编：《日本文学史》，吉林大学出版社1990年版，第3页。

[2] 雷石榆编著：《日本文学简史》，河北教育出版社1992年版，第3页。

[3] 叶渭渠、唐月梅著：《日本现代文学思潮史》（千叶宣一《序》），中国华侨出版社1991年版，第5页。

[4] 为谭晶华编：《日本近代文学史》（修订本），上海外语教育出版社2003年版；张如意编著：《日本文学史》，河北大学出版社2004年版；吴鲁鄂主编：《日本文学教程》，武汉大学出版社2007年版；李光泽、卜庆霞编著：《日本文学史》，大连理工大学出版社2007年版；徐明真著：《简明日本近现代文学史教程》，北京语言学院出版社2007年版；任力主编：《日本近现代文学史》，东北林业大学出版社2008年版；刘利国、何志勇编著：《插图本日本文学史》，北京大学出版社2008年版；李先瑞编著：《日本文学简史》，南开大学出版社2008年版；肖霞编著：《日本文学史》，山东大学出版社2008年版；崔香兰、张蕾编著：《新编日本文学史》，大连理工大学出版社2009年版。

种[1]。因为考虑到实用，教科书类的文学史一般都具有简明扼要的特点。研究型的文学史有通史、断代史、简史和文学史，在述史立场、述史内容、述史方法上都以各自的探索和实践"回应"了曾经风靡一时的"重写文学史"问题，其中最优秀的成果当推叶渭渠和唐月梅合著的《日本文学史》。《日本文学史》为四卷本的通史[2]，全书一百一十万字，是著者潜心治学近三十年的结晶，被誉为是继20世纪20年代谢六逸撰著《日本文学史》后中国日本文学史研究的又一巨大成果，"在学术坛上，树立起一座我国的日本文学史研究的新里程碑"[3]。这部专著采用"立体交叉研究体系"，"从历史批评和美学批评出发，以各种文学的内容、形式、理论、批评、流派、思潮的产生、发展和演变的规律性，以及重要作家和作品为对象，进行多向性的、相互联系的、历史的动态研究，以期避免孤立地、静态地分析各个作家和作品的通病，力图透过各种文学现象，深入揭示文学主体的价值，达到对文学史比较完整

[1]　为叶渭渠、唐月梅著：《日本文学史》（近代卷），经济日报出版社2000年版；郑民钦著：《日本俳句史》，京华出版社2000年版；马兴国著：《日本文学史》，春风文艺出版社2000年版；罗兴典著：《日本诗史》，上海外语教育出版社2002年版；刘建辉主编：《日本文学》，高等教育出版社2003年版；郑民钦著：《日本民族诗歌史》，北京燕山出版社2004年版；高文汉著：《日本近代汉文学》，宁夏人民出版社2005年版；谢志宇著：《20世纪日本文学史——以小说为中心》，浙江大学出版社2005年版；季爱琴著：《日本文学概述》，陕西师范大学出版社2005年版；叶渭渠、唐月梅著：《日本文学简史——日本文学史要说》，上海外语教育出版社2006年版；唐月梅著：《日本戏剧史》，上海三联书店2006年版；唐月梅编著：《日本文学》，上海三联书店2006年版；王向远著：《中国题材日本文学史》，上海古籍出版社2007年版/宁夏人民出版社2007年版；刘立善著：《日本近现代文学文学流派史》，辽宁大学出版社2007年版；张龙妹、曲莉编著：《日本文学》（全二册）高等教育出版社2008年版；叶渭渠著：《日本文学思潮史》，北京大学出版社2009年版；叶渭渠著：《日本小说史》，北京大学出版社2009年版。

[2]　为《日本文学史·古代卷》（上、下册），昆仑出版社2004年版；《日本文学史·近古卷》（上、下册），昆仑出版社2004年版；《日本文学史·近代卷》，经济日报出版社2000年版；《日本文学史·现代卷》，经济日报出版社2000年版。

[3]　林林：《日本文学史研究的新里程碑》，《外国文学评论》2005年第2期。

的、论证相结合的、体系化的认识"[1]。加之著者是在对文学观念、文学史观、研究方法等有了全新的认识和积累后才开始动笔撰写的。所以，这样的成果，"不仅为中国的日本文学通史写作树立了一块界标，更为后来的研究者铺下了坚固的基石"[2]。著者叶渭渠另著有《日本小说史》[3]，为系统论述日本小说产生发展的专题通史[4]。全书以思潮、流派和作家群为纲组织章节，构建了极富整体感和动态感的"小说史"构架。

以上的叙述也许有些冗长，但是通过这样的叙述可以让我们清晰直观地了解到渭渠先生与唐月梅先生在不同时期内为中国的日本文学史书写所做出的努力和贡献。

关于文学史书写，叶渭渠先生说过："我们从事文学之初，就萌生了撰写日本文学全史的念头，于80年代初提上了日程。但日本海内外已出版的同类著作实属不少，前贤时人并已取得非凡的业绩，要避免雷同，有所突破，有所创新，写出自己的特色，实非易事。所以多年来，不敢轻举妄动。"[5]

1991年，叶渭渠先生和唐月梅先生出版了《日本现代文学思潮史》[6]，这是叶渭渠先生和唐月梅的第一部思潮史专著。从时间上计，说明叶渭渠先生和唐月梅先生为写这部思潮史曾经"蛰伏"了近十年。也就是说，他们为这部专著付出了近十年的努力，可谓"十年磨一剑"。

---

[1]　叶渭渠、唐月梅著：《日本文学史·现代卷》，经济日报出版社，2000年版，第717页。

[2]　王中忱：《日本文学通史写作的大成和终结——读叶渭渠、唐月梅著〈日本文学史〉》《日本学论坛》2004年第3期。

[3]　北京大学出版社2009年版。

[4]　其中的第六章至第十三章为近代部分。

[5]　叶渭渠：《扶桑掇琐》，湖北教育出版社2002年版，第359—360页。

[6]　中国华侨出版社1991年版。

　　叶渭渠先生说过："决心既下，就必须自己一步一个脚印地走下去。在国内学术界掀起重写文学史、重写学术史的风气中，我经过独立思考，重新认识文学的观念和价值，探究研究方法论，探讨日本文学、日本文化在本土与外来、传统与现代的关系这个贯穿于古今的人文学科的永恒主题，以及文学与其他边缘学科关系等一系列问题，与此同时，除了阅读作家、批评家的原作外，尽可能多地学习各家的日本文学史专著，研究他们的材料、观点和方法，扬长避短，博采众长。"[1]

　　作家作品研究是文学研究的基础。其中作品研究又是基础之基础。因为只有解读恰当的作品论才有可能为优秀的作家论提供依据。而好的作品论（包括作品综论）和作家论又能为文学思潮史、文学史或小说史写作提供坚实的基础。为了写文学史和文化史，"我们的著、译、编从川端康成、三岛由纪夫走到大江健三郎、安部公房、芥川龙之介、横光利一、谷崎润一郎，走到古今的散文随笔世界，同时走进了日本文学思潮史、日本文学史、日本文明史，并开始迈向日本美术史。"[2]这是叶渭渠先生1999年作《我的求学之路》中的一段话。可见译、编、著在叶渭渠先生与唐月梅先生那里是三位一体的，就像建立金字塔一样，底座、塔身和塔尖是缺一不可的。从叶渭渠先生与唐月梅先生的目前出版

---

[1]　叶渭渠：《扶桑掇琐》，湖北教育出版社 2002 年版，第 360 页。

[2]　叶渭渠：《扶桑掇琐》，湖北教育出版社 2002 年版，第 360 页。

的各种文类的通史类专著[1]来看，他们已经完全达到了这个学术目标。

2009年7月，为了祝贺叶渭渠先生八十寿辰，北京大学出版社出版了三卷本的叶渭渠著作集。三本著作为《日本文化通史》《日本小说史》《日本文学思潮史》。其中一部为新作（即《日本小说史》，为系统论述日本小说产生发展的通史），两部为旧作的整理或修订（即《日本文学思潮史》和《日本文化通史》）。叶渭渠先生在这套著作集的《自序》中将其称为"个人大半生研究成果的集大成"[2]。这三本著作是叶渭渠先生自选的，我想也应该是叶渭渠先生生前最为看重的。透过这三本著作，我完全看到了自从抱定"从清水寺舞台跳下去的决心"弃政从文、弃仕从学、完全走做学问之路的叶渭渠先生为之付出的大半生精力以及所有艰辛和努力。

李强，北京大学外国语学院日语系教授

---

[1]　具体为：叶渭渠、唐月梅编著《日本现代文学思潮史》（中国华侨出版社1991年版）；叶渭渠著《日本古代文学思潮史》（中国社会科学出版社1996年版）；叶渭渠著《日本文学思潮史》（经济日报出版社1997年版）；叶渭渠、唐月梅著《20世纪日本文学史》（青岛出版社1998年版）；叶渭渠主编《日本文明》（中国社会科学出版社1999年版）；叶渭渠著《日本文化史》（广西师范大学出版社2003年版）；叶渭渠、唐月梅编著《日本文学史·古代卷》（上、下册，昆仑出版社2004年版）；《日本文学史·近古卷》（上、下册，昆仑出版社2004年版）；《日本文学史·近代卷》（经济日报出版社2000年版）；《日本文学史·现代卷》（经济日报出版社2000年版）；叶渭渠、唐月梅著《日本文学简史：日本文学史要说》（上海外语教育出版社2006年版）；叶渭渠编著《日本建筑》（上海三联书店2006年版）；叶渭渠编著《日本二艺美术》（上海三联书店2006年版）；叶渭渠编著《日本绘画》（上海三联书店2006年版）；叶渭渠著《日本文化史》（广西师范大学出版社2006年版）；叶渭渠著《日本文化通史》（北京大学出版社2009年版）；叶渭渠著《日本小说史》（北京大学出版社2009年版）；叶渭渠著《日本文学思潮史》（北京大学出版社2009年版）。

[2]　叶渭渠：《日本小说史》，北京大学出版社2009年版，《自序》第1页。

一座朴素的桥

　　——怀念叶渭渠先生和他的日本文学翻译

　　王中忱

　　我不知道团结湖是否真的有湖，只记得那里是一片住宅。走进团结湖北二条一栋半旧的宿舍楼，爬上陡仄的楼梯到六层，是叶渭渠先生的家。通常都是面带笑容的叶先生开门，然后随他穿过兼作餐厅的走廊，走进北侧的客厅。客厅狭小，大约不到十平方米，但整齐洁净，墙上挂着一张条幅，是林林先生的字："满室书香"。前两年，叶先生终于搬进一幢有电梯的楼房，客厅的摆设却保持了原来的格局和模样。迁居不久，我和几位朋友曾去探望，记得那天叶先生的心情特别好，谈兴很浓，甚至有些兴奋，但现在，我们再也听不到先生那富有感染力的笑声了。

　　叶先生家的"满室书香"挂在小客厅对面的书房，那里占了叶家最大的面积。除了窗子一侧，书房的三面墙壁都立着书橱，里面满满排列着日本文学的各类大系、著名作家的文集、选集和相关的研究著作，还有日本绘画、建筑、工艺美术等类书籍，真的让人感觉美不胜收。20世纪80年代后期，我在中国社会科学出版社工作，曾多次和社里同事去叶先生家叨扰，每次都要到书房去一饱眼福。那时，中国的图书装帧、设计和印制都还比较单调呆板，叶先生的藏书让我们开了眼界。社科出版社当时的一些文学书籍在形态上有所创新，有的灵感就来自叶先生的书房，这大概是很少为人知道的。后来读到叶先生的一篇回忆文章知道，他在"文革"前"多年求学所买的书，所积累的资料"，在被下放到干校劳动改造之前"全部论斤当废纸卖掉了"（《我的求学之路》）。那么，叶先生书房里的藏书和资料，应该主要是"文革"以后重新蒐购起来的。叶先生和夫人唐月梅先生曾先后几次到日本研究、讲学，这些书，大概就是他们节省自己的生活费用，一本本买来，一本本携带回来的。听当年在东京大学留学的李廷江先生说，当时常常看到来做访问研究的叶先生在图书馆里复印。中国的公共图书馆，包括大学和研究机构的图书馆，有关外国研究的图书资料收藏有限，从事外国研究的学者，如想从第一手资料进行研究，就必须付出更多的艰辛，但叶先生从来没有说到过这些，他从书橱里取出一本本设计精美别致的书和我们一起翻阅、品鉴时那种陶醉的神情，让人长久不能忘怀。

叶先生爱书，但他购书不仅仅是为了个人阅读、欣赏，更不是为了收藏，作为一个以日本文学研究为志业的学者，他自觉地负起把异国的文学和文化介绍给本国读者的使命。在知识分子能够放下安静书桌同时，也可以参与喧哗热闹的氛围中，他和夫人唐先生自甘寂寞，蛰居书房，积年累月，辛勤笔耕，完成了汉语学术界第一部日本文学的全史，四卷六册，屡述了日本文学从古代到现代的历程。在一篇书评文章里我曾说过，这是"汉语日本文学通史写作的集大成之作"。现在我愈发真切地认识到叶先生所树立的界标之高，他的这部《日本文学史》确实

"有可能是此类写作的终结"。而在同一书评里，我也谈到叶先生的日本文学翻译，那时我仅仅把他的翻译看作是撰写文学通史所做的准备，现在看来不够准确。确切地说，叶先生的文学翻译，自有其独立的价值和意义，特别是对于众多文学读者而言，印象深刻且将长久留存在记忆中的，无疑主要是翻译家的叶先生。

叶先生的日本文学翻译和文学史研究其实是相互辉映、相得益彰的，他选择翻译对象，不像一般的翻译者那样较多出自个人的喜好，而是体现了一个文学史家的宏阔视野和开放的审美情怀。据叶先生说，他最早署名单行出版的译作是小林多喜二的《蟹工船》，那也可以说是他文学翻译的真正起步。该译本出版于1973年，在当时肯定给文学荒原带来了一点异样色彩。而从叶先生中学时代在南洋参加进步学生运动、1950年代初毅然回到新中国的经历看，小林及其普罗文学肯定在他内心引发了深深共鸣。2008年，叶先生曾专门撰写文章，讨论进入经济全球化时代当下世界出现的"新穷人"，分析《蟹工船》在新的社会语境中的意义（《蟹工船·译序》，译林出版社2009年1月），表明小林文学始终是他关注的对象。

但叶先生的视野没有拘囿在普罗文学，特别是在"文革"结束后，有感于中国译介日本文学的单调偏至状况，他开始有意识地选择普罗文学之外的作家作品进行翻译或组织翻译，首先是川端康成，接下来是横光利一、三岛由纪夫、安部公房、大江健三郎等，总体说来，都是在艺术形式上锐意创新、具有"现代主义"色彩的作家，其中，叶先生于川端康成用力最多，由他翻译的川端作品，如《雪国》《伊豆的舞女》，已经成为汉译名篇，特别是其中一些段落和句子，更是脍炙人口，广为流传。

叶先生以宽厚的审美襟怀，努力译介日本的"现代主义"文学，为中国"新时期"的文学提供多元的参照和借鉴，而就个人的审美情趣而言，他显然并不推崇刻意的求新求异，而更欣赏能够在"现代"与"传统"之间做中和调适之作。在我看来，这样的态度已经浸入叶先生本人的翻译实践，川端的《雪国》等作品里一些带有"新感觉"色彩的句式和表现，经由叶先生的翻译，而更多流露出古典抒情的韵味。在相关的解说和评介文字中，叶先生也不断强调这一点，并且，在印行川端小说译本时，他始终坚持附录上川端在诺贝尔文学奖受奖仪式上的讲演词。在这篇题名《我在美丽的日本》的名文里，川端着重讲述日本传统的文学、艺术之美，而没有谈论自己的写作。中国当代著名作家余华由此抱怨川端未能发表"对小说具有洞察力的见解"，但他同时认为，《我在美丽的日本》体现了川端是"一位出众的鉴赏家"。（参见余华《川端康成和卡夫卡》）叶先生把这篇讲演和川端的作品并置，无疑为读者理解、品鉴川端文学提供了一个视镜。是的，阅读川端文学，有谁会不想到他的这篇演讲呢？

　　"新时期"以来，通过译介日本现代文学而对中国当代文学写作产生影响，叶先生所起到的作用最为重要，他以辛勤的劳动，沟通了日本文学和中国文学。而在主持几套有关日本文学的翻译和研究丛书过程中，叶先生始终注意发现、提携年轻的译者和研究者，委以信任，给予关怀。在突然病逝的前一天晚上，他为一位青年研究者包好了一包参考书，写好了名字地址，准备第二天寄出去。叶先生没有在学术机构和学术团体担任职务，他完全是出于对中国的日本研究未来发展的关心，默默地做这些工作的。他是一座朴素的桥，以学术长者的宽厚和热情，沟通了几代学人的心。

王中忱，清华大学人文学院教授

为书籍操劳的一生 [1]

——追忆叶渭渠先生

诸葛蔚东

　　自叶渭渠先生从美国回国后，我便经常去拜访他，当然最经常的还是电话上的沟通。这几年最让我感到不安的是，叶先生的健康状态明显不如从前，尤其在做过心脏手术之后，能感受到他的声音缺少底气。后来，随着健康的好转，他的嗓音才逐渐恢复正常。

　　2010年12月10日上午，虽然没有什么特别的事情，我总觉得应该给叶先生打个电话。叶先生在电话里还问我，他的声音是不是有力量了。叶先生还告诉我，他已帮我订阅了2011年的《中国社会科学报》。但我没有想到的是，第二天，叶先生就突然旧病复发，并永远地离开了我们。

　　我在中国社会科学院工作时，叶先生就坐在我的对面。我觉得叶先

---

[1]　原载于2014年4月9日的《中国社会科学报》。

生非常有时间观念，总是步履匆匆。叶先生总说自己失去的时间太多，能真正地从事编书和写书是在1972年调到人民文学出版社以后，但当时已经年近半百。从那以后，编书、译书、写书和主编图书就成了叶先生人生的全部。

叶先生对翻译图书的选择可谓慧眼独具。小林多喜二的《蟹工船》是一部经得起时间考验的作品。小说叙述的是20世纪二三十年代，以海上捕蟹加工蟹罐头为业的日本渔民为生存而斗争的故事。1973年，叶先生翻译的这部小说出版后反响良好，并被节选作为北京市中学语文第十册的课文。2009年，译林出版社又出版了该书，首印为一万册。

叶先生总是把翻译和细心的研究考证结合在一起。为了深入理解作品，1981年叶先生亲自到北海道，考察了小说的写作背景。在北海道札幌图书馆里，叶先生查阅了1926年的《函馆每日新闻》和《函馆新闻》，找到了以《"博爱号"蟹工船惊人的残酷虐待大事件——活地狱般的暴虐》《残忍的虐待渔工——从杂工口中透露的事实》为标题的报道，了解到了"博爱号"渔船上的渔工们的非人生活。并且，叶先生还从该图书馆的工作人员处获知，《蟹工船》就是以这些材料为基础创作出来的，这些调查无疑进一步加深了他对小林多喜二作品的把握和理解。

20世纪80年代，叶先生在调入中国社会科学院日本研究所后，撰写了《东方美的现代探索者川端康成评传》《日本文学思潮史》和《日本文化史》等高水平的学术著作。在翻译和著述之外，叶先生还为几家出版社主编了一些以日本文化为主题的书系。如《东瀛艺术图库》《日本古典名著图读书系》和《东方文化集成·日本文化编》等丛书。

虽离开出版界已有多年，但在翻译和著述之余，叶先生仍一直在关注国内出版业的状况。图书质量也是叶先生最为关心的问题之一，尤其是对出版社多用码洋和编辑图书的数量来考核编辑表现出了忧虑。叶先生说，当年人民文学出版社有大致的工作量指标，编辑每年编120万字就可以了，因为编辑在一定意义上也是做学问。当年出版小林多喜二的《在外地主》时，就碰到了不少困难。该书日文书名为《不在地主》，由于一时找不到合适的词汇来翻译"不在地主"，译者就将书名译为《不在农村的地主》。后来编辑经过查阅大量文献，才知道在马恩著作中有"在外地主"这个概念，于是书名才最终被确定为"在外地主"，并被沿用至今。

叶先生认为，出版是一个需要细心筹划的事业，作为出版人首先要有远见，不能患得患失。叶先生说，由于当时的政治环境，小林多喜二的《党生活者》因反映了日共走城市斗争的路线和主人公与母亲在情感上的缠绵，所以一时出版不了，但该作品对了解小林的文学创作思想很重要，出版社认为应该出中文版。由于平时做好了准备，在时机成熟后该书很快便得以面世。

此外，为了让中国读者了解三岛由纪夫的著作，叶先生为《春雪》等作品的出版也付出了努力。对川端康成的介绍也是这样，在改革开放初期，当时很少有人敢于挑战这个领域，但叶先生不惧风险："既然有风险，我来译好了。"在把川端康成的《雪国》的译稿交给一家出版社后，该社因对小说涉及的内容没有把握，因而迟迟不予出版，后来经过努力，出版社在答应出版时，也还是不愿以《雪国》为书名出版该小说，而是把川端康成的另一部作品《古都》作为主要书名来出版。事实证明，叶先生的判断是正确的，《雪国》如今在国内也已成为文学名著；在教育部全国高等学校中文学科教育指导委员会指定书目中，《雪国》被指定为大学生的必读书目。经过叶先生的努力，《雪国》《古

都》《伊豆的舞女》《名人舞姬》《独影自命》《千只鹤》《睡美人》
《山音湖》《再婚的女人》等作品相继问世。

关于书籍，叶先生还有许多出版计划。叶先生正在把《源氏物语》
重新翻译成中文，出版《川端康成全集》，扩充《东方文化集成·日本
文化编》等等。如果条件允许的话，叶先生还希望能主持一家小型的出
版社，以实现其出版理念。

叶先生的一生是为书籍操劳的一生，尽管与书籍结缘较晚，但叶先
生依然在身后留下了二百多卷日本文学翻译作品和相关的研究著作，如
今，叶先生的名字已与日本文学名著联系在了一起。很难想象，如果没
有叶先生的努力，我们对日本文学了解的状况会是怎样。

"穿过县界长长的隧道，便是雪国。"这是叶先生译的《雪国》的
开篇之句。叶先生一生都在为书籍操劳，现在终于能在天国得以歇息，
希望叶先生一路走好。

诸葛蔚东，中国科学院大学教授

心灵的力量

——回忆叶渭渠先生

邱雅芬

叶渭渠先生是一位积极的探索者，他探索学术，探索世界，气势恢宏的六卷本《日本文学史》、精致曼妙的《周游织梦》等，无不言说着他的探索精神。我曾经惊叹于先生年逾七旬仍然洋溢着年轻的气息，那总是炯炯有神的双眼充满了童趣，我想这也许就是"复归于婴儿"的境界？先生也许就是凭借了这种至柔、至纯的心，才能心无旁骛地沉浸于学术的大海中而不知疲倦。在改革开放的春风春雨中，先生也终于迎来了他学术研究的春天。然而，从实际年龄看，他那时已近耳顺之年。但是心灵的力量是巨大的。先生从此沉浸于学术三昧之中，直到生命的最后一刻。在短短二十余年间，先生偕同夫人唐月梅女士共同创造了中国日本文学界的奇迹，《日本文学思潮史》《日本文学史》《日本文化史》《日本小说史》《日本人的美意识》等著作相继问世，还有那庞大的译著、编著群。先生以其惊人的开拓精神成为数十年来中国日本文学研究的集大成者，为后来者构筑了一个坚实的研究平台。他的事业将在漫长的一段时间内，成为学界的风向标。那"发愤忘食，乐以忘忧，不知老之将至"的人生态度也将不断地激励着后来者。

先生曾在《周游织梦》中写道："我历经人生的体验：人类总归要顺从自然，回归自然，与自然交融……人不是靠鬼神，也不是靠人神，而是依靠自己的力量来律动自己的生命！依靠自己的力量来构建一个完美的世界！走完横越美利坚的旅程，深感人存活一天，也要像天地永恒搏动着的生命一样，搏动自己的生命。"此言实在是先生人生观的真实写照。

学术研究不仅需要顽强的探索精神，还需要一颗能够享受学术的愉悦之心。先生曾主编《日本古典名著图读书系》，该书系包括《源氏物语》《枕草子》《竹取物语》《伊势物语》《平家物语》五部古典名著，即以"绘卷"形式介绍日本古典名著。所谓"绘卷"是中国"唐绘"的日本化形式，色彩绚烂，美轮美奂。先生对这些学术研究过程中的副产品亦倾注了诸多心力，称它们是"几度绚丽的彩虹"。通过那一束束绚丽的彩虹，读者不仅可以欣赏到绘卷之美，还可以获得遥想"唐绘"的契机。"绚丽的彩虹"无疑展现了先生那颗感知艺术的柔和之心。

先生后来又主编了《东瀛艺术图库》，其中包括《日本建筑》《日本绘画》《日本工艺美术》《日本文学》《日本戏剧》。先生在序言中介绍了该图库的编著背景，"在完成了《日本文学史》《日本文化史》《日本人的美意识》等三书的写作计划和主编《日本古典名著图读书系》之后，我的心身完全融入了日本艺术美之中，抱着一种探索日本艺术的昂扬激情，急不可待地编著一套日本艺术图书，呈献给我国读者，以共享艺术美的愉悦。"我想，读者从这只言片语中亦可以触及先生那颗活泼泼的柔和之心、愉悦之心吧。这可是先生年届八十岁时的"昂扬激情"。在该图库的《序言》中，先生指出："日本建筑艺术的最大特色，就是吸收外来建筑艺术的精华，又坚持在本国风土中酿造出来的美，即将素材置于自然中再组合，在至纯的自然、至大的简素中，展现其臻于极致的美……同样的，从日本工艺美术卷、日本戏剧卷、日本文学卷中，我们都可以看到日本艺术这样发展的历程。""日本文明创造性的发展，坚持了两个基本点：一是坚持本土文明的主体作用；一是坚持多层次引进及消化外来的文明。可以说，在世界文明史上，没有任何一种文明像日本文明如此热烈执着本土文明的传统，又如此广泛摄取外来的文明，如此曲折的反复，又如此艺术地调适和保持两者的平衡，从而创造出具有自己民族特质的新的文明体系。"仅就日本文学艺术领域而言，先生的见地颇具慧眼。如此见地不仅源自理性的学术研究，亦源自感性的艺术领悟力。

先生经常笑称自己在团结湖的那套三居室公寓是"寒士斋"。他在书斋的墙壁上挂了"寡欲勤奋"的座右铭。先生与夫人唐月梅女士共同创造的学术奇观主要诞生于此。在生命的最后几年，先生搬到了百子湾。寒士斋太高，又没有电梯；百子湾是电梯洋房，极大地方便了先生的日常起居。我常想，先生是有福之人。他那些学术灵感或许也凭借了"团结湖""百子湾"的灵气吧。它们使先生的渠水总是汩汩向前，灵思不断。先生的福气，还体现在他能工作到生命的最后一刻，而后潇洒地驾鹤西去。也许暗合了名字的寓意，我以为先生《周游织梦》之"威尼斯宁静的水韵"是其文化随笔中最令人感动的篇章之一。

这次威尼斯之行，给我留下最深刻印象的，就是在全球现代化的冲击之下，威尼斯仍然保留着无数珍贵的历史遗迹，仍然保留着文艺复兴时代古典美的面影。威尼斯的大大小小的水道也依然悠悠

　　地流淌着，流淌着。威尼斯的流水，将悠悠的水韵，带向大运河，流向亚得里亚海，带向更远更远的大西洋。

　　就这样，先生用他那至柔、至纯的心，站在东方与西方、传统与现代、中国与日本之间，探寻着学术，探寻着世界，创造了一个美妙的学术、艺术殿堂。现在，先生也许又在天国的大运河边，抑或亚得里亚海边，又或大西洋岸边编织着新的梦幻境界吧。

邱雅芬，中山大学外国语学院日语系主任，教授

对不起，叶老师

—— 关于叶老师的回忆断片

杨伟

　　我第一次去团结湖拜会叶老师和唐老师，是在1995年的冬天。促成这次见面的是金龙兄。我与金龙兄结缘是在1991年秋天，在厦门大学召开的第五届日本文学年会上。当时金龙好像是才进《世界文学》编辑部不久，来厦门是为日后寻找日本文学选题和物色合适的译者进行暖身，而我也不过是陪同恩师黄瀛前往的年轻小辈。会场上到处活跃着学界前辈的身影，令我们这些后生眼花缭乱。在一百多人的与会者中间，貌似我和金龙、叶宗敏最投机，对前辈的景仰成了我们游览鼓浪屿时的热门话题。尽管叶老师和唐老师没有出现在会场上那些前辈们中间，但因为我此前已零星阅读过他们的译作或文章，所以，当金龙说到二老的研究近况，特别是对他的悉心指导时，我除了憧憬和崇拜，也平添了几分亲近感。

　　1995年底，我到北京出差，与金龙小聚后，便在他的引荐和陪同下，直接前往叶老师位于团结湖的家里。我对北京不熟，再加上要去拜访学界的大前辈，心中充满了忐忑与不安，但当走进叶老师家里，看见几大排架子上的书，还有叶老师和唐老师相向而放的两个书桌时，顿时有了一种安心感。叶老师和唐老师对后辈那种宽厚大度的微笑让我彻底放松下来，记得我们谈到了安部公房、川端康成、三岛由纪夫和大江健三郎。谈话是非常轻松的，仿佛彼此间早就熟识，以至于我模糊的记忆无法断定，是不是那之前我和叶老师已经有过书信或电话上的往来。叶老师说川端康成在中国已成了炙手可热的作家，下一步可以陆续介绍安部公房、三岛由纪夫和大江健三郎的作品了。说这话时，叶老师的眼神是那么坚定，仿佛在他心中已经制订好了分期分批介绍日本文学精品的宏伟计划。临离开时，叶老师和唐老师送了我一本他们俩合译的加藤周一著《日本文学史序说》。在扉页上叶老师竖着题字道："杨伟同志指正。叶渭渠"，然后让唐老师在"叶渭渠"左侧写下了"唐月梅"三个字。有趣的是，尽管当时是1995年年底，但叶老师说为了讨个喜庆，就把落款时间写成了"九六年元旦"。随后，因为话题中谈到三岛由纪夫是我最喜欢的作家之一，于是，唐老师又送了我一本《怪异鬼才三岛由纪夫传》。这次唐老师横着题字道："杨伟同志指正。唐月梅1995年冬于北京"。

　　回到重庆后不久，我就接到叶老师的电话，说是约我翻译他主编的《安部公房文集》中的《他人的脸》。当然，或许是我记忆有误，事实上也可能是在我去北京拜见叶老师之前，他已经托许金龙转告我，要约我翻译《他人的脸》了，所以我才趁去北京出差时拜见了他。记得当时出书的速度是很慢的，《他人的脸》由珠海出版社出版，已经是1997年7月。那期间，叶老师又约我翻译了川端康成的《少女的港湾》，并让我为他主编的《不灭之美——川端康成研究》撰写一篇有关川端康成少男少女小说的研究论文；尔后又约我翻译了三岛由纪夫的《镜子之家》。众所周知，作家出版社1996年出版过三岛由纪夫系列，却因意识形态因素而没能大量面市。即便如此，叶老师还是坚持认为，从文学艺术价值考量，三岛由纪夫是值得推荐给中国读者的，所以不顾重重阻挠，继续推进着三岛由纪夫的译介工作。记得当时的译稿是跟漓江出版社签约的，最后却未能如约出版。译者遇到这种事儿，谁都会感到沮丧。这时，叶老师告诉我，他理解译者的辛苦，让我不要着急，一定会想办法推荐给其他出版社。在辗转与云南人民出版社等数家出版社洽谈之后，叶老师有一天兴奋地给我来电话，说最后确定在中国文联出版社出版了。我为叶老师的坚定执着而感动，并从那种坚定执着中感受到榜样的力量和无尽的信心。记得当时叶老师告诉我，出版社考虑到销量等因素，建议将书名《镜子之家》改为《禁欲》，以便和《禁色》等构成三岛由纪夫"禁"字三部曲。我当时认为只要书能出版，书名什么的不在乎，但叶老师认为，作为名著，书名是不能随便更改的，不能为了迎合消费市场而做对不起文化的事情。于是，在他的坚持下，《镜子之家》得以于1999年按照原书名面世。

那时候，电脑不像今天这样发达，我和叶老师完全是通过书信或电话来联络。只要遇到翻译中的难点，我就会给叶老师打电话向他请教。他总是不厌其烦地给我解答，或者与我商榷。作为主编，他会认真负责地审读各个译者的译稿，提出他的意见。记得有一天叶老师打电话给我，就是为了给《镜子之家》中的一个短句找到更好的表达。而当书稿送到出版社得到编辑的肯定时，他一定会给我打电话，兴奋地转达编辑的赞许和他的鼓励。每当接到叶老师的电话，我就更加坚定了在书房里专注于文学翻译的信心和决心。

2000年初，宗敏兄委托我翻译大江健三郎的《空翻》，没想到这部近60万字的巨著耗费了我整整一年有余的时间。其间我因不能为书名找到最合适的翻译而向叶老师求救，是他给出了"空翻"这个译名。我还记得他当时平静而自信的口吻，说中文里的"空翻"既贴近于日语原文"宙返り"的意思，又有日语中没有的象征意义。在我的印象中，叶老师就像是一个领袖，带领我们这些年轻学者向前冲锋，在背后为我们排除路上的种种障碍与险情。

也就是这期间，叶老师主编了《东瀛美文之旅》系列散文集。他约我翻译德富芦花的《自然与人生》。我没想到《空翻》会耗掉整整一年多的时间，以为能够在《空翻》之后赶快完成这部不到10万字的散文集。结果未能如愿。为了不耽搁截稿日期，我只好委托我一个同事来翻译《自然与人生》。不料他因为种种原因，拖延了交稿期。作为主编，对译者的延宕感到恼火自在情理之中。其间叶老师多次打电话催促我，我又去催我的同事，让我觉得非常内疚。这是我第一次，也是唯一一次对叶老师的约稿失信。

记得前几年搬家的时候，我还在一大堆信函中看到过叶老师2001年（？）给我的最后一封信。那是一封让我至今都备感难过和内疚的信。叶老师措辞严厉地批评了我将译稿转给他人翻译的事情，认为这是一种有失担当的行为。信上的原话我记不得了，大意是作为一个学者，应该对自己的承诺有所担当，要有去完成它的使命感和责任感。遗憾的是，这封信很可能在搬家的过程中遗失了。这几天我一直试图千方百计地找到它，希望能再次和那些信上的文字对话，就仿佛在电话听筒里聆听叶老师的教诲一样。尽管没有找到那封信，但那些至今也会唤起我内疚感的文字已然镌刻在了我的心中：作为学者，应该对自己的承诺有所担当，要有去完成它的使命感和责任感。

或许这也是叶老师作为学者的最基本原则吧。要敢于担当，敢于有使命感和责任感。想来，他对日本文学和日本文化的翻译和研究，还有对我等后辈的谆谆教诲，不都是一种使命感和责任感使然吗？

叶老师去了，去了另一个地方，虽然我只见过他一面，但他作为榜样的力量却一直影响着我。其实，我一直想亲口对他说一声：对不起。

对不起，叶老师。但愿您在天国能听见我的声音。

2013年6月21日于重庆

杨伟，四川外语学院日本学研究所所长，教授

我所敬仰的儒雅长者

罗兴典

2013年4月14日晚8时许，北京《世界文学》编辑部的许金龙先生在电话中用嘶哑的嗓音告诉我：叶渭渠先生去世了。我不敢相信自己的耳朵，又叫夫人问了一遍。证实以后，顿觉一阵酸楚浮上心头。我一向敬仰的儒雅长者就这样匆匆走了吗？

20世纪80年代中期，我与叶渭渠先生在沈阳的一次翻译家聚会上相识。那时，他已是中国社会科学院译界、研究日本文学的大家，而我还是个刚上道的"新兵"，但他一点"大家"的架子都没有。交谈中，他总是以清秀白净的笑容与和风细语的口气待我，令我感到非常亲切。论年龄，虽然他比我大不了几岁，但在我眼里，他分明是一位长者，一位儒雅的长者。

此后，我们便有了互赠作品和书信往来。他总是给予我长者般的鼓励和关爱（有些书信至今我还保存着）。1993年春，他看到我寄上的

《日本战后名诗百家集》（1993年1月海峡文艺出版社版）后，很快用秀丽的钢笔字给我回信："尊译《日本战后名诗百家集》已收到……你在译介日本近现代诗成绩卓著，为我国日本文学的翻译和研究增添光彩的一面。我日本文学研究界确实需要像你这样务实的学者，你的工作给我很大的激励……"他在信中还告诉我："我受季羡林先生之重托，负责主编季先生主持的《东方文化集成》第三编《日本文化编》的工作……目前正指定选题，计划用十年时间完成，届时请多多支持……我个人对你的'日本近现代流派诗的形成与发展'很感兴趣，祝你成功！"何为长者之德，由此可见分晓。

1994年冬，我家老苏受派为日本北星学园大学交流教授，正好我有学习、研究日本北海道诗歌的打算并为叶先生感兴趣的"日本近现代流派诗的形成与发展"进一步收集资料，就随她到了札幌。后来我才知道，由于出行前没来得及和叶先生打招呼，在我出国后，他先后给我国内的地址发了两封信，约我承担一些重要译事，因我没有回音，只好约了其他人。这实在令我感动不已，后悔莫及。1995年元旦叶先生收到我的贺年卡后，仿佛查知了我的心事，又约我翻译加藤周一专辑中的八首现代诗（见《世界文学》1995年第5期），从而满足了我的"虚荣心"。

以后的数年间，叶先生和优雅持重的夫人唐月梅全力投入了《东方文化集成》的编撰工作，可谓倾尽心血，成果累累。仅插在我书架上的大部头就有：《日本古代文学思潮史》、《日本现代文学思潮史》、《日本文学史序说》（上、下卷，译著）、《日本文学史·近代卷》、《日本文学史·现代卷》等等。这些经典著作，都是叶、唐两位先生赠我的，而且都在每部书的扉页上签了名，盖了章。我凝视着书架上的一排巨著，忽觉眼前升起灵光一片，灵光中清晰地呈现出叶先生那特有的清秀白净的笑脸。

叶老啊，我所敬仰的儒雅长者，谁说您走了？您的音容，永远在我心里，在那一本本书中。

罗兴典，大连外国语大学日语系教授

追忆永远的恩师——叶渭渠先生

竺家荣

　　惊闻叶渭渠先生病逝的噩耗，瞬间不能相信自己的耳朵。不久前去先生家拜访时，先生还谈笑风生的，想不到竟成永别。看着先生送给我的多本大作以及题字，不禁感慨万千。记得那天，先生还说，过几个月你再来的话，还要送给你一本新出版的书。这些话至今仍然萦绕耳边。请先生盖章时，我还建议先生多刻几种字体的章，也好让我们收藏。先生哈哈大笑说："对呀，回头去刻几枚来。"

　　先生就是如此的平易近人。考虑到先生身体不太好，本想只坐一会就走，可是，不知不觉就待了两个小时，总觉得有很多话想跟先生说，抑或是出于不知何时才能再见到先生的忧心。

　　回忆起来，和叶先生、唐先生相识已有快二十年了。1995年9月，两位先生顶着重重压力，在武汉大学召开了中日美三岛由纪夫文学研讨会，我有幸受邀参加，从此与叶先生结缘。虽然因一些人的阻挠，此研讨会中途流产，但是，先生对日本文学的巨大热忱和实事求是的学者风范，给我留下了非常深刻的印象。

　　叶先生毕生致力于日本文学和文化的研究、译介，著作等身。20世纪90年代，他不顾年事已高，在进行学术研究的同时，对于日本经典作品的译介也投入了巨大的精力，付出了大量的心血。记得从那年开始，我先后参加叶先生、唐先生主编的多部日本文学译作集（包括：珠海出版社1997年版的《安部公房文集》，漓江出版社1998年版的《川端康成作品》，作家出版社1994年版的《三岛由纪夫文学系列》、2000年版《谷崎润一郎作品集》、2001年版《中日女作家新作大系》，河北教育出版社2001年版《大江健三郎自选集》、2001年版《东山魁夷的世界》等）。二十年来，两位先生的译作、编译、译文等数不胜数（参见本人编辑的叶先生作品一览表），他们当之无愧地成了日本文学研究和译介的领军人物。

　　可以说，先生的一生都献给了中日交流的事业，为日本文学和文化的研究、译介做出了无法估量的贡献，为世人留下了宝贵的精神财富。初步统计，叶先生和夫人唐先生的著作、译作、编著等，已出版的达二百余卷，文章一百五十篇左右。将先生的作品目录系统整理出来，让读者们了解这位学界大家的著书立说、优美译笔，作为晚辈，是我能为最敬重的叶先生所做的唯一的报答。

　　叶先生不但自身笔耕不辍，对于后学晚辈的提携更是不遗余力。20世纪90年代的时候，我还未曾发表过一部翻译作品，甚至译文，然而，叶先生给予我极大的信任和鼓励，从而增强了我的自信。在先生的关照下，我的第一篇译文《狗》（收入珠海出版社的《安部公房文集》）获得了出版社的肯定，从此幸运地走上了翻译这条路，而后也一直得到了先生的指点和帮助。

可以说，没有叶先生对我的鼓励和提携，就没有我今天的事业。叶先生和唐先生不但引导我走上翻译之路，对我在日本文学翻译方面的发展也一直给予莫大的关心和帮助。每次去看望他们，无论多忙，他们都放下手头的工作，一起倾听我遇到的困难，给予悉心指导。因此我能够有机会经常聆听先生的教诲，学到了很多宝贵的东西，取得较快的进步。

先生一向与人为善，热情关心帮助有求于他的人，没有一点架子或居高临下的态度。对我这样的晚辈也总是平等相待，记得每次送书给我，在上面题字时，写的都是"家荣友雅正"，使我非常感动。

先生生活简朴，简单，将所有的精力都投入到了研究译介中，从不荒废每一寸光阴，从不做没有意义的事情。无论是做人还是做学问，叶先生都是我的楷模和导师，能够得到这样一位德高望重的恩师指点，实在是我此生的幸运。先生经常教导我，年轻人要努力上进，要把有限的时间和精力用在有意义的事情上，对一些无聊的人或事不必放在心上。身正不怕影子斜。正人先正己，才是君子所为。

先生的谆谆教诲让我永志难忘，终生受用。多年来，我不断排除复杂的人事干扰，努力淡泊名利，坚守初衷，沿着先生指引的方向，不断前行。严格要求自己，不随波逐流。专注于翻译好每一本书，对译者负责，对读者负责，对自己负责。尽管距离先生的要求还有很大差距，但至少没有辜负先生的信任，做了自己力所能及的事，自认可以无愧地告慰先生的在天之灵！

叶先生的身体并太好（我看到他平时经常靠吸氧供应过量的用脑），由于不知疲倦地写作、翻译，终于积劳成疾，刚刚八十一岁，便离开了他热爱的事业和亲人。今天中午，去八宝山为先生做最后的送别，望着先生的遗容，真是肝肠寸断。叶渭渠先生的去世，不仅是日本文化研究界的巨大损失，也是中国日本文学爱好者的巨大损失。

我们这些后辈只有加倍的努力，将先生未竟的事业发扬光大。像先生那样做人做事，为读者奉献更多更好的日本文学译作。

祈祷叶先生一路走好！并衷心希望唐先生保重身体。

竺家荣，国际关系学院外国语学院副教授

怀念我的好班长叶渭渠

李书成

2010年12月11日夜晚，寒风凛冽，冷气逼人。将入睡时，突然电话铃响了，传来了一个胆战心惊的噩耗——叶渭渠突发心脏病，抢救无效……

这一噩耗犹如晴天霹雳，让我一时无法接受。一个星期前，我们照例每月一次相聚，开怀畅谈。临走时，他送我到车站，笑容可掬，挥着手说："多保重，下月再来。"他的音容笑貌至今犹历历在目，可是"下月再来"却成为永远不能实现的约会。

叶兄是我在北京大学的同窗好友，是我们的好班长。我们是1952年入学的日语班，共有二十一人，来自五湖四海，有来自印尼、越南、泰国等国的东南亚华侨，有保送生、高考生，有来自部队的进修生，大家的生活习惯、文化程度、年龄相差较大，要做好班上的工作有一定难度。叶兄作为我们的班长，他倾尽全力，在学习、生活各方面做了很多细致的、富有成效的工作。

当时我们住在临时搭建的简易楼（九斋），二十四个人住在一个大房间里。没有暖气，只能烧壁炉。为了使大家保暖、睡好，叶兄为我们制订了宿舍规章，大家共同遵守，秩序井然。他带头负责烧炉子：白天要从存煤处提来煤块，夜里披着衣服，坐在炉边添煤。为了不打搅大家休息，他用手取煤块，一块一块地添煤。添一次煤要花半个小时，他把最辛苦的活儿自己都干了。在学习和生活上，他处处关心同学，他和部队来的同学将军大衣送给南方来的同学，对学习困难的同学，他组织互助互帮小组。为了让同学学好，他特别重视发挥老师的作用，经常和老师沟通，反映同学的学习情况，尊师重道。每逢节日或老师生日，总是组织班上同学去看望老师，或帮助老师做些较重的活儿，如帮老师在院子里种菜、浇水等。由于叶兄长期不断的努力，我们班的同学均积极努力学习，老师认真教学，思想工作生动活泼，团结一致。由于成绩突出，我们班从1953年开始连续三年被北大评为有史以来唯一的三连冠的模范班。

叶渭渠青少年时代居住越南。当时中国正处在蒋介石统治时代，华侨在国外没有地位，饱受凌辱。他对蒋介石政府的腐败无能深感忧虑，受到进步书籍的影响，他在居住地西堤和一些学生组织了地下学联的进步组织，并被推选为学联主席。他们经常通过演话剧、唱进步歌曲、组织集会，反对蒋介石政府的贪污腐化、打内战；高中毕业以后，一边工作，一边进行救国活动；在公司工作时，用他的微薄工资，自费筹办工人夜校，宣传新中国的建设成就，启发工人的爱国热情。他的这些进步活动引起了南越反动派的警惕和打击。于是，他不得不于1952年回国。回国后，他一直关心国家大事，对国家的建设由衷地支持，对现实生活中存在的问题，以及改革开放以来存在的问题，他都敢于讲真话，敢于面对现实。他真心诚意地希望改进工作。在几次政治运动中，光明磊落，心中无私，发表坦诚的意见和建议，虽然因此受到不公正的待遇，他都能从大局出发，不顾个人得失，一直到他逝世前，他仍然通过各种渠道，提出自己宝贵的意见和建议。

叶兄在国外的进步活动、辉煌事迹，他从未提起，从未炫耀过，因为他要求入党，我们才从有关方面了解到这些情况，足见他是一位谦虚朴实、品格高尚的人。他一贯低调做人、勤奋工作。在叶兄的会客室的正上方有一个四个字的横匾，写着"寡欲勤奋"，这是叶兄的座右铭。叶兄生活十分简朴，虽然经济条件很好，却从不奢求，一直过着最简朴的生活。直至他逝世前两年，他一家四口人，都住在六层一套七十多平方米的小三居。他的工作室摆满密密麻麻的各种书籍，书上摆着电脑，走动时必须侧身而过。客人来时只能在走廊摆上桌子招待客人用餐。他患有心脏病，每次出门归来，都要上六层的楼梯（没有电梯），每次只能走走停停。

叶兄是位勤奋超人的知识分子，退休以后，没有休息过一天，他就在这样简陋的居室，每天勤奋伏案耕耘，平均每天工作十小时以上，有

李书成与叶渭渠

时甚至彻夜工作。他是个只知工作不知休息的人。他治学严谨，善于归纳、综合、分析，眼光锐利、文学造诣深，学识渊博。他和他的夫人唐月梅在日本文学研究方面做出了突出的贡献，是我国当代日本文学和文化研究的第一学者，著作等身，达一百多部。其中，如《日本文学史》《日本文化史》《日本思潮史》等在中国均具有划时代意义，成为十几所大学研究生的必修教材。他们的杰出贡献把我国对日本文学、文化的研究工作推向时代的新高峰。

　　叶渭渠的逝世是中国对日研究的重大损失。叶渭渠热爱祖国、追求真理、光明磊落、勤奋工作、不计个人得失、一心为公的高尚精神品格，值得我们永远学习、永远怀念。

2013年8月

李书成，北京外国语大学日本学研究中心原主任，教授

浓浓的友情　深深的怀念

——纪念与缅怀叶渭渠同志

高海宽

人生总有很多留恋、总有让你怀恋的人与事。人生总有些诚挚的友人，给你留下深切的友谊，给你留下良深的记忆。人生总会遇到良师，影响、导向你的人生与事业。

每当想到这些，我总要想起叶渭渠同志，他的音容笑貌总会浮现在我的眼前，他那谆谆教导总会回响在我的耳畔。他那热诚与温馨的话语，总在滋润着我的心田。

他深深地印在我的脑海里，深深地印在我的心里！与他相别这三年来，思念与思绪，总在我的脑海里涌动，心中总在呼唤着多么熟悉、多么可敬、多么可亲的"老叶"！

三十载的相识、相知，深挚的友情

我与叶渭渠同志的相识，要从与他的夫人唐月梅的相识说起。1971年12月，我大学毕业后第一次参加对日工作，到中国人民对外友协参与接待日本话剧团。当时担任主要翻译的就是唐月梅同志。我们随团在北京演出后，又到全国一些主要的大城市演出，直到1972年4月才回到北京。

在一起工作期间，我深切感受到唐月梅同志高超的翻译水平、丰富的外事经验。特别是她严谨的工作作风，待人热诚、谦虚的品格，对我们这样初出校门的"新米"平易近人、热诚关心，感觉她既是可敬的长辈、良师，也是一位亲切、可信赖的大姐。

从唐月梅那里，我第一次了解到叶渭渠同志，得知他们同是越南华侨，同是北大同窗，后又一起到对外文委从事对日文化交流工作。他们志同道合，同甘共苦，孜孜不倦不倦地工作与学习，为后来的日本文学与日本文化的翻译与研究，打下了坚实的基础。那时，老叶还在河南的"五七"干校。孩子还小，他承担着工作与家庭的重担。

1981年，我到早稻田大学学习，正巧，叶渭渠和唐月梅同志也到早稻田大学从事文学研究。一天，在西早稻田的李书成老师租住的房间里，意想不到地遇见了叶渭渠同志，真是一见如故。他的热情与诚挚深深地感染了我，他对日本文学研究的执着深深地吸引了我。从此，我们开始了多年、难忘的师生般的友情。

那年夏季，叶渭渠同志先期回国后，我也从神奈川县江之岛附近的鹄沼海岸，搬到东京世田谷区芦花公园附近的给田，正好与他们居住的杉并区新高圆寺堀之内不远。有时，我便去造访唐月梅同志。那是作家有吉佐和子的家。顺着一条小巷往里走，未几，便是一处宽阔的庭院与和式建筑。当与唐月梅落座在客厅宽阔的榻榻米上，她告诉我，这里是有吉佐和子的老宅。有吉把房子借给他们夫妇居住。院内树木郁郁葱葱，室内简朴、幽静，真是个做学问的好去处。唐月梅告诉我，这里也是有吉佐和子过去从事写作的家，《恍惚的人》就是在这里创作的。那条街巷行走的老人就是主人公茂造的形象。

她还与我谈起，这次和老叶在日本从事研究，收获甚丰。他们不仅见到了不少老朋友，结识了不少新朋友。她还鼓励我多学习，多研究，不要浮躁、不要惰性，要刻苦钻研，趁着还年轻搞事业。她的话令我至今难忘。

归国后，我与唐、叶夫妇不断来往。常去团结湖拜访他们，也借机去听取关于日本文学的研究；每次都受到他们的热情接待，我感触到他们的感情十分真挚，得到很多教导与指引，来往也就越发密切。

1985年7月，我和爱人张义素到中国驻日本使馆工作。凑巧的是，他们夫妇也到日本从事研究，相互又有机会在日本接触。他们时而来使馆看我。我们也到他们住的力行会馆相聚，受到他们盛情招待。那份温馨的友情，令我们感动。后来，叶渭渠在给我的来信中，还特意提到："我们二十年前在力行会馆愉快相叙的情景，又浮现在眼前，恍如昨日的事！"唐月梅先回国后，叶渭渠仍时常来使馆看我。

1989年夏，我从东京离任回国后，又得到叶渭渠和骆为龙先辈的鼎力协助，将我爱人调到社科院日本研究所工作。从此，我们两家的联系和来往就更多了。这许多年里，无论是春夏秋冬，我们都是叶家的常客，每次去，都受到他们夫妇的热情接待，一杯清茶或一杯咖啡，可以聊上一两个小时，或更久，有时一直聊到夜深，踏着积雪，或沐浴着月光离去。我知道，时间对于他们真的是寸刻寸金，也为浪费他们的宝贵时间而不安，充满歉意。可他们无论如何繁忙，也总是挤出时间，放下手里的写作，与我长谈。

三十年里，我记不清究竟去了多少次；至少也有几十次。与叶、唐谈论多少话，我也无法记得清了。我只记得，这一生中，与我谈话最多的就是老叶与老唐。而他们在团结湖的家，给我留下了最深、最难忘的记忆！那高耸难爬的六楼、那满是书架和书堆、两台电脑桌的房间、他们孜孜不倦的身影，都永久地定格与印在我的脑海里。

话题从生活到工作，从社会到日本近况等等。当然，日本文学与研究是少不了的主要话题。有时我去日本访问回来后，也去与他们谈谈见闻与感受。有时也谈及生活。与唐月梅刚认识时，他们的孩子小健和小云，还是年幼的稚童，等到我从日本使馆回来，他们已经是青年小伙子和亭亭玉立的大姑娘了。再后来，他们的儿女已经赴美留学、工作了，再后来，他们的孙子、外孙子都已长大了。光阴荏苒，随着时光的流逝，他们的年龄也与著作同步增长。我与他们的感情，也日益浓厚。

我们在国外期间，也与叶渭渠和唐月梅同志保持书信来往，联系有关事宜，谈论文学问题，他们那么忙，还给我们写了好多信。2005年中秋节时，我刚做过腰椎骨手术。他们还特意从大洋彼岸的美国来信问候："海宽得病动手术，十分不安，请多多保重！"他祝我们"中秋节快乐"，还相约"明年回来，一定见面详叙"。这令我非常感动！

我最后一次去看望他们，是2009年7月他们从美国回来时。我到他们在百子湾的新居。那是一个清新、明媚的夏日。看到他们的新居宽敞而明亮，客厅与书房也变得高档、现代。与团结湖的旧居真是今非昔比。他们夫妇很有一种满足感。老叶说，这回再也不用爬楼了，可以安静地写作了。夕阳西下，老叶执意要亲自送我，穿过两条马路和一片小区，他一直把我送到双井地铁站口。双手紧紧地与我相握。望着他那慈祥、微笑的面容，我一再嘱咐"千万多保重！"心里热热的，真的舍不得离去。未曾想到，那竟是最后的一面！

古道热肠的品格，刚直不阿的风骨

接触与熟悉叶渭渠的同志，都会为他的人品而折服与敬佩。三十年岁月的接触中，老叶总是那么热诚谦和。他对领导与群众，对权威和对普通研究人员，对长者与青年都一个样，从不摆大家和权威的架子。他为人光明磊落，从不虚妄自矜，从不贪图名利。他鄙夷那些玩弄权术、利欲熏心者。他为人正派，仗义执言，坦率刚直。这是人所共云的口碑。

他不仅是对我，视如知己，关爱有加，对于他人也是如此。接触过叶渭渠的人士，不论是男女老少，不论是中国人还是日本人，都一致评价，他是一个勤奋、热诚、心地善良的好人。

他一直尊北京大学的刘振瀛老教授为"恩师"，保持密切的师生关系，他与老领导林林同志、作家刘白羽等，都来往密切，时常提到与他们的友情及学术的交流。叶渭渠出书时，他们都为其作序，予以高度评价与肯定。

每当接触叶渭渠在北大的师生与学友，如彭家声、张光佩、骆为龙、李书成、周季华（已故）等也都是我所熟悉的长辈。我也常听到他们言及与回忆，都对他正直、善良的为人与严谨的治学精神，深表钦佩。叶渭渠也常和我谈起与他们的友情。他还时常与我提及在天津的盛继勤、在厦门的董德林等学友，念及他们。

对于年轻一代的学者，他更是倍加关心，热心指导。在他的身边，积聚了一批有志有为的中青年日本文学研究者。每当和他见面，他也时常提到他们，如郑民钦、王新生、高洪、周维宏、许金龙、王中忱等许多人的名字，赞许他们的业绩，欣然之情溢于言表。对于与他们的合作，他也颇为满意。

在我与之交谈中，他常提到有吉佐和子、山崎丰子、野间宏、加藤周一、大江健三郎、长谷川泉等一些知名日本作家，感觉叶、唐不仅与他们是文学的好友，也是密切合作的伙伴。当我决定参与这部纪念文集写作时，又逢早稻田大学教授、老朋友依田熹家来访，谈起与叶的交往，他说叶渭渠夫妇是早大最早接待的中国学者。他们谦虚、诚恳，研究踏实、严谨，成果显著。

不仅是许多知名的日本作家，就是日本普通的民众，他也热诚相待。记得我在使馆工作时，家居埼玉县的矢野玲子女士就曾告诉我："叶先生那么有名的学者，却一点架子也没有，特别平易近人。"经叶介绍，矢野还曾带着小孙子、孙女来使馆看我。

然而，对于学界与社会上一些不正的风气和一些邪恶的现象，他很是不理解，不能苟同，甚至予以斥责。这让我感到，他遇事处事是有原则性与是非标准的。

他曾多次和我说起关于北京大学老教授刘振瀛的事。刘老先生从事教学与研究，治学严谨，为人师表。后来，在学术问题上，一些人对刘教授进行人身攻击与毁誉，叶渭渠同志为其愤愤不平，据理驳斥，竭力维护刘教授的名誉。

关于对三岛文学的研究，叶渭渠和唐月梅同志发表了不少译著与研究论著，使我们可深入地了解三岛的文学思想及其极端右的倾向的成因，论述透彻，很有见地。但他们的努力却受到国内一些非议，甚至被阻止筹办学术会议。叶也常和我谈起此事，对此甚为不解，认为文学研究就是文学研究，不宜把问题复杂化。

他也几次与我谈起，在人民文学出版社工作期间的一些感受，那是他集中从事日本文学翻译与研究的时期，奠定了他日本文学研究的基础。但是，后来，有的知名学者却沽名钓誉，做了不妥的事。他认为作为一个学者应当诚实，正派，实事求是。对于学术界的这类现象，他很看不惯，予以严肃的批评与挞斥。

叶在对外交往中，也是坚持政治原则的。记得我在驻日使馆工作时，他曾两次来使馆说，他曾应邀参加一个团体的学术交流活动，有日本人和"台湾"人参加。开始的一次，大家相互谈论日本文学研究。第二次，有些人则跳出来挑衅，恶意攻击、谩骂中国。叶渭渠义愤填膺，起来痛斥这些人，并愤然离去，不再参加他们的活动。

2005年，正是国内批判小泉参拜靖国神社之际。2月22日，《人民日报》发表了叶渭渠关于中日文化交流的文章。结果编辑根本不打招呼，把标题改为《彼此包容，相互感动》。叶对此很是不满。他一再对我说，这样的题目与文章的内容不符，两国关系这种状况，怎么能说要"彼此包容"，又何以"相互感动"？影响与导向不好。我很理解叶的意见。

循师者的足迹，从日本文学的田园中获益

三十余年来，我得到叶、唐所赠送的书籍有45部之多。有些是刚刚

出版的，还浸着墨香。而且，他们都亲自署名并盖上章，写上"海宽、义素挚友指正"等。每当接过他们所赠的书，归时提着一大包沉甸甸的书，真的感觉这礼物之珍贵，也为自己是一个薄学的晚辈、而被先辈称为"挚友"并请"指正"，很有几份羞却之意。

这三十余年里，我可以说是读着两位的书走过来的。从叶渭渠同志译的小林多喜二的《蟹工船》开始，到有吉佐和子的《恍惚的人》，到山崎丰子的《浮华世家》，再到《古都・雪国》《日本文学散论》等等四十余部书，尽管有些还没有读完，没有读透，但也大大地填充了头脑中的空白，丰富了对日本文学与文化的知识。

我就想，如此浩繁读都读不完的著作，写作这么多的著作，对于我来说，更是梦谈。由此，不能不钦佩叶渭渠同志的巨大工程，实在是望尘莫及。其实，他的成就与著作，并非一日之功、一蹴而就的结果。这是他积沙成塔、集腋成裘，多年的积累、多年不懈创作的成果。一部《日本文学史》，他与唐就耗费了二十余年的准备，写作了十年。他的研究是十分严谨的，一丝不苟，是我学习的榜样。

正如他自己所云："写作就是生命"，"需要淡泊，需要宁静"，还需要"寡欲"。他就是在"淡泊""宁静"与"寡欲"中，一步一步，日复一日、锲而不舍地，在日本文学与文化的田野中辛勤耕耘过来的。老叶给我留下的不仅是他的著作，更重要的是一种顽强拼搏的精神。

耳濡目染，在叶渭渠和唐月梅的影响下，我对日本文学也产生了浓厚的兴趣。除了阅读他们的书之外，也读了些日本文学类的其他书籍，感觉自己的精神与知识得到了充实，对日本有关问题的认识与理解也有所深入，这对于我本职的日本与国际问题的研究工作，也很有启发与裨益。

　　阅读他们关于战争文学与反战文学的论述，可以看到日本在战争期间的文化人与文学的脉络，更深刻理解了当时"笔部队"自愿与无奈地美化侵略战争的际遇，也从中了解到战后日本的反战人士批判那场侵略战争的特殊作用。

　　阅读《恍惚的人》时，人们还没有重视人口老龄化的问题。如今，就是在中国，老龄化问题也越来越突出，成为一个不可忽视的社会问题，令我感触到日本作家对于社会，对于人的问题的悉心关注与责任。

　　看了唐、叶翻译的《浮华世家》，才感受日本这样发达的资本主义国家的内幕与矛盾。现在，我国经济高速发展的过程中，同样产生了各种弊端。还有关于环保、公害问题等，在日本的作品中都有反应。

　　1982年，在叶与唐的协助下，我翻译了野间宏的小说《泥海》，写的是某村发生了泥石流；于是，当地就大做广告，搞旅游业。当时还未曾感觉这一现象的意义。当前，我国各地也在大搞旅游业，当地出现什么事情，也都要和旅游牵到一起。看看日本文学作品，也具有现实意义。

　　在叶和唐的帮助与指导下，我也曾参与了一些文学翻译，先是为《世界文学》写一点日本文学动态的小消息，后写过几篇日本文学综述。我还曾译了芥川龙之介的《素笺鸣尊》、安倍公房的《饥饿同盟》、古井由吉的《杳子》等中篇小说，以及川端康成、河野多惠子等作家的几部短篇小说。虽然是零碎的、微小的努力，但却尝到了翻译文学作品的乐趣。虽然是短篇，却也需要具有对日文及日本文学理解的能力，感觉并不比写作政论文章轻松。

　　1990年初，叶渭渠、唐月梅与加藤周一先生主编了一套《日本文化与现代化丛书》。叶渭渠同志约我和我爱人翻译鹤俊辅的《战争时期日本精神史》一书。我知道，虽然篇幅不长，却有些深度。通过该书的翻译，使我们对日本在战时的"转向"、锁国、国体、大亚洲主义、玉碎思想等问题，有了更为深刻的了解和认识，对后来我们研究日本军国主义课题具有了重要的参考价值。

后来，经叶渭渠的建议，我们将此扩展开来，确定编写《日本精神史》一书，并购买、搜集了不少书籍和资料，并立了项。叶渭渠同志为此尽了不少努力。但后来终因工作繁忙，写了几万字便搁浅了。此事我一直对叶渭渠同志怀有歉意。

叶渭渠的著作，还有一部分，如《樱花之国》《扶桑掇琐》《雪国的诱惑》《樱园拾叶》《周游织梦》等，是一些随笔、散文等，记述的多为日本文学、文化、艺术、自然风光、名胜古迹，还有到欧美及世界各地的游记等，并有很多配画、插图等，图文并茂；文字流畅、优美、典雅；读罢，令人陶醉、欣悦，是一种美好的享受。

叶渭渠同志多次鼓励我说，你也有很多经历，可以写写散文，会很生动。我自然不及他的阅历、笔力与文采。可自从听了他的建议，我心中也萌动起一种欲望，想不辜负他的愿望，去动笔试试。

从文学、文化入手，探究日本人的心灵世界

在叶渭渠的著述中，关于川端康成的译著、论著等，就占有很大的比例。其中就有《川端康成评传》《川端康成集》《川端康成小说选》《不灭之美——川端康成研究》《川端康成谈创作》《美的存在与发现》《川端康成散文选》等多部。对川端文学的研究也占他对日本文学研究的很大比重。他是我国研究川端的第一人。

正是由于他的大力翻译、研究与出版，才使我国更多地了解了川端康成著作、思想，并促进了对日本的全面了解与认识。我也是在他的带动与影响下，走进了川端的文学世界，了解了这位诺贝尔文学奖获得者的世界级文学大师。读过《伊豆舞女》《雪国》《古都》，深为川端流畅的笔触、深邃的意境和生动的人物刻画所叹服，难怪川端文学不仅在日本和国际上具有广泛的影响。

叶渭渠常和我谈起这几篇的意境与人物刻画，并常提起他曾两度到伊豆半岛的汤岛与天城岭，寻访《伊豆舞女》的旧地。其后，每到伊豆半岛，我也总会浮想叶渭渠到汤岛与天城岭的情景。每到新潟，我也总会想起"穿过县界从长的隧道，便是雪国"这一名句。

每到京都，观览桂离宫、清水寺、金阁寺、祇园，领略到古都的风韵，便想到川端。

叶渭渠把川端评价为"日本美和东方美的现代探索者"，并"借鉴了西方文学的利弊"，继承了"物哀"与"风雅"精神与文化传统精神。他还指出，川端是"传统文化精神与现代意识的融合"[1]，而川端称，写《古都》就在于恐失民族精神与文化传统。在他的作品与内心中，可以找到这种精神与文化传统将会丧失的忧郁感。

川端在获诺贝尔文学奖仪式上的讲话《我在美丽的日本》，堪称川端文学与民族意识精华的凝练，非常精彩！其中也贯穿着"物哀"与"风雅"的民族意识与情结。而在"物哀"中，日本人往往难以排除"哀"的低音旋律。川端战后为日本山河破碎而"哀"之，至今，日本人内心中依旧存有一种"哀"怨。

---

[1]　叶渭渠、唐月梅主编：《川端康成集》（全三卷），东北师范大学出版社，1996年1月版。

叶渭渠认为，"川端对日本古典的追求，首先表现在对《源氏物语》的执着的推崇和偏爱。"[1]可见，在传统文学与文化上，川端深受《源氏物语》的影响。《源氏物语》在日本文学史上享有极高的地位，影响了整个日本社会。《源氏物语》更加继承和展现了日本文学与文化"物哀"与"风雅"的传统。

叶渭渠同志早年曾参与编辑、出版丰子恺的译著《源氏物语》。其后，他长期从事《源氏物语》研究，并发表了一些论著。论述《源氏物语》与《长恨歌》的关系。1994年，他还与唐月梅赴日，从事《源氏物语》与《红楼梦》的比较研究。他发表的《〈源氏物语〉图解》颇有影响。他写于1980年的《平安王朝的历史画卷——评〈源氏物语〉》，文字精练，逻辑清晰，论述深刻。我曾反复拜读。

《源氏物语》与《红楼梦》历史跨度约七百年，写的都是官场及上层社会的达官贵人的生活，但所蕴含的文化传统是不同的。前者是以"物哀"与"风雅"为主旋律，后者是以儒学为基调。《源氏物语》虽与川端文学相距的年代跨度更大，但两者却是一脉相承，主旋律均为"物哀"与"风雅"。可见日本文化传统具有前后的一致性与传承性。

叶渭渠和唐月梅还大量翻译、研究了芥川与三岛文学。他们在诸多研究的基础上，从多视角、多层次的角度，综合、深入地研究了日本的美学。这就将对日本的软性领域的研究提升了到了一个新的高度，深化到一个更深的层次，使得我们对日本的认识更全面，更入木三分。我便想，对于我国的文学等领域，也需要建立美学学科，更加深化对我国美学的认识，提升我们对自我认识的高度。

---

[1]　叶渭渠著：《日本文学散论》，吉林人民出版社，1990年11月版。

晚年的叶渭渠同志，迎来最丰收的季节，达到了学术研究的巅峰。这无疑令人惊叹与倾慕。从《日本文学思潮史》《日本古代文学思潮史》《日本现代文学思潮史》，到《日本文学史》《日本小说史》，再到《日本文化通史》《日本文化史》《日本文化论》，还有《日本戏剧史》等等，他和唐月梅出版了这许多巨著，是深入研究日本必不可少的书籍。

我们从事对日本工作的人，乃至于我们的一般民众，都对于与我们既近又远的邻国，似有很多了解，或感到并不了解，或有不少误区。这关键就在于我们并未深入地认识日本人思想与心灵的深处。而在日本文学与文化领域，可以说，叶渭渠和唐月梅研究透了日本，看透了日本。

我想，叶渭渠正是一位透析师。他从文学与文化——这一折射一个国家与民族的精神与心灵深处世界的领域，来为日本与大和民族把脉；来从微观上透析其内在的基因、脉络、特质、遗传性、内在与外在的联系。这样的研究是极为深刻的，极具价值。他是在挖掘日本人心灵与精神、意识深处的东西。这种深刻的剖析，就连一般的日本人也未必能做到位。

人生、事业与思考

叶渭渠与唐月梅夫妇最后一次一起回来，我还未来得及去看望他们，他就与世长辞了，让我不尽地遗憾与歉疚！

2010年12月15日，当我从寒风中来到那块最后相别之地，当我伫立在他的身旁，凝望着他那么熟悉的面容，当我站在那天堂的入口处，望着飘逝的祥云，我的心中是沉沉的，我感叹不已，我感慨万千！

一个炽热的爱国者，一个辛勤耕耘的学者，一个善良、质朴的中国人，他为了我们国家与民族的事业不息地奋斗了一生。他为自己的人生写下了一个完美的句号。他所走过的是一条卓绝的，却是一条多彩的的路。

老叶走了！逝者长已矣！我们的存者是如何走过的人生路？我们又该如何继续走这人生的路？我久久地思索着。

每当经过团结湖，经过百子湾，我依旧总要回首出神地望上一眼。我多么梦寐，能再到那里，再和老叶一起坐在沙发上，再倒上两杯清茶，再聆听一次他的话语，哪怕是三两句，哪怕是三五分钟呵！

2013年7月31日

高海宽，中日关系史学会副会长，研究员

叶渭渠、唐月梅——最美学者伉俪^[1]

彭俐　吴萌

12月11日晚，我国知名的日本文学、文化研究专家、翻译家、中国社会科学研究院教授叶渭渠先生，在家中伏案工作一天后因心脏病突发逝世，享年八十二岁。遗体于15日在八宝山殡仪馆火化。同日，记者登门采访了叶渭渠先生的遗孀——学者、翻译家唐月梅及其子女。

叶渭渠、唐月梅——这对相识于少年时代异国他乡的学者伉俪，一同坠入爱河，一同归国，一同考上北京大学，一同攻读日语专业，又一同翻译了诺贝尔文学奖得主川端康成的小说《雪国》《古都》，并合著《日本文学史》等。夫妻俩合译合著合编的有关日本文学、文化著作多达二百余卷。

人们都说，"工作着是美丽的"，我们却分明看到"做学问是美丽

---

[1]　原载于 2010 年 12 月 17 日的《北京日报》。

的"。我们似乎已经见多了生活枯燥、表情刻板的学者之家，当面对这样一对美丽的学者夫妻时颇感惊讶。他们相知相伴五十余载的人生故事，如同他们的译文《雪国》《古都》一样清新婉约、美好动人。

问"渠"哪得清如许
为有源头"梅"影来

"哎呀，我从没见过那么亮的眼睛！只见一位少年骑着自行车，正好从对面过来。多么神奇的眼神！好像有一股很强很大的魅力，看到你马上就能吸引你，我简直呆住了。"已然八十岁的唐月梅老人谈起初恋时，面颊微微泛红，眼中闪烁出充满爱意的幸福光芒——这是1945年秋，越南堤岸华人城的知用中学里，同为华侨子弟的唐月梅和叶渭渠的第一次相遇。

当时，从小成绩优异的唐月梅刚由小学直接升入初二年级。因为很尊崇一位老师，便主动要求到他任教的乙班读书，平日住宿在学校里；叶渭渠则在甲班走读，在学校的时间很少，但两人还是遇见了。"后来叶君跟我讲，那天他也一下子记住了我。我刚刚从小地方来到堤岸这样大的华侨城，还穿着乡下白衣黑裤的唐装，非常朴素。他就觉得这个小姑娘很特别，跟同学打听，知道了我叫唐月梅。那时我们好年轻啊，我只有十五岁，他不过十七岁。虽然彼此印象深刻，但并没有熟悉起来，不久后他就转到别的中学。"

直到高中二年级，叶渭渠才转学回来，二人成为同窗。"当时他在学校很出风头，是学校壁报的主编，笔头很快，写字画画都在行，加上为人特别随和，有一种纯真的魅力，有很多女孩子喜欢他。有一位和我

赠梅第一照

梅赠第一照

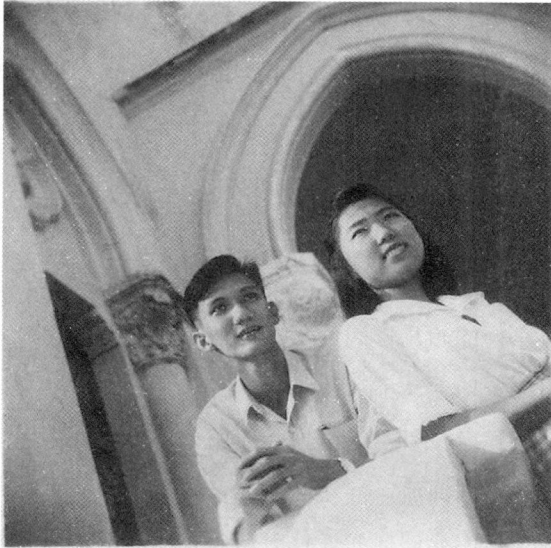

第一张合影

同宿舍的女同学，经常邀请他出去玩，约他看电影，没想到叶君提出：
'你把唐月梅也叫上吧。'这算感情开始有一点萌芽，但我们很少单独
约会，也从来没有讲到一个爱字，可能我们都是比较保守的人吧。"

"我曾经和叶君开玩笑说，公开的是我领导你，实际地下是你在领
导我。这是怎么回事呢？我在学校里因为成绩优异，担任学生会主席。
这时叶君已经是地下学联的主席。这个组织旨在宣传新中国，反对国民
党腐败领导，同时参与越南共产党的一些活动。这些都只能是很隐秘的
地下活动，所有成员都是单线联系。叶君发展我加入，是我的联系人。
他生性平和，不会热血沸腾地宣讲革命，而是慢慢引导，先介绍给我一
些进步的小说，比如《小二黑结婚》，我觉得好看，过些日子又拿来一
本《王贵与李香香》。我们聚会也很有意思，几个人装出打麻将的样
子，麻将桌下，就是要讨论学习的《新民主主义论》。"正值最美好的
青春岁月，革命和爱情就在两人懵懂中进行着。

在学校的话剧团，叶渭渠担任男主角，唐月梅是女主角，主演了不
少话剧作品，像田汉的《南归》，还有一部名叫《圣诞之夜》的作品让
老人印象深刻——"故事大概是讲一位有钱的富家女，爱上了落魄的小
说家。女孩儿不顾家里反对和他偷偷相好，男孩却身染重病。圣诞夜，
女孩儿冒着风雪来探望，两人深深拥抱后，小说家病逝。这样的爱情悲
剧演起来却有别样的感觉，因为落幕之前，我们要拥抱，那怎么好意思
啊，只能隔得远远地抱一下。"

叶渭渠童年和青少年时代都生活在湄公河畔的越南乡下。这是一条
有着浓郁异国风情的河流。河边交杂生长的椰林、芭蕉林和棕榈林共同
组成一幅静寂优美的异国风光。他对这条美丽的河流一直非常留恋，这
条河也印下唐叶二人初恋时一段难得的浪漫回忆。"那是1951年，我们

湄公河畔订婚照

难忘的大学时光

已经高中毕业，打定主意要回新中国念大学，开始崭新的生活。为了筹措路费，他白天到西贡中国银行工作，晚上还要去夜校教工友读书，我则在一所小学谋得一份教职。工作之余，我们在湄公河畔漫步，也曾沿河散发传单，张贴标语，望着这滚滚流向远方的河水，心中充溢着对未来新生活的期盼。现在家里还珍藏着一张我们在湄公河畔的照片，我穿着旗袍，他一身银行职员的制服，在一位热爱摄影朋友的指引下，我们依偎着，留下了一张颇有浪漫色彩的合照。这也是我们的订婚照。虽然后来我们辗转多处，'文革'中还烧毁过一大批旧时合影，这张小照却得以留存下来，也许是湄公河神保佑了它吧。"

借巢完婚亦温馨
著书立说轮值夜

1952年6月，叶唐二人正式踏上归国的路程，一切都在保密中进行，对周围的人只说是要去香港。他们先搭飞机到香港，从深圳罗湖桥入境。"没想到在香港出关时不仅遭遇冰冷的白眼，还被敲诈，随身本不多的钱财竟被勒索了大半。怀着失落的心境走到大陆这边，完全是冰火两重天的景象，广播里放着'五星红旗迎风飘扬……'，迎面都是解放军热情友善的笑脸。我不由得眼泪哗哗地流淌下来，一看他，也在流泪，激动不已的我们第一次紧紧地拥抱在一起。"

从广州又搭火车，辗转一个星期才来到北京。二人在越南华侨联络站的帮助下安顿下来，准备考大学。一开始，叶渭渠的志愿是新闻系，而唐月梅想学医。"但周围有人建议，中国此时外语人才奇缺，作为华侨我们又有一定的语言优势，不如改考语言专业。最终，我们双双考入

北京大学东方语言文学系，主修日语，第二语言为印度语。我们选择日本和印度，因其都有着悠久古老的文化。"

"新中国百废待兴，大家也是好不容易才有了学习的机会，自然学习热情高涨。每日清晨，未名湖畔站的都是晨读的同学。"

四年充实的大学生活结束，"1956年，我们就在老师和同学的祝福下举办了一个小小的婚礼。新房借用的是一位休假教师的宿舍，加两个凳子，再铺上块木板。全班同学合送了一条新毛巾，算是最值钱的家当。三天后，我们就回到各自的宿舍，随后到青岛旅游度蜜月。"就这样，相识十一年的二人正式成为夫妇。

之后的岁月，物质生活一直比较清贫，婚后第一间屋子只有六平方米，"屋里只放得下一张床，再生一个火炉，人进到屋里都只能侧着身子走路，就在这里我们生下了长子。对于生活条件的艰苦，我们在回国的时候都做了充分的心理准备，无论怎样都可以适应，最难过的就是不能干自己喜欢的工作。""文革"时，夫妻俩流着眼泪，将一直以来积攒的日文书籍都烧毁了，可有一本日汉词典怎么也舍不得烧，被下放到河南"五七"干校时还偷偷带在身边，每天晚上拿出来背单词，"实在不想让学了那么多年的日语荒废掉。"

20世纪70年代末，叶渭渠和唐月梅才真正开始日本文学的翻译和研究。"我们已近知天命之年，心里总有种争分夺秒的紧迫感。"这个时候家庭负担也是最繁重的时候，家里一双未成年儿女，还有重病在身的婆婆。"我们只能在杂物间支起一张小书桌，轮流工作。老叶习惯工作到深夜，我则凌晨四五点起床和他换班，要休息时就睡在过道支起的行军床上。"正是在这样窘迫的环境中，两人完成了《伊豆的舞女》《雪国》《古都》等重要作品的翻译工作。谈到两位老人的执着和投入，弟子许金龙深情回忆道："一次陪二老到天津开会，刚坐上长途客车，只见他俩一人掏出一份手稿，开始边校边改。回程时亦是如此。我问先生不晕吗，叶先生答：'还是抢点儿时间吧。'别人会奇怪叶唐两位先生怎么这么高产，我想说如果你也把坐火车、等飞机，甚至坐公车的时间都用来做事，自然就明白了。"

从1956年结婚，叶渭渠和唐月梅携手度过五十多年的风雨人生。"这么多年，我们能相互扶持着走过来，最重要的是彼此关照，互相理解，尤其是在对方不顺利的时候多点体谅。即使心里很悲伤，也不说丧气话。相比之下，我的脾气没他好，也比较急，有时候冲口而出一些气话，过后就比较后悔，但比较能主动道歉。老叶的哲学就是我硬他就软，到我道歉的时候再开开玩笑：'不能说说算了，还要再三鞠躬才行。'平时工作，老叶常常是废寝忘食，不知道照顾自己。年纪大了，伏案一久，我就要找个由头：'你看窗外，天上什么飞过去了。'或是'到楼下转转吧，池子里新养了鱼。'……虽然他有点恼火我打断他，但为了身体考虑，我还是要想办法让他走动一下。"

《雪国》呈现岛国美
译者慧心释心语

20世纪70年代末，叶渭渠、唐月梅夫妇合译的川端康成的小说集《雪国》《古都》，即将由山东出版社首次出版。

"但那时日本作家川端康成尚属'思想禁区'中的重点人物。有人甚至写文章指责、批判川端康成是一位颓废作家，属于与无产阶级文学代表作家小林多喜二（著有小说《为党生活的人》）相对立的新感觉派作者，又称其作品《雪国》所描写的女主人公——美丽、善良、多才多艺的驹子是'五等妓女出卖肉身'，因而认定《雪国》是一部黄色小说。一时间出版界视之为'祸水'。作者川端康成本人曾说：'从感情上说，驹子（艺妓）的哀伤，就是我的哀伤。'——这一点恐怕是那些只强调小说诉诸感官功能的人所不曾想到的。"

　　小说集《雪国》《古都》译著书稿在出版社积压多日，因有人对《雪国》的诬陷之词而决定单独出版《古都》。可是叶、唐夫妇态度坚决，要么《雪国》《古都》一同出版，要么将两部小说译稿一同收回。出版方见两位翻译家这样执拗、倔强、毫不变通，也只好缓和一下口气，为了避免事后承担"政治责任"，便将出版小说集的决定权交由上级审定。好事多磨，最终小说集译稿不仅成功出版发行，并且第一版就印了12万册之多，堪称畅销书。人们给予这部译著很高的评价，称赞它改变了中国读者对日本文学的偏见，同时也深刻地影响了20世纪后二十年中国小说的创作走向……

　　事实上，越有争议的文学作品往往越有商业市场，争议越激烈销售越红火。《雪国》在舆论界所产生的信息传播的滚雪球效应马上显现。有一种观点认为，这部小说宣扬"虚无主义人生观"，这种虚无思想与日本古典文学传统一脉相承，最早可以上溯至平安时代（794—1192）女性作家紫式部所创作的小说《源氏物语》（叶渭渠为中译本作序）；另一种观点认为，小说有"唯美主义"倾向，认为它是一种虚幻的美、超现实的美，而它所守望的是"一片看不到颗粒的精神田野"；更加肤浅的观点则认为，它表现的是公子哥式好色人物——岛村的享乐主义人生态度，并着重用色情描写来麻醉读者……

　　但是，诺贝尔奖评语（指《伊豆的舞女》《雪国》《古都》《千羽鹤》四部小说）则是这样写的："他高超的叙事性作品以非凡的敏锐表现了日本人的精神特质。"

如今，《雪国》凄美惆怅的笔调不知已经征服了多少读者。它成为高等学府中文专业学生的必读课本，也是对翻译家的最大褒奖。

叶渭渠在清华大学的一次关于川端康成及小说艺术的讲演中，对日本文学作品中特别是小说中常见的所谓"好色"倾向做了分析和解释："'好色'在中国文学来讲，通常是作为贬义的。而在日本文学，'好色'一词是有特殊的意义，有华美和恋爱情趣的含义。""就连'无赖文学'一词也是一样，除了一般意义上的无赖、无用、无奈的释义以外，还有爱的极致，乃至反叛的意味。因此，'好色文学'也好，'无赖文学'也好，不能用中文来理解日文……"

看来文化差异常常是文化偏见的诱因，而翻译则显出重要。

同游京都清水寺
共解金橘个数谜

从书本到书本的翻译局限于尺幅之间，而人类生活的天地经纬纵横广阔无比。五十四岁的叶渭渠，在人民文学出版社编译室做翻译多年后，赢得一个成为学问家的机遇——受聘到中国社会科学院日本研究所做日本文化、文学研究工作。赏识他的研究所老所长何方既尊重他喜欢日本文学研究的个人兴趣，又引导他投身到日本文化研究的重大课题中，使他开阔了学术视野，也在日后更加广泛的大文化的研究领域获得了丰硕的学术成果。

叶渭渠此前曾在国家对外文化联络委员会做公务员，也曾做过部委领导秘书，为楚图南、阳翰笙起草文稿、撰写调查报告……其间，他没有荒废大学日语语言专业知识，有时间就从事翻译，为中国音乐家协会翻译歌词，为日本电影《砂器》做配音翻译，也翻译了一些在当时允许出版的小林多喜二和有吉佐和子的小说等。在他的文章《我的求学之路》中说起这段工作调动经历时带有感情色彩：

> 我没有想到我已年过五十，还有机会踏进我国最高的学术殿堂——中国社会科学院，实在是我苦苦追求的梦的实现。

在中国社科院，夫妻俩（妻子唐月梅是中国社科院外国文学研究所研究员、《世界文学》杂志编辑部编委）有了更多的时间研究学术，也有了更多的机会出访日本。20世纪80年代初，俩人接受日本一家基金会的邀请，来到日本，游览了东京、京都、奈良、北海道等地。在京都清水寺前，夫妻合影，并一同感慨"读万卷书、行万里路"之必要，他们曾在翻译有吉佐和子的小说时遇到麻烦："从清水寺舞台上跳下去的决心"一句该怎么理解？"从清水寺舞台上跳下去的决心"——这决心到底有多大？——一见才知，这清水寺建在万丈悬崖之上。

位于廉仓市长谷的川端康成之家是必须拜访的。自1972年（获得诺贝尔奖四年后）川端康成自杀后，他妻子秀子一直独自生活。在辞别时，夫人秀子让女佣准备了一袋新采摘的金色橘子。夫人亲自仔细清点橘子数目，确认是奇数后才送到中国客人的手上。——"这又是两国文化差异的鲜明例子。中国人崇尚偶数，日本人看中奇数。他们送的礼品一定要是奇数，甚至连捆绑礼品的绳子也要是单的。"由此引申出来，"与中国人崇尚宏大、辉煌的美不同，日本民族欣赏的美是雅致、纤巧、细腻、素朴，如皇宫的外墙可由竹篱笆构成。中国人喜红，在日本，红为凶色；他们钟情的是白色，以白来表现美的理想……"叶唐二人的翻译，始终是建立在对日本文化深入全面的了解和把握之上。

尾声

　　叶渭渠、唐月梅——一对学者伉俪的爱情美，著书立说的事业美，《雪国》《古都》的翻译文字美，治学为人的情操美……

　　戏剧大师曹禺寄信赞美这对翻译家夫妻的华文，作家、诗人刘白羽也赠书（手抄唐诗数卷）酬谢他们的翻译佳作。

　　曹禺称赞："昨日始读川端康成的《雪国》，虽未尽毕，然已不能释手。日人小说，确有其风格，而其细致、精确、优美、真切，在我读的这几篇中十分显明……"

　　刘白羽问候："天虽然阴沉，但你们送给我的成堆贵著作，在我心灵里却闪耀辉煌。我摆在沙发前、书几头。这至美的大山，是你们给的心血之作，我如获至宝。很久得不到你们的消息，却带给我如此丰厚的成就，我太感谢你们了。你们正是丰收之年，我等待你们从美国归来的新赠，祝你们更大成功。无以报答。仅手抄唐诗选一部，秋风中的安好。"

彭俐、吴萌，《北京日报》记者

怀念渭渠

卢永福

　　渭渠同志的突然辞世，带给亲属、朋友和同志们的惊骇、悲痛、惋惜，随着时间的流逝慢慢地变得淡薄了。但是他的一生、他这一生所完成的业绩、具有显著时代印记的劳作，却永远留在人们的心中，永远不会被淡忘！

　　我和他是在人民文学出版社外文部认识的。湖北干校后期，我是做连队工作的。干校的同志大部分回京后，还有许多琐碎的事情要做，所以我回编辑部已是1975年了。当时，渭渠同志已是外文部亚非拉组的负责人。我虽然主要是做苏联诗歌的编辑工作的，但重点还是在亚非拉，于是我们很快就相识了，而且很快就熟起来了，并且成了无话不淡的朋友。《源氏物语》是一部日本古典文学名著，1975年恰好要出版丰子恺先生译的这本书。《前言》正是渭渠写的。这篇序言，条理分明，行文老练，渭渠的日本文学修养和文字功底，给我留下了很好的印象。我心里非常高兴，后来，他常常提到季羡林先生的名言："21世纪是东方文化的世纪。"东方文化当然也包括日本文化，这对渭渠有很大的吸引力，所以他不久就提出要调动一下工作，希望突破编辑工作的局限性，在更广阔的领域发挥自己的才干。我舍不得他走，好容易有一个得力的人才，随便放走，太可惜了。因此，我说，不能走，你走，我也走。老实说，有一个时期，我也想离开出版社到《诗刊》工作，韦君宜同志给我联系的，快成了，但后来还是没去成。不过，80年代初，我慢慢离开了部门领导岗位，1987年离休；而渭渠终于离开出版社，转到社科院日本所去了。

当时，文学出版社和全国其他出版社一起，从建国到1979年，日本的文学作品（包括小说、诗歌、电影、戏剧等各种题材）已出版了一万五六十种，相当可观。其中也包括渭渠和他的夫人唐月梅的译著。但从总体上说，这些都是译品，只是把日本的东西拿了过来，如何看待这些作品，给这些作品以什么样的评价，除了少数几种理论翻译作品以外，中国人自己写的研究作品还很落后，或很少。恰好，季羡林先生又提出了东方世纪的号召，而且已经行动了起来。这一下子也使渭渠更加活跃了起来，加入了季先生的行列，担任了《东方文化集成·日本文化编》的主编。从此，一二十年里，渭渠同志的编辑、研究著作，跃上了一个又一个顶峰，为社会所公认，为老一辈专家所肯定，为媒体不时地争相报道，遐迩闻名。

我们因为有这样的朋友而高兴，他的译作、研究著作、编辑作品及其他杂文占满我的一个书柜，我经常有需要去取出阅读或者参考。我特别喜欢他和月梅共同编著的《东瀛艺术图库》。这是一部高级读物！说它"高级"，因为通过"简单的文字"和"多彩的图片"，我们会很快领略到这里文字和图片的气局。说它通俗，因为你不用费解，一看就懂，可以说是一个高级作品的普及版，我很欣赏。

高兴同志纪念文的标题很好：《有些人，永远不会离去》。渭渠就是这样的人，他的永远不会离去，首先是他的各种著作，另外因为我们的友谊长存，当我们想起他的时候，他生前和我们的照片，马上又使我们走到了一起，感到亲切，感到温暖。渭渠在人民文学出版社的时候，同事关系就很好，请看下面的照片。自左到右，我和渭渠之后，依次是夏珉（编审，法国大作家巴尔扎克全集的主编），徐德炎（编审，法国

文学专家）、王家桢（副编审，印尼文学专家）、刘星灿（编审，捷克文学专家，获捷政府终身成就奖）。五六个人不在一个编辑室，却能在渭渠家的小客房里聚会，相互交流编辑、读书经验，也谈天说地，其乐融融，至于他们俩和我们家（我的爱人是艺术研究院研究员、日本电影研究家俞虹），更是定期地聚会，这次这里，下次那里，每次聚会都

有徐德炎和李玉侠（编审，阿拉伯文学专家，曾任外文部主任）作伴。我的爱人俞虹因为原来是研究苏联电影的，苏联解体后转而研究日本电影，所以她和渭渠一家更是有话可谈。渭渠生前还曾约她写一本日本电影简史，渭渠一去，加上别的干扰，日本电影写作也停止了。另外，渭渠还约艺术研究院研究员董锡九写一本《日本舞蹈简史》，董锡九病逝，自然也没有继续。总之，渭渠虽然去了，但他的音容笑貌，他的传世业绩永存！我们之间的这一段永远不会消融的珍贵的记忆永存！

　　永远纪念我们的好友渭渠同志！

2013年10月13日

卢永福，翻译家，人民文学出版社编审

冬日拜访叶渭渠先生

周晓云

在北京这个城市生活十多年了，还是感觉迷茫。这种心绪一直伴着我，像浮萍，不知道下个时刻会飘到什么地方。偶然间听到汪峰的《北京，北京》，心震了一下，这种迷茫的心绪怎么被他捕捉到了呢？或许，他也为此痛着……

一个冬日的上午，我敲开了叶先生的家门，一个很安静雅致的小区，距今日美术馆很近。叶先生开门，微笑着，唐先生热情地过来拥抱我，她想亲亲我的脸颊，看不出他们已是年过七旬的老人，身上洋溢着年轻人的活力。

这间屋子使我的心顷刻间沉静下来。这是一个多么好的所在，窗外是安静的，有温暖的阳光照射进来。叶先生和唐先生的大书桌相对而放，上面规整地放着书和书稿，还有一台写作用的电脑，身后，是随时可以取到书的书架。这间屋子有点像学校图书馆里的阅览室，叶先生和唐先生则像阅览室里孜孜不倦研习的学生，难怪他们的心还是那么年轻。至老，他们都保持着年轻时发奋用功的精神。

我喜欢这间屋子，更喜欢这间屋子里的两位老人。

叶先生问我喝咖啡还是茶，我的话音刚落，叶先生便从厨房里端出热热的咖啡。看得出来，叶先生是一位很敏捷的人，一点没有老年人的迟缓。我们的谈话更加印证了我的这个看法。来叶先生家的路上，我还在想怎么和叶先生谈书稿中的一些问题。毕竟，我不懂日文，对翻译更没有经验，而我却要责编叶、唐两位先生翻译的加藤周一著的《日本文学史序说》。我和叶、唐两位先生如实说了我的外文背景，所以我的问题仅是从中文阅读者的角度提出的。叶、唐两位先生并没有因我不懂日文而轻视我，相反，他们很认真地听我的问题，叶先生一边和我说，一边翻阅日文原著，很快他就找到原话，也很快弄懂了我的意思，叶先生不停地游走于两种语言之间，我也深深体会到翻译的艰辛，既要忠实于原著，又要照顾到中文读者的阅读习惯，委实不易。翻译的流畅、传神、达意要消耗译者的多少心力。我又抬头看了看叶、唐两位先生的书桌，少了刚来时看到的充满静谧、阳光的诗意色彩，两位老人常年伏桌翻译，这真是一种苦苦的修行。

一个上午，我们讨论了很多问题，叶先生对我说："有时，不懂原文是一件好事情，能让你跳出原文思考，不受羁绊。翻译，需要入进去，也要出得来，得其神是很不易的，但这也是翻译的诱惑所在。"翻译是一门艺术，是一个再创造的过程，忠于原著的同时，更彰显了译者独特的个性。很多人都记住了叶先生翻译《雪国》开头的句子："穿过县界长长的隧道，便是雪国。夜空下一片白茫茫。火车在信号所前停了下来。"可以说，叶先生的翻译，是将他的心放进去的，所以读起来特别有味。很多人也正是读了叶先生的译著，才一步步走进日本文学的世界里。

那个上午，我和两位先生讨论了很多，先生思维敏捷，话题由此及彼，跌宕开去。我渐渐走近了日本，那个国家，它的文化。以前它是那样陌生，因为我们这些身在中国的"东方人"总对大洋彼岸的"西方"有着种种好奇，对近在咫尺的"东方"是不屑的。我们中大多数所懂的是英文，而不是日文。和两位先生的谈话，恍然间让我看到了另外一个世界，两位先生在那个上午为我开启了通往那个别样世界的门。

《日本文学史序说》的著者加藤周一先生，是深谙两种世界的人，东方的，西方的。他作为一个日本贵族的后裔，年轻时到巴黎做血液科学方面的研究，在那里他开启了他的文学之路。他在欧洲和北美度过了他一生中半数的岁月。《日本文学史序说》绝不仅仅局限于日本这一狭小之地，加藤先生看日本文学是以西方文学做参照系的，在书中经常可以看到两者不经意间的比照，读着，心里往往会心一笑。无疑，加藤先生是少有的拥有极强思考力的思想家，同时也是有着极其细腻、敏感体验的艺术家。只要读一下他写的《日本艺术的心与形》就知道了。

加藤先生和叶先生是至交，彼此惺惺相惜。加藤先生多次赞誉过叶先生的译文，《日本文学史序说》当初引进中国时，加藤先生点名叶先生翻译。有一年，年过八旬的加藤先生来北京，他要看望叶先生，那时叶先生住在一个简陋民居楼的六层，没有电梯。加藤先生执意要上去，他一步步爬到六层，令叶先生感怀不已。

现在两位先生都已故去，他们带走的是一个时代，留下的是我对他们的记忆。

那天午后，我从叶先生家出来，站立在北京人流匆忙的街道旁等车，那种漂泊无根感少了很多，在这个匆忙、急遽变化的时代里，我们都是飘萍，可是无论世事怎样纷纭变化，只要我们守住了一样东西，全神贯注去做它，我们就找到了属于自己的根，心也会获得安宁。正如尼采说过的一句话："要在自己身上，克服这个时代。"在叶、唐两先生的家里，我看到了这种例证的绝好范本。

周晓云，浙江文艺出版社编辑

《日本文学思潮史》序言

林林

　　渭渠同志长期从事日本文学研究，要读原作，参考别人评论，博览群书，然后写出《日本文学思潮史》提出自己理论有据的意见，实非易事，然而今天它终于问世了。

　　日本文化，无论在古代还是近现代都是接受过外来文化的影响，而创造出自己民族文化的辉煌。日本文学也是如此，无论在古代还是近现代无疑都受到了外来文化、文学的巨大影响，但研究日本文学史、思潮史，如果仅以这一点作为切入点，就很难准确把握日本文学发展的脉络，也很难从深层挖掘日本文学的民族特质。

　　因此，《日本文学思潮史》的作者果断地选择了日本本土文学思想与外来的文学思这个接合部作为研究日本文学的切入点，时空兼及，从时间来说，从日本原初文学意识的自力生成到近现代文学及其思潮的多样化和发达。从空间来说，从中日古代文学源远流长的交流关系，以及洋和文学百余年的冲突融合，经过全盘汉风化或西洋化，又回归到"和风"的进化历程，来探讨日本文学思潮史的发展规律。也就是从史的动态来分析日本文学思潮在外来文学两次的大碰撞中，起初都曾把某一文学因素，无论是本土的还是外来的文学因素推向极端，而最终才把日本本土文学与外来文学的对立价值，视作一个文学整体中的综合因素，使其文学理念、历史价值和表现模式等在多元结构体系内完成日本化的正负两面经验。作者正是从这一新的视角，来审视日本文学在内外因素的历史联系中，建立以"和魂汉才""和魂洋才"为主导的"冲突·并存·融合"发展机制的可能性，以及它们如何将这种可能性变为现实。

作者做了大量实证性研究才得出这样一个带规律的结论，且有独创性。举例来说，就是对"物哀"文学思潮的研究。作者对"哀"（あはれ）作为个人感动的一个符号开始演进到"物哀"（もののあはれ），发展成为包含接触外界事物所生的情趣或哀感，做了许多实证的研究，比如对《源氏物语》出现的1044个"哀"和13个"物哀"的分析比较，特别是通过《源氏物语》和《红楼梦》的比较研究，寻找两者受容儒佛文化思想的差异性，比如围绕源氏和贾宝玉对待出家、宿命和心性三方面的不同态度和不同结局，以及《源氏物语》作者紫式部和本居宣长接受儒佛思想的不同态度，进行了详尽的比较研究之后，提出了自己独特的见解：（1）《源氏物语》所表现的物哀是在儒佛与神道的对立中，经过长期历史的洗练，彼此融合，形成独自的审美理念，又逐渐形成浪漫的"物哀"，内含赞赏、亲爱、共鸣、同情、悲伤和壮美多层性的文学思潮；（2）《源氏物语》接受外来儒佛文学思想的影响，作为一种补充，成为促进物哀发展诸因素之一，而它本身是深深根植在日本民族的文化土壤上。同时作者还用本居宣长的"知物哀论"加以佐证，说明本居宜长立足于固有神道思想，从理论上论述了"知物哀"文学精神的本质，以及在文学上的独立价值、尊重人性中情的因素等等，赋予"物哀"更为深刻的内容。但又指出本居宜长的"知物哀论"反对儒佛文化思想，对"物"的解释限定在人的感动上，对《源氏物语》由"哀"发展为"物哀"的"物"所含的对世相的感动的意义有轻视的倾向。作者然后对"物哀"提出自己的见解，并将这些见解提升为理论，颇具深度。

在近现代篇，作者阐明明治维新以后，日本文学受到各种西方近代文学新思潮的洗礼而走向近代化，是以日本传统文化为根基，使之既继承传统文学理念和审美情趣，又具有近现代意义的艺术思维、艺术形式和风格，却保持了日本独自的主体。作者以此视点出发，就自然主义、唯美主义、无产阶级文学、新感觉主义乃至战后派、存在主义等文学思潮的主体发展，发表了许多新的意见。比如，尽管日本战后文学受萨特存在主义的影响很大，但作者仔细分析了从椎名麟三、野间宏到安部公房、大江健三郎等的存在主义理论和创作之后，着重论证了他们将存在主义日本化的具体表现，一是大量吸收存在主义文学理念和技巧，而又扎根于日本战后社会文化的土壤，运用了日本式的思想表达方法；二是

叶渭渠与林林

吸收西方存在主义的想象力的表现，又承传日本传统文学的想象力和象征性，并使两者达到完美的结合；三是既反对规范主义的传统的古典文体，又反对个性主义的西方的特异文体，而独自构建日本式存在主义的语言风格和文体风格，这对于保持日本式存在主义文学想象力的生命是十分必要的，作者强调这三点是存在主义日本化的根本。从这个角度来看日本近现代和战后文学思潮发展的历史经验，是具有重要的现实意义的。

从以上分析可以看出，这部《日本文学思潮史》十分重视以民族精神作为根基的日本文化背景，同时还从比较文学的视野出发来考察日本文学思潮的自力生成和发展，以及如何吸收和消化外来的东西，又反过来促进民族的东西主体发展，并且在这个基础上就日本文学思潮史从古代的观念形态的写实的"真实"（まこと）、浪漫的"物哀"（もののあはれ）和象征的"空寂"（わび）、"闲寂"（せてひ）到近代的主义形态的写实主义、浪漫主义和象征主义的延续与发展，提出了许多本质性的问题。这种以宏观史论的构建为基础，进行微观的精细分析，二者有机结合，其立论自然就坚实可靠。

本书作者在以下几个方面有新的突破。首先在文艺学观念上的突破。作者没有把文艺学作为单一的学科，而是主张文艺学是一个特殊的综合学科，不仅与哲学、美学、伦理学、宗教学、社会学、心理学等有直接血缘的关系，而且与生理学、病理学、性科学等和思维空间相距甚远的学科也有着某种互补的联系。因此作者将边缘学科的理论，运用到文艺学中。比如研究文学思潮史，就涉及文学思潮赖以生存的哲学、美学的关系，以及伦理、宗教诸方面的表现关系等。

其次，在研究方法论上的突破。在以上更新文艺学观念的基础上，建立自己的"立体交叉研究体系"。一方面进行跨学科的交叉研究，另一方面进行与时代、历史的交叉和与他民族、他地域的交叉研究。而两个系统之间的交叉，又是以立体式结构来维系。正如作者自己解释的，"所谓立体交叉是指研究日本文学思潮，需要构建一个全方位的综合学科研究机制，对诸方面的不同层次的立体交叉关系，比如对文学思潮和与其相关的边缘学科，尤其是美学哲学思想的相应性和互补性；文学思潮和文学理论、文学批评的一致性和双重性；文学思潮与不同时代、历史的共性与特殊性；文学思潮和不同地域、民族的文学精神的对立性与融合性等（中略）需要宏观与微观相结合，实证与理论相统一，综合分析与比较研究兼顾，进行静动态分析与全景式的考察，辩证地把握上述诸方面有机结合中的质的关系和它们之间的内在涵容。"

第三，在文学史研究单一模式上的突破。即突破了过去日本文学史研究的单一模式，比如过去一般文学史多半只论作家和作品，而且大多只就具体作家作品的艺术成就和思想价值进行孤立、静态的评价，而本书将文学思潮作为文学史研究的基础部分，就文学史的展开，以文学思潮为纲，网罗作家、作品、理论、批评，并将它们置于相互联系和不同侧面进行比较完整的、论证结合的动态分析，以达到体系化的认识。因此作者坚持马克思主义唯物辩证的方法论的同时，尽量博取其他研究方法之所长，比如吸取实证主义的认同知性的合理内核，运用了观察和实证的原则，使其理论建立在实证的可靠基础上。

研究者进行这种探索，如果没有一定的理论基础、厚实的资料作支撑，以及科学的、合理的、现代的研究方法，要对中日两国的风土人情、时代精神、文学理念、审美情趣、表现模式乃至代表作家、典型作品等作为统一的运动体加以把握，并进行比较研究，是很困难的。从本书所展现于读者面前的成果，大概可以说明作者在这方面的学识和功力。

当然，要实践一种新的研究方法比建立一种新的研究方法论更难，比如本书在叙述文学思潮的生成和发展与社会政治经济背景的关系还嫌不足。笔者并不认为每章都要机械式地写上一节这方面的概论，但有机地结合叙述就会显得充实。至于评论的观点有不同的看法，也是可能的。

据了解，在日本，以日本文学史为对象的文学思潮研究为数不多，已出版者仅有两三部；而在我国，这部《日本文学思潮史》则是第一部。而且从其研究成果来看，一是作者进行了长期的资料积累，直接获得了第一手资料；二是从宏观的角度理顺了日本文学在本土生成发展的内外因素，以及对外交流中调适两者的异性和矛盾，以把握重新整合而产生的新文学实体的规律性的东西；三是在研究方法上做一试验性尝试，并提出了独自的研究方法论，这种严谨的治学态度、缜密的治学方法，以及敢于创新的精神，是值得赞许的。这部《日本文学思潮史》所提供的诸多方面的经验是宝贵的，也许会超越日本文学研究，对于整个日本学研究提供一些新鲜的经验吧。

可以说，《日本文学思潮史》不仅有独创性的研究价值，而且具有开拓性的意义。我特此郑重向读者推荐这一部有较高学术价值的专著。

林林，中日友好协会原副会长

叶渭渠与唐月梅[1]

陈喜儒

我是叶渭渠、唐月梅夫妇的忠实读者，读过他们许多书。

读得最多的是他们翻译或主编的日本小说，如山崎丰子的《浮华世家》以及《井上靖小说选》《川端康成小说选》《三岛由纪夫文学系列》等等。川端康成和三岛由纪夫，是日本文坛有深远影响又颇多争议的作家，在我国，学界也是仁者见仁，智者见智，褒贬不一，毁誉参半。老叶和老唐既翻译，也研究，老叶写了《冷艳文士川端康成传》，老唐写了《怪异鬼才三岛由纪夫传》。他们汇集梳理有关文献，认真阅读、研究、分析，从中国学者的视点立场出发，阐述这两个作家的长短得失，冷静客观地做出了全面评价。

其次是读老叶、老唐著的《日本文学史》。

---

[1] 原载于2009年8月17日的《文汇报》。

　　我长期从事对日文学交流工作，经常接触如野间宏、井上靖、水上勉、松本清张、加藤周一、尾崎秀树、黑井千次、高井有一、秋山骏、有吉佐和子、山崎丰子等著名作家。他们知识渊博，学养深厚，视野开阔，思想活跃。与他们交往，我深感学养不足，比如谈话中涉及某作家某作品中的典型人物，或某种文艺思潮对日本文学的影响和作用，如果你不知道这个作家，或者没读过他的作品，就无法胜任工作，使交流难以深入。为了适应工作、加强自身修养，我发奋补课。首先想到的是读日本文学史，希望对日本文学，特别是现代文学，有个整体把握，在历史的经纬中，了解作家的成就和作用。

　　当时，我看了两本书，一本是西乡信纲等著、佩珊译的《日本文学史——日本文学的传统和创造》（人民文学出版社1978年版）；一本是松原新一等著《战后日本文学史·年表》（上海译文出版社1983年版）。这两本书虽各有所长，使我大体了解了日本文学的渊源及其发展脉络，各个流派的代表作家及其主要作品，但毕竟都是日本学者之言，而中国学者怎么看，如何评价？这是我十分渴望听到的声音。

　　后来，我陆续读了叶、唐合著的《日本文学史》（现代卷·近代卷）、《20世纪日本文学史》、《日本现代文学思潮史》、还有唐先生的《日本戏剧史》等多种著作，受益匪浅。他们从历史批评和美学批评出发，探索各种文学形式、内容、理论、流派、思潮的产生、发展和演变过程，对重要作家作品，进行多向性的、相互联系的、历史的、动态的"立体交叉研究"，清晰地描绘出日本文学发展的历史轨迹，为我国日本文学研究做出了重要贡献。

　　多年来，他们不追名逐利，不趋炎附势，不从众媚俗，沉潜于学术，埋头苦干，皓首穷经，孜孜以求，把学术视为事业、生命、良知、理想。这种精神，在学术腐败愈演愈烈、学术的清白与尊严不断蒙辱的今天，更是难能可贵，可歌可敬。

最初是怎样认识老叶和老唐的？我已经记不清了，好像是在中国作家协会举办的中日作家座谈会上，他们夫妇应邀参加，但说话不多，尤其是老叶，似乎讷于言，总是静静地听别人发言，所以印象不深；渐渐相熟，是在他们夫妇当编辑以后。

我从1980年开始，尝试业余翻译一点日本文学作品，先是试着译了些散文，发表在文艺刊物上。1981年我去北海道访问时，认识了三浦绫子，她送给我很多书，希望我向中国读者介绍她的作品。回国后，我抽空译了她的中篇小说《逃亡》，将原文和译文寄给了在人民文学出版社当编辑的老叶，请他审阅，看看能否在他们社当时出版的杂志《外国文学》上发表。不久老叶来电话说："稿子看过了，觉得不错，老唐也很欣赏。《外国文学》是季刊，间隔较长，老唐想发在双月刊《世界文学》上，不知你是否同意？"我当然是喜出望外。在我的心目中，《世界文学》是当时译介外国文学最权威的刊物，身为初学的译者，根本不敢投稿，没想到歪打正着。这是我在《世界文学》（1983年第五期）发表的第一篇译作，从此才有了给《世界文学》投稿的勇气。后来这篇译文又被老唐收入世界文学小丛书《风雪》（光明日报出版社1985年版）中，得以传播。

从那以后，他们可能觉得我"干活儿"老实认真，不时邀我参加他们主编的系列丛书，我因工作忙，只参加了两次。一次是翻译宫本辉的《萤川》，由老唐编入《获日本芥川奖作家作品选》（1996年漓江出版社）；一次是翻译岛崎藤村的《千曲川速写》，由老叶编入《东瀛美文之旅丛书》（2002年河北教育出版社）。我应日本国际交流基金会邀请，赴日进行专题研究，也是他们夫妇为我写的推荐信。我退休后，他们鼓励我开始系统研究，我说起步太晚，难有作为了。老唐说："不晚不晚，我们的一些项目，就是退休后才开始的。但这种日子太苦，你要有思想准备。当然，苦中也有乐……"

相识二十多年，清淡如水，虽同住一个城市，也很少见面，只是偶尔通个电话而已，但他们对于我这个日本文学的业余爱好者，总是鼓励、帮助、提携。

他们集编辑、学者、翻译、创作于一身，刻苦笔耕，出版著、译、编的书二百多册，硕果累累，著作等身，成就辉煌。我觉得，无论从年龄上、学术上，还是对我的关心和帮助上，我都应该尊之为师长才是，但他们坚决反对，甚至不同意我称之为先生，多年来，我一直叫他们老叶、老唐，而他们称我为"喜儒同志"，以示平等。我对他们夫妇，心存敬重感激。

几年前，看到一篇记者采访他们的文章，其中有两个细节，一直铭刻在心，至今不忘。一是1952年，他们从南洋回到北京，住在不同的招待所准备高考。中秋夜，他用所剩无几的钱买了一块月饼，约她到东单公园赏月。在如水的月光下，一对情投意合的恋人，分享一块月饼。二是他们考入同一个班级，后又分配到同一个机关。"文革"时，有人指责他们"一个鼻孔出气"，他大惑不解，发出了书生困惑的诘问：难道夫妻非要两个鼻孔出气才好吗？看到这里，我不由得笑出声来。他们是相濡以沫的恩爱夫妻，也是志同道合相辅相成的学者，可以说，他们的学术成就，也是他们忠贞爱情的结晶。

他们怀着拳拳报国之心，由湄公河畔归来，与祖国一起经历了五十多年的风风雨雨，至今痴心不改。老叶在《历访香江》一文中说：当我漫步在香港会议展览中心，回顾在电视上看到的回归仪式时的情景，我仿佛进入了1952年路过香港，跨过罗湖桥投入祖国怀抱时的那种喜悦雀跃的心境。那时是二十出头的小青年，如今是七旬有余的老头，但自我感觉全身流动着的血，仍是那样的热，那样的沸腾！

2009年6月13日

陈喜儒，作家、翻译家，中国作家协会外联部原副主任

附记：

　　这篇文章写于2009年6月13日，发表于当年8月17日《文汇报》。其实，我很早就想写写他们夫妇，但一直没写，因为觉得自己笔力不逮，书之难尽。如果描绘他们美丽纯洁的爱情，如果评价他们的杰出的学术成就，如果品评他们的朴实无华平易近人的品格，如果描述他们离别亲人回国求学的拳拳之心，那将是一篇厚重的长文，或一本洋洋大观的评传。

　　2009年春天，友人约我写一组有关学者的文章，我首先想起的就是这对学者伉俪，于是从译者和读者的角度，谈了谈对他们人品文品的印象和感想。

　　记得在八宝山与叶先生告别时，心中凄楚，泪眼蒙眬，往胸前戴白花时，不小心扎破了手指，鲜血淋漓。我捏着出血的手指，给先生鞠躬，送先生远行，心中默念：叶先生安息。

　　如今，叶先生离开我们已经快三年了，他的音容笑貌，不时在眼前闪现。

2013年7月9日

不声不响的人生 [1]

曹利群

　　20世纪的80年代初期，我大学毕业后到北京的一家出版社工作，见到本社的第一本外国文学译著就是三岛由纪夫的《春雪》，译者是唐月梅。大约十年后，我在社里主持外国文学出版工作，考虑到外国文学出版界的格局与现状，我选择了日本文学的出版方向；经朋友介绍来到团结湖附近一座六层小楼叶渭渠先生的家，才知叶先生和唐先生原来是一家。

　　叶先生瘦瘦小小的，很有精神，待人谦和有礼。我开门见山说明了来意，记得还说，先生译的川端康成非常有意境，《雪国》开篇的那句"穿过县境上长长的隧道，便是雪国"，一下子就吸引了我。叶先生略显吃惊地说，你读得很仔细啊。（现在想来惭愧得很，后来叶、唐二

---

[1]　原载于 2010 年 12 月 19 日《北京晚报》。

位先生送了我那么多的书都还没有来得及看。）后来我们便讨论翻译作品的选择，叶先生建议出版三岛由纪夫的作品。他说，川端康成的东西已经出版得差不多了，但三岛的很多作品还没有翻译过来，而且国内对出版以"暴力美学"为特征的作品争议颇多。其实，80年代出版川端康成作品的时候阻力就很大，包括学术界内，有人说川端的作品属于颓废派。那么三岛的作品出版就更成为禁区。我在作家出版社的同行那里得知，他们出版的三岛作品一直是悄悄地卖，并不敢大张旗鼓地宣传。我是个敢闯所谓禁区的人，和先生一拍即合。出于"私心"，我担心作家出版社已经把三岛的"好东西"出完了，叶先生指着他里屋的高大的书架笑着对我说，早着呢，你来看看，足足有四十多卷，够你们出的。说完就搬了梯子往上爬，拿给我看。唐先生一边连忙过去扶，一边说，他就是这个急性子，一听说出书就比什么都高兴。

事情进展得很顺利，确定选题，组织翻译作者，不到两年时间，洋洋十卷三岛由纪夫作品选就出版了。后来我们社和叶渭渠、唐月梅二位先生合作出版了很多日本文学的作品，包括《谷崎润一郎》（文集）、川端康成早期作品集等等。那之后我才慢慢知道，叶先生有很多日本文学翻译界的同行和朋友，比他年龄大的、小的都有。因为工作的关系，我和他们也都很熟络。从他们的口里也了解了叶先生的为人，淡泊名利，不声不响地做事。在他的带领和推动下，这二三十年做了很多日本文学的翻译和研究工作。后来，听说有人在网上说三道四、攻击他们夫妇为"夫妻店"，真是令人气愤。

叶先生的勤奋是有口碑的，别人怎么说我不清楚，每次我去的时候他都是从里屋的工作室里出来迎接我。电脑永远是开着的，桌子上摊着大大小小的工具书，唐阿姨（我一直是这么称呼她）则坐在另外一张桌子上做自己的事情。后来我虽然离开出版社，但经常去他家里做客。虽然我读的日本的东西不多，但受他们的影响不小。我看过不少东山魁夷的画，总感觉有一种莫名的悲哀在里面，但又说不出来。叶先生说，这就是日本的"物哀"的观念，川端康成的作品里也表达了这种审美意识。日本淡雅的自然环境、禅宗的简素精神、简约淡泊的性格，其中却蕴含着深刻的精神性的东西。这些教导使我茅塞顿开。后来我写了东山魁夷和古典音乐的文章拿给他们，还得到他们的指正。

比起我见过的宗白华、季羡林先生，叶先生属于晚一辈，但做人做事依然是我辈的楷模。记得出版社样书来的比较多，我要搬许多次才能搬到他家。叶先生那时也是快七十岁的人了，一定要坚持到六楼的楼下和我一起搬，真是叫我感动。到了吃饭的时候必是不能走的。因为他儿子女儿都不在家，我住的地方离他们很近，有时候常去看望他们，或者带些东西，他们都会一再感谢。有时打电话没有人接我就会惦记，担心会不会出事情。有时他打给我说，又出版新书了，什么时候你来拿啊？那种感觉就像一家人一样亲切。他送我书的时候，一笔一画地签上名字，小心翼翼地盖了章，怕印泥脏了书，还特意用餐巾纸垫好。

后来先生在大兴黄村买了房子，看望他们也就不方便了。再后来他们经常去美国儿子女儿那里，在那边图书馆查资料、搞选题，然后回国出版。直到2009年春节他搬到东三环边上的垂杨柳附近的小区，我才又和二位先生见了面。自然，他们又送了我新书，好歹这次我也把新近出版的一本小书送给他们。临离开的时候，我们拥抱在一起，我还感觉他抱我的手很有力；本想今年过春节的时候再去探望，谁知他却静静地走了。

抬头望着窗外，初冬的上海突然是漫天飞雪，莫非上苍有感知？一个不声不响的人，一个简约素朴的人就这样走了。穿过长长的人生隧道，叶先生去的不是雪国而是天国。愿他走好。

曹利群，上海东方艺术中心原副总经理

怀念叶渭渠先生

竺祖慈

我与叶渭渠先生夫妇初识于1983年。我是1981年底入《译林》杂志任日本文学编辑，再之前，作为读者，已经通过一些日本文学译作仰慕着叶先生和夫人唐月梅老师，及至自己也入了行，便更生出早日拜识的愿望。1983年夏，与吉林人民出版社《日本文学》杂志的李长声君相约在北京碰头，然后由较早入行的他领我拜见北京的一些日本文学专家和译者，其中叶先生夫妇是我一定要见的，不仅因为他们在日本文学翻译和研究方面的业绩，也因为他们分别担任着人民文学出版社和《世界文学》杂志的编辑，令我怀着从学术和编辑业务诸方面都获取指教和帮助的期望。

那个年代，无论是朋友抑或初识者见面，很少有约在饭局或咖啡茶社之类的地方，我和长声君也是直接到了叶先生家。先生住的是社科院宿舍，房屋格局之局促在我意料之外，而先生夫妇的热情、平实也是在我意料之外。我向他们介绍了《译林》的情况以及想在日本文学译介方面所做的事情，他们有针对性地做了种种指点。话题渐渐展开，便涉及圈内当时的一些恩怨。唐老师不多说，叶先生却并无太多顾忌和隐讳，说到心中的不平，便有点忿忿然，声音渐次也高了起来。作为入门不久的晚生，我和长声都插不上话，但对先生又多了一层认识，见到了与儒雅共存的率直和真性情。

　　之后，我与先生夫妇便保持着书信来往，每次去北京，他们在团结湖的住所也是一定要去的——只要他们在国内。每次去，先生夫妇都是一样的热情，一样的推诚置腹。每次去，若是在饭点之前，都是一样的要留饭，而且都是唐老师亲自下厨，一直到了他们七十多岁之后，才改在附近的饭店。其实每次去北京，我都要为是否去看先生而犹豫，尽管见他们的心情迫切，但又生怕耗费他们的时间，因为深知时间于他们的宝贵。在我的想象中，除了伏案写作，他们是不应有其他余暇的，支撑这种想象的是从他们手中不断诞生的一部又一部的作品，起先是以译作为主，后来便是各种各样的文学文化史和论著、随笔集等。每言及此，大家在感佩之余，都有一种难以想象的惊讶。其实我知道一些他们的刻苦情景。日语圈内的一个朋友王玉琢君，当年是中国文联出版社的日文编辑，家住团结湖小区，与叶先生家隔窗相望，不止一次说起先生家书房的灯光彻夜不灭，先生夫妇分别在上下半夜轮班占用这灯光和书桌伏案劳作，常年如是。玉琢君说，每见这灯光，便暗生自励之心，增加了自己在书桌前的工作钟点。早就听说叶先生心血管情况不是太好，每次见面，都劝说他减少伏案时间，适当增加体力活动，他也都闻之诺然，但我知道，真正要他挪用工作时间，其实是很难的。叶先生最后是被心脏病夺去了生命，这与他的辛勤劳作之间的因果关系固然难以衡量，但应该是有关系的。然而先生或许偏是要跟疾病和生理的极限争分夺秒，来完成他自己想做的事情吧。

　　进入20世纪后，叶先生夫妇在国外住的时间多了起来，在北京的时间反而少了。在国外无非是日本和美国，在日本是应邀做学术研究，在美国虽说是与儿女孙辈共享天伦之乐，但时间也都用在了那些著作的完成，何况在日本和美国，各种学术资源的利用，应该是明显便利过国内的。总之，那些大部头的著作，大多完成于那些年份。我为他们晚年能有一个更好的环境和条件进行自己的学术研究而欣慰，但每次去北京，总是觉得少了一个想去而且应该去的地方，有点怅然。大概是在2009年左右，听说先生夫妇回到北京，并且乔迁新居。我借着在京出差的机会，跟两个同事一起去朝阳区百子湾的新居看望几年没见的叶、唐两位老师，顺贺乔迁之喜。跟团结湖的宿舍比，新居宽敞了许多，而且是装修好出售的，正适合根本不可能有余力去忙装修的先生。我们去的时候，除了一些暂时不急用的书还没搬过来，其他一切都具备了安居乐业的条件。我们为两位老师高兴，叶先生也精神焕发，令人根本不会想到一年之后就会永远离开了我们，离开了这个新家。

　　2010年12月中旬的一个傍晚，有媒体记者来电话说叶先生过世了，希望我谈谈对他的印象。我实在不敢相信这个消息，一来因为一年前见面的情景还宛如眼前，二来如果这是真的，首先向我通报的应该是许金龙，而两天前我刚跟许君为别的事通过电话，他根本没说起叶先生有什么情况。许金龙是社科院外国文学研究所研究员，当年是从南京走出去的，与我在南京便熟识，进入社科院以及后来成为著名的日本文学专家，叶先生夫妇的提携和帮助起了非常重要的作用，许君对他们也常怀感恩之心，一直虔敬地行着弟子之礼。我立刻向许君求证这个消息，他这时才不得不向我解释了没通报的缘由：叶先生是心脏病突发，抢救未成，猝然去世。先生虽然走得突然，但生前却对身后事有过交代，大意是"悄悄来、静静走"。素性宁静的唐老师更是不愿扰动别人，决意尽量缩小告知范围，不办任何悼念活动。尽管这样，敏锐的媒体还是得到了先生去世的消息，那两天有好几位记者打电话向我采访。我深知以自己与先生有限的交往和了解，无法对先生做出全面的评价，但有一点还是肯定地对记者说了：以我的视野所及，关于日本文学文化的研究，先生的著述数量，不仅在世的中国学者不能达到，过去在国内也没有人达到过。他在日本文学文化方面的贡献，应该比翻译更大。我更深知，所有的这一切，是先生以自己的勤勉乃至生命换来的。

　　我没能赶上送先生最后一程，唯可告慰的是，毕竟见到先生在生命的最后一段时间里住进了还算宽敞的新居，感受到了先生因此而流露的喜悦。先生那样的学者，对学术目标的追求肯定远高于对住房之类物质目标的追求，但我有时却不免生出这样的联想：若先生夫妇在年富力强的时候就能有一处稍可人意的住房，一人一间书房一张书桌，藏书都能井井有条地放进书柜而不是满地堆放，随时可以方便地查用，他们的著述成果是不是会更加丰富一些呢？愿先生在天国能有这样的待遇。

竺祖慈，译林出版社原副社长，编审

日本文学与现代化[1]
——与日本文学研究学者叶渭渠先生一席谈

杨鸥

杨鸥（以下简称杨）：您翻译研究日本文学是以川端康成作为切入点，并对日本文学走向现代化过程中面临的本土与外来、传统与现代问题进行理性思考。请谈一谈您研究川端康成的缘起，川端康成文学的魅力，川端康成如何成功地处理传统与现代、本土与外来这个贯穿于古今的人文学科的永恒主题，对中国文学有何借鉴意义？

叶渭渠（以下简称叶）：谈到我翻译研究川端康成的缘起，是因为我发现川端康成既十分尊重传统，又富有探索现代的精神，他的文学是在传统与现代两者的互相交融中而呈现出异彩的。

川端文学的魅力，在于它展现了日本之美、东方之美，同时也展现了独自的审美追求。在他的许多作品中，以客体的悲哀感情和主体的同

---

[1]　原载于《人民日报·海外版》2004 年 7 月 26 日第 7 版。

情哀感，赋予众多善良的下层女性人物的悲剧情调，造成了感人的美的艺术形象。比如《伊豆的舞女》是如此，《雪国》也是如此。

　　的确，川端康成从全盘西化和全面继承传统两种极端的摆渡中，产生了对传统文学和西方文学的批判的冲动和自觉的认识，深入探索日本传统的底蕴，以及西方文学的人文理想主义的内涵，并摸索着实现两者在作品内在的协调，最后以传统为根基，吸收西方文学的技巧和现代意识。可以说，川端文学是在东西方文学的比较和交流中诞生的。在这一点上，对中国文学是具有一定借鉴意义的。

　　杨：大江健三郎也是成功地解决西方存在主义日本化的问题，从而从日本走向世界。您曾说过在两种文化的交流与冲突中，整合本土与外来、传统与现代是十分重要的课题，提出了日本文学现代化的"冲突·并存·融合"的文学模式。中国现在也处于东西文化的碰撞中，如何处理与西方文化的关系，走向现代化，日本有哪些可借鉴的地方？

　　叶：我们梳理日本文学发展历史规律的时候，发现日本文学的本土与外来、传统与现代的关系，从冲突到融合的过程，还存在一个并存的阶段，以便使两种异质文学经过磨合与消化，最终实现日本化。古代之以"和魂汉才"、近代之以"和魂洋才"为导向，消化在本土的、传统的文化和文学的土壤上。因此，建立一个"冲突·并存·融合"的对外文学交流模式，以及实现"日本化"的模式，也是日本文学史不断循环运行的模式，这对于创造出具有日本民族文学特质的新的文学体系是十分必要的。川端康成、大江健三郎从日本走向世界是如此，印度的泰戈尔、埃及的迈哈福兹从东方走向世界也是如此。这种对待和吸收外来文化、文学态度和方法的文学基本模式，对于我们的文学走向现代化、走向世界是有启示意义的。

杨：中日文学交流源远流长，日本古代文学受中国文学影响较大，如诗歌，日本贯穿"和魂汉才"的学习精神，创造了自己独特的民族诗歌形式——和歌、俳句。日本第一部长篇小说《源氏物语》也受中国文化、文学，特别是白居易的《长恨歌》的影响。中国文学接受过日本文学的哪些影响？在与日本文学的交流中应吸取哪些长处？

叶：的确，一国的文学不可能在内部孤立地发展，它必然会与他国文学相互交流，彼此影响。就中日两国文学交流来说，古代中国文学对日本文学的影响大些，近代以来，则不能忽视日本文学在与中国文学交流中的特殊地位，许多西方近现代文艺思潮都是通过日本影响到我国近现代文学。比如，我国创造社文学之接受日本自然主义和"私小说"、普罗文学之接受日本无产阶级文学、中国新感觉派之接受日本新感觉派、日本新剧对中国话剧之影响等等是无法估量的。

在与日本文学交流中，值得我们学习的是，日本文学大胆吸收外来的东西，又善于吸收、消化外来的东西，按照自己的"冲突·并存·融合"的文学模式来运行，实现"日本化"。他们吸收外来的文学技巧和方法多于文学理念，即使吸收外来的文学理念，也是根植于自己的民族土壤上。

事实上，近几十年来，我们在这方面有许多经验与教训。从向苏联文学模式一边倒到拒斥一切外来的东西，弄得我们的文学园地一片"单色化""荒芜化"，直至新时期以来，才恢复了文学创作的活力，这与引进和吸收外来的文化和文学是分不开的。

杨： 在研究方法上，您提出展开跨学科的更加综合的研究，并提出建立立体交叉研究体系。

叶： 是的，自上个世纪80年代以来，我国学界提出更新文学观念和重写文学史、学术史，对于文学研究方法特别是文学与"边缘科学"的交叉关系也进行了热烈的讨论。此时，我们撰写多卷本《日本文学史》也提上了日程，同时动手翻译加藤周一著《日本文学史序说》，作者以哲学思想为中轴，纵横于文学的社会性、世界观的背景和语言及其表述法等几个互相联系而又不尽相同的环节中，并且运用作者独创的"日本文化的杂种性"理论，来阐释日本文学的本土思想与外来思想的调适与融合，这使我受益匪浅。

因此，在上述背景下，我们探索了文学史的研究方法。具体地说，所谓"立体交叉研究方法论"，就是对文学与其相关的"边缘学科"的相应性和互补性，文学与不同的时代、历史的共性与特殊性，文学与不同的地域、民族文学精神的对立性与融合性等进行总体宏观研究，这样才能对大量创作现象以及作家和作品进行微观的分析，使研究综合体系化。我期望我们的《日本文学史》（全四卷六册）能与其他同类著作有所不同，若能达到这种追求于一二，我就知足了。

杨鸥，《人民日报》海外版主任记者

题《美丽与哀愁》第四版

暨缅怀恩师叶渭渠先生（三首）

孔宪科

　　今天收到长江文艺出版社寄来的拙译《美丽与哀愁》样书，这是继中国社会科学出版社、广西师范大学出版社、台湾木马文化事业有限公司相继出版后的第四次出版。收到样书，又涌起对恩师叶渭渠先生的深深缅怀之情。叶先生生前对我进行多方指导，并先后邀我翻译了川端康成的《美丽与哀愁》《彩虹几度》及横光利一、平山郁夫的作品等，把我这个零打碎敲的业余译者带入真正文学翻译的康庄之路。细雨霏霏，思绪难平，因成三首。

一

小街寂寂雨丝丝，
四版样书收取时。

抚卷心潮久难静，
缅然回首忆恩师。

二

零敲碎打苦营营，
译路崎岖踽踽行。
一自恭聆金玉语，
始知何处有真经。

三

幸蒙謦欬脱迷茫，
方得扬帆作远航。
谨向瑶台今再拜，
小诗三首献心香。

2013年7月1日

孔宪科，河北社科师范学院客座教授，译审

追忆西去雪国的叶渭渠先生 [1]

周晓苹

"穿过县界长长的隧道，便是雪国。夜空下一片白茫茫。火车在信号所前停了下来。"这是川端康成名作《雪国》的开头。如此静美的译文，出自我国著名翻译家、日本文学学者叶渭渠之手。

由于突发心梗，叶先生于2010年12月11日晚西去雪国，享年八十二岁。这段文字，难道不是对叶先生一生最好的诠释吗？

学者的眼光和前瞻性

和叶先生的相识也和川端有关。那是1999年的夏天。这一年的6月14日，是川端康成的百年诞辰。我打电话向叶先生约稿，他满口答应。

[1]　原载于 2010 年 12 月 31 日的《世界新闻报》。

不久，叶先生的学生刘迪从日本回国，我们一块去了团结湖北二条叶先生的家。

当时叶先生夫妇住的是那种老式的小两居，比较拥挤，因为房子里到处都是书。叶先生要送书给我们，一下子就爬到梯子上去找，身手十分矫健。当天的话题除了川端还有三岛，因为叶先生的夫人唐月梅老师是研究三岛由纪夫的。叶先生笑着说："你看，只要一谈三岛，她就滔滔不绝。"

我告诉他们，我买过他们夫妇最早译的《古都·雪国》，那是我读的第一本外国小说。那种空灵和唯美，也是第一次感受到的。我问为何《古都》在前《雪国》在后，叶先生解释道：那是由于改革开放伊始，人们的观念还没有完全开放，川端康成当时还是个禁区。"《雪国》和《古都》我们1979年就翻译出来了，结果在出版社拖了差不多两年。因为有人说《雪国》是写'五等妓女出卖肉体'的，要撤掉，只出《古都》。"叶先生说，我们坚持宁愿退稿，也不撤《雪国》，因为《雪国》是川端康成最卓越的作品。这家地方出版社不愿割爱，于是请示当地出版局，最终获准出版。但为了淡化《雪国》，就把《古都》放在了前面。

众所周知，《雪国》后来受到中国读者极度的喜爱，并被教育部指定为大学生必读书之一，这充分证明了叶先生作为一名学者的眼光和前瞻性。故川端义子、东京大学教授川端香男里在《致中国读者的话》一文开篇云："承蒙叶渭渠、唐月梅等日本文学研究家的努力，川端康成文学在中国得以广为人知，并且得到了理解。"此外还有他们夫妇对三岛由纪夫的译介和研究，在当时也是需要勇气的。

叶先生说："我们选择了川端康成、三岛由纪夫这两个至难解读的、要冒一定风险的，但却在日本现当代文学史上占有重要地位而不能忽视的人和作品，作为我们学术的切入点，目的是从严难入手，以点带面，进一步全面挖掘日本文学的矿脉。"

真正的辉煌从退休开始

后来我发现，改革开放以来日本文学在中国的传播，涉及的很多事情都与叶先生夫妇有关系。比如当时有两部有名的日本电影《砂器》和《华丽家族》，前者的电影剧本是叶先生翻译的，后者根据山崎丰子的三卷本小说《浮华世家》改编而成，而《浮华世家》中文版的译者就是唐月梅。

后来，我又了解到，叶先生夫妇是归国华侨。怀着拳拳报国之心，1952年他们从湄公河畔归来，双双考入季羡林先生任系主任的北大东语系。叶先生自己也说，他们俩当时很浪漫。"中秋夜，我约了月梅到东单公园赏月，由于没有钱，两人吃的一块月饼，你咬一口，我咬一口。"

毕业后，他们双双分到国务院的外事部门，具体说来就是搞外事接待工作。而真正从事日本文学的翻译和研究工作，却是在20世纪70年代从"五七"干校回来之后。如叶先生所述，他们以"从清水寺舞台跳下去"的决心，弃政从文，完全走学问之路。叶先生说："我没想到我年已五十四，还有机会踏入我国最高的学术殿堂——中国社会科学院，实现我苦苦追求的梦想。"他们的同行、日本文学翻译家陈喜儒认为，叶唐二人真正的辉煌是在退休之后。

他们的工作量和成果是相当惊人的。陈喜儒先生说其翻译、主编、著述的作品加起来超过了二百本。我想这毫不夸张，因为我本人所获赠的他们出版的书籍，就占了我书柜的整整两层两大排。

每次去叶先生家都十分感慨，都觉得他们的勤奋、他们的精神太值得年轻人学习了。他们的成就使人相信，只要心怀梦想，坚持不懈，即使韶华不再，生命照样能焕发出动人的光彩。

"倚梅斋"的故事

我认识叶先生时，他已经七十岁了，但他全然不见老态，尤其是心态很年轻，总是在不断地学习、尝试新的事物。

最初他给我传稿子，是发传真。但没多久，他就学会用电脑了，并且知道了怎么上网。再过一段，他就买了汉王手写笔，开始用电脑写作，同时学会了发电子邮件。再后来，他自己亲自扫描图片，而且还学会了刻录光盘。

记得我们合作《20世纪外国经典作家传记》这套丛书时，他写《川端康成传》，唐月梅老师写《三岛由纪夫传》，所有图片都由叶先生亲自扫描，然后一张张编号，写好图片目录，如何插图清清楚楚，一目了然。当时为了排除干扰，同时利用国外图书馆的便利，他们夫妇住在美国的儿子家著书写作，叶先生有时会回到国内来。为了方便，他在美国和中国都买了扫描仪。我当时说，怎么稿费还没拿到，您就先去掉了一大块。他说没关系，自己扫描好，资料不会丢。

叶先生很喜欢同年轻人交朋友，从不摆老资格，所以他们家经常有很多年轻人造访，包括一些媒体朋友。我当时上班的地方离叶先生家很近，有时候，常常一个电话，骑着自行车就去了。但到了楼下还要再打电话，因为楼门是锁着的。这时，叶先生或唐老师就会热情地从六楼的窗口探出头来，随后将钥匙从楼上扔下来。钥匙掉在地上清脆的响声，至今在我的耳边回荡。

近年，叶先生夫妇搬到了南三环百子湾一个现代化的小区里，住房条件有了改善。他们的书房就设在大客厅里，名为"倚梅斋"。不变的是，他们每天都有规律地起床、工作。如上海译文出版社副社长赵武平所言："两张对着放的书桌，一张是叶先生的，一张是唐先生的。挨墙两排书架，叶先生背后的书架放他出的书和用的书，唐先生背后书架放她的书。"我和赵武平想的一样，"唐先生以后怎么独自面对那书桌呢？"

周晓苹，《环球时报》记者

追忆恩师叶渭渠 [1]

刘迪

2010年12月16日晨，接叶渭渠师讣讯。我没敢给唐月梅老师电话，怕惊扰她。上午，发唁电，电文如下："今晨惊悉叶师逝世，沉痛莫名！入门廿五载以来，尽沐甘霖，师恩如山。叶先生千古！万乞唐老师节哀保重！"

1985年秋，我第一次见到叶渭渠先生。叶先生的名字，我们这些学日语的学生都知道。大学时代，读他译的《雪国》，以为译者一定是位老者。没想到，我面前的叶师穿件浅色夹克外衣，头发梳理整齐，显得很年轻。此后，我成了他的研究生。

那时，导师带学生不多，有的课就在导师家上。社科院教授家里，多很狭仄。上课时，叶老师会把客厅腾出来。其实，当时叶师家只两室

---

[1]　原载于2010年12月24日的《世界新闻报》。

一厅，叶老师夫妇、一双儿女及卧床高堂、阿姨，共居如此局促空间。不过，我从未听他抱怨，此后多年，我才知道，叶师等身著译，多是在艰难条件下做出的。

读研究生第二年，我曾冒昧给日本评论家加藤周一去信，没承想，加藤先生是叶师旧识，就这样，我开始与加藤先生通信。毕业时，我提出写加藤周一的日本文化观，叶师很赞同。他说，加藤提出的现代化模式，即"技术文明·传统文化·民主主义"很重要。我那篇硕士论文，饱浸叶师心血，即使二十年后的今天看，叶师所言，仍有现实意义。

叶师正式入门弟子只两人，其中一人是我。毕业后，两人都离开日本文学研究。我想，这对叶师来说，不能不是遗憾。而我自己，也很懊悔。毕竟那是一个自己无法把握的意外。这些年，在言谈中叶师只一次表露他的遗憾，我内心也感到，自己本应继承叶师的工作，但因那个时代，只能接受现实。

尽管如此，我仍没有离开叶师的指引。记得去报社工作前，叶师说，做记者应有"新闻眼"，做记者要善于观察。我没学一天新闻，就靠叶师这句话，就跳下媒体这个完全未知的海洋。到单位后，一记者对我说，你只要把看到、听到的，原原本本记录下来，那就是最好的新闻。很多年过去了，今天才知道，"仔细观察"并"原原本本记录"这看似简单的原理，其实却是世界最难的。

几年前，我与友人选编《日本学术文库》丛书，叶师很支持，同意做这套书的顾问。除精神支持外，叶师与唐月梅老师还为这套书提供了译稿。这套书的顾问，还有加藤周一先生。两年前，加藤先生故去，而今天，叶师也离开我们。前面的路，再没有了叶师，没有了叶师的指导。今后，我将面对一条漫长而孤独的道路。

　　叶师著译等身，这与他淡泊功利、一心问学有关。去年夏天拜访他，问如何利用时间，他说，那些宴会什么的，一般他都推辞。尽管如此，学生、晚辈想见他，他却慨然接见。毕业后头几年，我工作及住处距叶师团结湖寓所不远。那时，面对危局时有灰心，但每次造访叶师后的归程，在北京的黑夜中，感到有一丝光明，在严寒的冬季，感到一种无法言喻的温暖。

　　到日本学习、工作后，每次回国，只要叶师在京，我一定拜访。叶师每次都送我他的新著、新译。他认真写赠言，盖章。每次，耐心等印泥干后，他才将书给我。那是我身感至福一刻。可惜，从今以后，一切已成回忆，再也无法体验这种幸福。

　　2010年3月拜访叶师，带一在日中交流团体工作的年轻人同去。那天，叶师很高兴，与唐老师一同回忆起半个世纪前与现代日本作家交往的诸多往事，兴之所至，他找出当年旧照。叶师的日本文学研究轨迹，无比宝贵。可惜，当天未带录音机，那些记忆，今天只有靠记忆一点点拾起。

　　最后一次见叶师是2010年夏天，那是8月的一个上午，我带一年轻朋友去他家。叶师主要谈日本文化的特点。中午，叶师留我们吃饭，边吃边聊。我知道，叶师自犯心脏病后，中午常小憩片刻，看时间过午，我起身告辞。每次分别，他都紧紧拉住我的手，依依不舍。他的手很温暖，也很瘦弱。许多的那一瞬，都让我记忆一生，而这次，竟是永别。

　　叶师走后，他那抑扬顿挫的广东普通话，时时萦绕耳际。对我来说，北京不是那些摩天大厦，而是叶师，还有他钟爱的日本文学研究、他客厅里谈话的温馨。北京，因叶师在，才有意义。我不能想象，北京是没有叶师的北京。在我记忆中，北京与叶师相连。没有叶师的北京，会是怎样的呢？

刘迪，早稻田大学客座研究员，博士

追念与叶先生的二三事

刘高力

第一次见叶渭渠先生已经是近十年前的事了。2004年暑假，我去日本旅行，可巧当时先生在北京的国图大讲堂做了一次讲座，我请朋友帮我拿着先生的著作《日本文化史》签名，帮我记下了电话。回来后我贸然打电话请求拜访。叶先生很爽快地答应了。叶、唐二位先生的翻译作品是我自小便喜欢的，能真的见面拜会他们却是做梦也没有想到。初次见面那天很热，常常迷路的我紧张地提早出发，生怕找错了迟到，忙出了一头汗。叶先生开门迎接我，唐先生也笑眯眯地请我坐下喝茶。他们在团结湖的居所是一栋普通的居民楼，陈设简单，两位老人衣着朴素，和我想象的名人生活大为不同。唯一能看出学者之家的便是满目的书和稿纸。不知道藏书有多少，但我拿出在日本的旧书店淘到的和辻哲郎所著的《古寺巡礼》作为礼物时，叶先生马上说自己也藏有这本书的文库本。我们边看着藏书，边聊着有关文学的话题，亲切感使我紧张的心情慢慢平复了。

　　那时的我刚刚本科毕业，一直是日本文学和文化的业余爱好者，毕业前考社科院日本所研究生失败，即将开始一份旁人看来很光鲜的工作，内心却并不情愿，有些茫然，聊着聊着不由也和二位说到了自己的烦恼；本没有期待太多回应，叶先生却十分认真地和我讲到他自己的往事，说自己毕业以后也做了很久行政性的工作，真正开始做研究也是快退休才开始，只要有理想，什么时候开始都不晚。这样推心置腹的鼓励让我心里暖洋洋的。临走时，两位先生还拿出好几本自己的译著送给我，叶先生在扉页上写下了"高力小友惠存"，然后签名、盖章。他和唐先生合著的书再由唐先生在旁签名、盖章，一丝不苟。我感动极了，现在回看当年用胶片相机拍下的合影，还记得自己捧着书一路蹦跳着回家的兴奋。

　　此后的几年，我时常通过电邮向二位先生拜年和问候，叶先生回信很快，总是热情地问好和鼓励。日本所给叶先生庆祝八十寿辰后，我在《日本学刊》上看到了活动的报道，给叶先生打电话祝贺，先生很开心，正好也搬了新家，请我去做客。通过电话，先生还专门发了一封邮件，把新家的地址和电话写得清清楚楚，这是他一贯的严谨风格。二老的新居可谓紧邻CBD商圈，却是个闹中取静的地方。新居宽敞漂亮，一进门就看到先生的座右铭"寡欲勤奋"被仔细装裱过，挂在客厅里。旧居放不下的书也都码进了新家"顶天立地"的一扇扇大书柜中。两位先生各有一桌，相对办公，案头上堆放着笔、纸和字典。二老还是那么热情地迎接我，叶先生忙着张罗给我泡红茶或咖啡；唐先生接过我在小区咖啡店买的茶点蛋糕，十分默契。坐下来谈天，先生还是那么思路清楚、语速流利，全然不像八十的老者。说到编纂《东方文学集成》、重译《源氏物语》等等工作，一副准备大干一番的神气。

谈得兴头上，先生留我吃午饭。籍贯广东的二老依然很喜欢粤菜，常常叫楼下粤菜馆送餐，记得叶先生看着菜单用粤语念他喜欢吃的"虾饺"（Hargow）时中气十足，把我逗得笑了起来。彼时我已经因工作需要在北大学习了一段时间，结束学习后感到逐渐培养出了研究兴趣，决定再次复习考研。在饭桌上说起这些，二老很是鼓励，叶先生又提到了当年他自己"弃政从文"的事。此时再听已经颇为感同身受，比第一次听先生谈时感触益深。临别时，先生又赠书给我，让我坚持自己的理想。

2010年春，我接到了北大的录取通知，重新成为学生，也正式成为两位先生的校友。金秋十月，开学不久，我迫不及待地跑去通报喜讯。叶先生非常高兴，说起北大外国语学院的旧事，勾起了很多回忆。唐先生知道我将来的研究是南亚、印度等方向以后，说到当年和叶先生抱着建设新中国的理想归国时，在北大外院报的志愿就是日语和印度语，报日语是觉得国家对日本工作有需要；而报印度则是觉得既有需要又想向季羡林先生学习，这个对南亚没完成的愿望正巧让我去继续努力实现了——事后，我想起一个参与编写季羡林先生回忆期刊的朋友曾告诉我，叶渭渠先生也写了纪念文章，且全篇文章都是手写的，在打印排版后，叶先生还非常认真地读了这些文章，并打电话指出自己文章中打字排版的错误，非常严谨仔细。

叶先生喜欢用他的座右铭说话："我们做学问的，就是要寡欲勤奋，欲望可以有，但要尽量少。我老是觉得事情都做不完，只有勤奋多做一些"。我赞先生一直那么神采奕奕，还可以做很多工作。唐先生才告诉我，年初因为心脏病叶先生已经进了一次医院了，所幸恢复得很好。惊讶之下，我才注意到叶先生的书桌边还放着一个巨大的氧气瓶，而叶先生自己并不以为意，说注意身体是肯定的，也还是要工作。临走前，二位先生照例还是送书给我，一笔一画地签名、仔细盖章，把他们的书拿到手里就不由产生出一种沉甸甸的喜悦和希望。

约定等学期结束、元旦的时候再来看望他们，我便紧张地投入到了阔别已久的学生生活。12月期末时，我写了封邮件给叶先生讲到自己的学习，没有收到回信。几天以后，我冒着大雪去听世界文学所的年度报告会，一个讲日本文学综述的同学在报告结束时打了一张幻灯片出来，说著名的文学翻译家叶渭渠先生本月去世了。我看着那张放大的叶先生照片，一时没有反应过来她说了什么，等我明白过来这句话的意思时，还觉得这不是真的。旁边另一个学日语的同学调出了手机新闻给我看。那一刻，我什么都听不见，坐在教室里，茫然地不知道继续报告的人说的是什么。跑出教室眼泪便流了出来，自西门走到北阁便没有了力气，不得不在一张长凳上坐了很久。后面几天，似乎喝下去的每一滴水在念及叶先生去世后很快全部变成眼泪流了出来。我担心唐先生，想去探望，又怕见面更加触及她的伤心。终于见面时，唐先生却很平静，房间还是原来的样子，"寡欲勤奋"静静地挂在墙上，叶先生的氧气瓶还立在桌旁，她说"老叶走得很快，很平静，因为不想惊动大家，所以谁也没通知"。离开的时候，唐先生递给我一本书，说"这是老叶要送给你的书"——那是一本重新修订的《日本文化史》，在叶先生去世前一个月才刚刚付梓出版。只是，这一次，再没有那个认真的签名了。

忍住眼泪走在回学校的路上，先生家路口处的一个商店里在放着Beyond乐队的老歌："谁人定我去或留/定我心中的宇宙/只想靠两手向理想挥手/问句天几高心中志比天更高/自信打不死的心态活到老……"忽然想，这首铿锵有斗志的粤语歌，叶先生听到也会喜欢吧。从俊朗热情的少年到不断进取的老年，先生就是充满了斗志的人，不断地为了自己的追求反思、前进着，且不断努力提携着后人向前。淡泊而勤奋地生活，洒脱而低调地离去。

　　其实先生的一生，没有什么值得遗憾哭泣的，自己的悲伤是觉得失去了一位好的榜样和朋友，但先生亲切的笑容和鼓舞的话永远留在我的心里，我能做的也只有带着它们不断向前——怀念叶先生。

刘高力，日本国立民族学博物馆从事文化人类学研究

附录

著述与编年

叶渭渠生平与著述编年

卢茂君

1929年

8月6日，作为家中的长子出生于越南西贡堤岸地区的华人集居区。家人迷信，占卜说当日该时辰出生的婴儿按照阴阳五行的说法命中生来火旺，为求冲解命道，遂择取均有水字旁的"渭"和"渠"二字作为名字，"渭"即渭水，"渠"指水渠，均系水道，用水来平衡命相之中过于旺盛的火，这是叶渭渠名字的由来。

1936年

夏天，就读于堤岸华人城一家私塾，接受传统古学的教化洗礼。入塾那天，晨色微亮时分，父亲背着他、祖父打着灯笼相送。是年，西安事变爆发，传言有蒋介石死讯，遂模仿蒋倒地"死去"的情状，因不服姨妈训斥被母亲痛打一顿，留下深刻印象。

1938年

9月，正式进入华文学堂——穗城学校小学一年级就读。

1944年

7月，毕业于穗城学校高小部。

9月，升入该校初中一年级。

是年末，日本侵略军占领西贡，随家人疏散到小城永隆市，转学到知用中学永隆分校读书。

1945年

8月15日，日本无条件投降。从永隆市迁回堤岸华人城，继续就读于知用中学。与唐月梅同级不同班，虽少有接触交谈，却留下了"白衫黑裤"的第一印象。

1946年

9月，转回穗城学校初中三年级就读。担任学生会干部，开始接触进步书刊，负责主办墙报，开始习作诗文。

1947年

7月，毕业于穗城学校初中。

9月，就读岭南中学高中一年级。该校为教会主办，政治倾向保守，曾因阅读进步书刊而受到校方警告。

1948年

9月，转入知用中学读高中二年级。当年，法国殖民当局加紧镇压进步华侨学生运动，查封了两所华文中学，被关闭学校的学生大部分转入知用中学。因主持学生自治会出版墙报并撰写诗文隐约讴歌国内解放战争的胜利和当地进步学生运动，引起殖民当局侦探楼的警告，校方则责令停办墙报。参加校园内的戏剧活动，在《圣诞之夜》《谁杀了他？》等话剧中饰演主要角色。

1949年

7月，接受地下侨党交给的组织马列主义学习小组的任务，开始在校园内外发展若干个马列主义小组；第一小组三人中，有唐月梅参加。此外，还承担上级布置的刻印毛泽东《论人民民主专政》《新民主主义论》等学习材料的任务。

是年暑假，发生殖民当局公开镇压华侨学生运动、杀害华文福建中学女生陈佩姬事件，组织校内进步同学进行各种抗议活动。由地下侨党单线联系，开始筹备组织地下学联知用中学分会，并参加秘密组织的插五星红旗庆祝新中国成立活动。

1950年

5月4日，地下越南南部华侨学生联合会正式成立，担任该会知用中学分会学生会主席，参与主编学联机关报《学生报》（地下油印刊物），并与唐月梅负责油印。同时，参加游行示威、散发传单、张贴标语等活动。

9月，高中毕业，在平善小学和穗城学校夜学部担任教员。

1951年

2月，辞去平善小学教职，成为中国银行西贡分行雇员。继续从事地下活动。

1952年

6月，与唐月梅一起经香港回国。10日抵达广州，在穗停留两周并回老家东莞省亲。

7月，离穗北上；10日抵达首都北京，住华侨招待所，入辅仁大学补习班补习功课，备考大学。

9月，与唐月梅一起考入北京大学东方语言文学系，住进燕京大学校园。

是年，实行全国高等学校院系调整，北京大学与燕京大学合并，红楼北大迁址至燕园。因此故开学时间延至11月1日，就读于东方语言文学系日本语言文学专业。

1953年

10月，参加共青团。

1954年

所在班第一次获全校模范班的称号。

1955年

担任模范班班长。所在班级第二次获模范班的称号，并代表模范班在北京大学大礼堂举办的全校学生干部大会上，做了总结模范班工作经验的报告。

1956年

6月，加入中国共产党。

7月，从北京大学东方语言文学系毕业。7月22日与唐月梅结婚，受济南、青岛籍同学的热情邀请赴两地度蜜月，同时游览了泰山。

9月，被统一分配到国务院对外文化联络局，从事对日文化交流工作。第一次参加接待工作，为日本白桦派老作家长与善郎、里见谆担任翻译；出席了在京举行的纪念鲁迅活动并陪同他们游览成都等地，后又与该代表团的随团摄影师名取洋之助一道参观天水麦积山石窟。

1957年

11月，长男叶健于11月30日出生。

1958年

国务院对外文化联络局升格成立国家对外文化联络委员会，任二司日本科科员。

5月，作为中国艺术团的秘书兼译员，途经香港首次赴日本访问，先后到东京、大阪、京都、名古屋、福冈、箱根等地公演或游览。访问期间，发生了"长崎国旗事件"，艺术团奉命停止一切活动，乘苏联轮船取道苏联的纳霍特卡港转乘火车返回北京。

是年，由于中日关系恶化，一切对日民间文化交流中断，从二司日本科调任林林司长机要秘书，兼任有关调研工作。陪同林林会见当时访华的日共文化部部长藏原惟人，与其就美日文化关系问题交换意见，写出了题为《美国对日的文化渗透》的调查工作报告。

1959年

在"大跃进"年代参加"大炼钢铁"活动。

夏，参加中央国家机关民兵团，赴舟山群岛接受为期一个月的基干民兵训练。

1960年

是年，日本人民反对日美安全条约斗争高涨。调回日本科工作。写出调研报告《反对日美安全条约斗争后的日本文化形势》，受到了领导的表扬。同时，为对外文化协会会长、副会长代笔草拟支援日本人民斗争的电报或对日广播稿。

8月，撰写《美国对日文化渗透概况》一文（由对外文委研究室编印）。

9月，作为翻译组长，参加接待日本首个话剧访华团。

10月1日，国庆之夜，作为译员陪同日本话剧团正副团长第一次登上天安门城楼，接受毛泽东、刘少奇、朱德、周恩来等国家领导人的接见。

1961年

调任二司综合研究科代理负责人，写出年度亚洲文化形势报告，受到对外文委秘书长周而复的表扬。

1962年

6月，撰写《反对日美"安全条约"斗争后的日本文化形势》一文

（由对外文委研究室编印）。

8月，受林林的鼓励，在24日的北京《大公报》上发表题为《美元支配下的日本对中国问题研究》的署名文章；该文章由北京人民广播电台对日全文播放，日本《日中文化交流》全文转载8月29日的《大公报》上发表题为《日美反动派伸向日本大学学园》的署名文章，以此为端始，经常为《大公报》《光明日报》《人民日报》《世界知识》等报刊写日本文化评论和报道文章。

1963年

4月，次女出生，取名叶云。

5月，在30日的《光明日报》上发表题为《美日科学"合作"的真相》的署名文章。

7月，在8日的《光明日报》上发表题为《日本文化界在反美斗争的激流中》的署名文章。

1964年

12月，在29日的《光明日报》发表题为《美国新闻处在日本干什么》的署名文章。

是年，职务晋升为对外文委副科长。

1965年

8月，在25日的《光明日报》发表题为《日本革命文学在前进》的署名文章。

是年，翻译了日本女作家有吉佐和子的中篇小说《三个老太婆》，译毕后因文革的原因未能发表（至"文革"结束后，才得以在《外国文艺》上发表）；翻译的日本歌词《燃起胜利的火炬》发表在《歌曲》杂志上，从此相继为《歌曲》杂志翻译日本歌词，至"文革"爆发后被迫中断。

1966年

1月，在6日的《光明日报》上发表题为《美日压制日本舆论种种》的署名文章；在26日的《大公报》上发表了"文革"前的最后一篇文化评论文章。

"史无前例"的"文化大革命"开始后，在"反动路线"时期，因有海外关系，连抄大字报的权利都被剥夺。批判"反动路线"后，又自觉不自觉被卷进政治的旋涡中，作为外事口保周总理、陈毅外长的"保守派"，吃力地跟着"毛主席的革命路线"走。

"文革"期间，八亿国人陷于内斗，身卷其中既批判别人也被别人批判，被指责为"黑秘书"和"走白专道路"，翻译和书写时评工作完全停笔。造反派夺权后成立了革委会，在革委会领导政治运动和政审工作阶段，从业务好的一般干部组被选为业务监督小组成员之一。军事管制委员会进驻对外文委后，将所谓"黑帮分子"集中成立"黑帮连"，因当过林林的"黑秘书"，被认定是"知情人"，曾由军管会安排到"黑帮连"检举揭发。由于对此项安排不予遵从，被军管会指斥为"半路不革命"。

1969年

8月，国家对外文委机构撤销。接到通知，被下放遣送到河南农村劳动改造。

9月，"第一号通令"下达后，被迫卖掉一切书籍，带着仅留的一本字典，一家四口被下放到河南，先后在信阳、息县农村劳动改造，被安排与一个被审查的所谓"五·一六分子"同住在旧猪圈改造的茅草棚屋里。除了下田种地外，还当过"猪倌"和窑厂的挖泥工。

在军管会组织"忆苦思甜"要求大谈"阶级苦、民族恨"的活动中，由于谈到抗日战争时期作为爱国华侨学生曾上街抗日募捐，被军代表批评为"没有阶级苦，就没有民族恨"，当时一起遭到批评的还有部委领导楚图南。

当年从海外回国时，国内已经划阶级成分，当时奉领导指示在登记表上填写"出身侨商"（雇五六个店员），在所谓的清理阶级队伍时被军代表责令改为"出身资产阶级"。

1972年

春节后，从河南农村奉调回京。在农村改造三年，体力耗尽，脑力却逐渐恢复，渐渐寻回失去的自我，有了初步独力思考的能力。经过思想斗争，决定不服从留在外事口工作的组织分配，决心弃政从文，弃仕从学。

返京后调入人民文学出版社，先后任编辑、副编审、亚非编辑组组长。到任后，奉命编辑当时作为军国主义分子定位的日本作家三岛由纪夫的《忧国》《丰饶之海》四部曲（《春雪》《奔马》《晓寺》《天人五衰》）等作品供军级以上人员内部批判阅读，前言被指令采用供第一夫人御览的《参考资料文艺专辑》第60期所载的题为《反动作家、右翼法西斯分子三岛由纪夫》一文。

1973年

10月，首部译作《蟹工船》由人民文学出版社公开出版，为译作所写的《序》文是国内较早介绍小林多喜二的专题论文。该部小说后被收入多种外国文学名著选集。

是年，组织编辑了日本无产阶级作家小林多喜二的《蟹工船》《为党生活的人》《在外地主》《沼尾村》等一系列作品的翻译出版工作，并亲自担任其中《蟹工船》的翻译。书系组编完成后，由于时任主管者坚持认为《为党生活的人》宣扬城市斗争的错误路线和人性论，以致该书而未能与其他作品同时出版。

1974年

在主管领导指示下，开始策划编辑出版所谓资产阶级的作品，供有关文艺部门和专业人员批判研究。

译作《蟹工船》（节选）收入北京市1974年中学语文课本。

为响应中央关于知识分子与工农兵结合的号召，主管领导下达了组织专业人员与工农兵结合撰写《日本现代文学史》的指示。接受任务后，盲从跟随，非常积极地下油田、赴部队组织写作班子。后在专业知识分子与工农兵作者写作分工上提出有中译本的部分由工农兵执笔，无中译本的内容由专业人员执笔的编写主张。而主管领导认为这种设想未能体现以工农兵为主体的指导思想，在这个问题上与主管领导产生了意见分歧。

1975年

3月，苏联电影剧本《德尔苏·乌扎拉》（上）由人民文学出版社出版（内部发行）版本，为该译作所写的署名《序》文对该部影片进行了批判性介绍。

4月，与人合译的日本女作家有吉佐和子所著《恍惚的人》（供内部研究参考用）由人民文学出版社出版。

1976年

1月，翻译的根据松本清张同名小说改编的电影剧本《砂器》（桥本忍、山田洋次改编）由人民文学出版社出版（内部发行）。

8月，与多人合译的日本坂屋太一著《油断》由人民文学出版社出版（内部发行）。当月，所译鲁迅致日本友人的部分书信，收入了人民文学出版社出版的《鲁迅书信集》，按照当时规定不允许署译者姓名。

是年，"四人帮"倒台，《日本现代文学史》工农兵写作班子解散。

1977年

2月，所译日本作家更科源藏著《还我北方领土》刊载于《世界文学》杂志。

7月，10日的《人民日报》上署名发表了题为《日本民族的正义呼声——日本小说〈北方的城寨〉〈北方的墓标〉》的书评，日本《日本共同社》《每日新闻》做了详细报道，新华社《内参》译成中文，刊出这篇报道。

11月，所译日本女作家吉佐和子著《木偶净瑠璃》《墨》等作品收入《有吉佐和子小说选》，由人民文学出版社出版，其中的《墨》由中央人民广播电台根据中译本改编为广播剧公开播放。

1978年

与夫人唐月梅开始设想撰写《日本文学史》。

1979年

4月，在《读书》杂志1979年第4期上发表署名文章《日本的推理小说及其代表作家》。

5月，与人合译有吉佐和子著《恍惚的人》由香港朝阳出版社出版；在15日的《光明日报》上发表署名文章《当代日本文学浅谈》。

6月，《恍惚的人》一书由人民文学出版社出版。

9月，1976年曾经内部出版的译作《砂器》，收入《日本电影剧本选》公开出版。其后《砂器》译文为上影译制电影《砂器》时采用。

是年，出版社有关主管向编辑组下达了编辑《日本文学丛书》的任务，叶先生作为编辑组长把"丛书"选编计划交给一位日本文学编辑草拟。该女士未将川端康成卷列入，先生将其列入丛书计划之中。报送时，时任主管担心选入《川端康成小说选》会有风险；叶先生表示，该卷由自己翻译，风险则由自己担当。从此，以翻译川端康成文学作为切入点，从事川端康成文学和日本文学的翻译与研究工作。这套《日本文学丛书》是领导策划和多人担任责任编辑，该项工作未设主编。若干年后，有人自称系该"丛书"的主编，据此沽名钓誉作为骗取荣誉和奖项的手段则与该项工作无关。

是年，开始翻译川端康成的中篇小说《雪国》以及《川端康成小说选》。

1980年

3月，译作《蟹工船》收入外国文学出版社3月出版的《文学小丛书》。

5月，在《世界文学》1980年第5期上发表署名文章《平安王朝的历史画卷》。

9月，所译川端康成著《古都》《雪国》由山东人民出版社出版。

12月，担任责任编辑的《源氏物语》（中译本）由人民文学出版社出版，在所附译本前言中对该部鸿篇巨著进行了系统介绍。

是年，《雪国》翻译完结后，与夫人唐月梅所译《古都》文稿一起交给山东人民出版社。在反对资产阶级自由化的风潮下，有人指责《雪国》描写"五等妓女出卖肉体"，指责译者"嗜痂成癖"。出版社内部亦就《雪国》是否出版问题产生意见分歧，建议撤下该作，译者予以坚决拒绝。

1981年

3月，与夫人唐月梅合译日本女作家山崎丰子所著《浮华世家》（全三卷），出版社将情节需要的性描写全部删去后由上海译文出版社出版。论文《日本当代文学的趋向》一文刊载于《当代文学》杂志1981年第2期。访谈文章《写人民的欢乐与苦恼——访有吉佐和子、水上勉》一文刊载于《外国文学季刊》杂志1981年第2期。译作《雁》（森鸥外著）发表在吉林人民出版社出版的《春风译丛》集刊1981年第3期。

7月，译作有吉佐和子的《三个老太婆》，收入人民文学出版社选编的《日本当代小说选》。

9月，山东人民出版社最后请示山东省出版局，所译《雪国》获准出版。但反对者为淡化《雪国》，将书名定为《古都·雪国》，译者则为该书写了题为《川端康成和他的〈雪国〉〈古都〉》的文章以为序，正是这部《雪国》译本在后来的时日里相继以二十七种不同版本被不同出版机构出版。

10月，在1981年第5期《国外社会科学》杂志上发表署名文章《川端康成创作的艺术特色》。

11月，《川端康成创作的艺术特色》（日文）一文刊登于1981年出版的《日本川端康成研究》期刊第22号。

12月，译作《雪国》被收入安徽人民出版社12月出版的《外国中篇小说丛刊》一书。

是年，作为早稻田大学客座研究员访日两个月，应作家有吉佐和子之邀，与夫人泊宿在其宅邸。在日期间，就川端康成传记和文学史写作问题，与日本学者、作家、评论家进行学术交流，走访日本文学遗迹和川端康成早期文学活动的舞台伊豆半岛、小林多喜二文学活动的舞台北海道札幌、函馆等地。回国途经香港探亲。

是年，发生有人诬陷刘振瀛先生抄袭事件，季羡林先生两次派时任北大东语系主任来调查此事。先生如实汇报了真实情况，从此不断遭遇到风风雨雨，此事成为我国日本文学翻译研究界诸种乱象的一方面根由。

1982年

访谈文章《访〈浮华世家〉作者山崎丰子》一文刊载于《外国文学季刊》杂志1982年第2期。译作《青瓷瓶》（有吉佐和子著）刊载于1982年第1期《外国文学季刊》。

7月，所译森鸥外著《雁》被收入安徽人民出版社选编的《外国中篇小说丛刊》。

11月，由林林、王蒙举荐加入中国作家协会。

是年，《川端康成小说选》译毕，文稿交出版社。

是年春季，母亲患脑溢血半身不遂，由港迁京就医。

1983年

1月，《川端康成创作的艺术特色》一文收入陕西人民出版社出版的《外国文艺思潮》集刊。

2月，《读川端康成的〈雪国〉》一文发表于《日本文学》杂志1983年第1期。

《守戒与破戒——评〈破戒〉》一文发表于《外国文学季刊》1983年第1期。

3月，译作《阿绢和她的哥哥》（佐藤春夫著）收入中国青年出版社选编的《日本短篇小说选》。

6月，所译川端康成著《山音》发表于《外国文学季刊》1983年第3期；《试谈新感觉派的特征》一文发表于《当代外国文学》杂志1983年第3期。

7月，译作《蟹工船》收入人民文学出版社7月出版的《小林多喜二小说选》；译作《雪国》被收入山东人民出版社出版的《外国古今文学名著丛书》。

8月，《什么是新感觉派》一文发表于《中国青年报》杂志8月14日出版的《星期刊》。

是年，"反精神污染"运动兴起。《川端康成小说选》译稿正在编辑之中，时任外国文学编辑组主管的领导者要求在该小说选中删去《雪国》等作品。因译者和责任编辑坚持，最后《雪国》得以保留，只删去《舞姬》等篇。原计划出二卷本被迫改为一卷。遭到删除的《舞姬》后来以单行本形式另行出版。

1984年

2月，《论川端康成的创作》一文发表于《外国文学研究》杂志1984年第1期。

8月，《〈舞姬〉——爱情·生活·事业》一文发表于《外国文学研究》杂志1984年第4期。

10月，《日本文学翻译的过去和现在》一文发表于《翻译通讯》杂志1984年第5期。

是年，工作调动至中国社会科学院日本研究所，婉谢时任所长委任以社会文化室主任的好意，担任专职研究人员。从此，完成了从编辑到日本文化研究学者的角色转换，拓宽了学术研究的覆盖面，学术视野得到了扩大和延展。

是年，开始动笔撰写《川端康成评传》。

1985年

1月，与夫人唐月梅合作翻译的《川端康成小说选》由人民文学出版社出版，该作译本序对川端康成的小说创作进行了有条理分析介绍；多人合著《外国现代派小说概观》；译作《舞姬》由外国文学出版社出版，为该书撰写了《中译本前言》；译作《小豆岛文学漫记》（藤枝静男著）被收入江苏人民出版社选编的《日本散文选》。论文《创造美的抒情世界——评〈伊豆的舞女〉》发表于1985年第1期的《日本研究》杂志。

6月，论文《战后日本文学思潮概观》发表于1985年第3期的《日本研究》杂志；论文《战后日本文化40年》发表于1985年第3期的《日本问题资料》期刊；译作《大罢工》由吉林人民出版社出版，为该书撰写了中译本《序》。

9月，《〈南伊豆纪行〉赏析》一文发表于《散文世界》1985年第9期。

1986年

2月，时评《面向友谊、面向文学》一文发表于《日本问题》杂志1986年第1期。《什么是新感觉派》一文发表于上海文艺出版社出版的《文学百题》一书。

8月，所译《新川和江诗抄》被收入外国文学出版社出版的《外国诗》（8）。

9月，由日本国际交流基金资助，作为访问学者以及学习院大学、早稻田大学的客座研究员赴日从事日本文学研究一年，进一步搜集日本文学史料和三岛由纪夫研究资料。

1987年

1月，论文《〈雪国〉论》发表于《日本研究》杂志1987年第1—2期合刊。

6月，论文《川端康成与日本文学传统》发表于《外国文学评论》杂志1987年第3期。

10月，论文《川端康成的审美情趣》发表于《外国文学报道》杂志1987年第5期；论文《试论日本自然主义文学思潮》发表于《日本问题》杂志1987年第5期；日文论文《文化他山之石》发表于《废桨新潮》杂志1987年第5期；中文文本《文化他山之石》又刊载于《日本问题资料》杂志1987年第8期。

8月，月末从日本回国。

是年，参加季羡林先生主持的国家哲学社会科学"七五"规划重点科研项目"东方文学史"，为副主编之一。

1988年

1月，论文《川端文学的美与传统》发表于《东瀛求索》杂志第2号。

2月，论文《川端康成小说的思想倾向》发表于《日本问题》杂志1988年第1期；译作《山音》被收入人民体育出版社选编的《世界体育小说精选》。

3月，译作《川端康成散文选》由百花文艺出版社出版，译者为该书撰写了序文。

6月，论文《略论无赖派的本质》发表于《日本问题》杂志1988年第3期；《日本近代文学里程碑——评〈浮云〉》一文发表于《日本研究》杂志1988年第3期。

9月，编译的《日本新感觉派作品选》一书由作家出版社出版，译者为该书撰写了前言。

10月，评论文章《战后派文学运动诸问题》发表于《日本问题》杂志1988年5期；为中国电影资料馆举办的《日本电影回顾展》撰写了《日本的文学传统与电影》一文。

12月，所译日本美术家东山魁夷著《巨星陨落》《我的道路》刊载于1988年第6期《世界文学》杂志。

12月，编译的《川端康成谈创作》一书由生活·读书·新知三联书店出版，译者为该书撰写了序言。

1989年

1月，鉴赏文章《〈春天的景色〉赏析》《〈蟹工船〉赏析》被收入百花文艺出版社出版的《外国文学名著50篇》一书。

3月，《日本文化与现代化》一文发表于3月10日的《人民日报》。

6月，论文《近代的自我觉醒与悲哀——日本浪漫主义概观》发表于《日本问题》1989年第3期；《日本文化创造的主体——日本文化现代化问题的思考》发表于《日本问题》1989年第3期；专著《东方美的现代探索者川端康成评传》一书由中国社会科学出版社出版。论文《生的变奏曲——从〈千只鹤〉到〈睡美人〉》发表于《外国文学评论》1989年第3期。

12月，与人合作撰写的论文《日本的传统与现代化》发表于《日本问题》当年第6期；论文《传统与现代（外国文学工作笔谈）》发表于《世界文学》杂志1989年第6期。是月，专著《日本战后文学》被收入由国际文化出版社出版的《日本概览》丛书出版；编译的《川端康成掌小说百篇》由生活·读书·新知三联书店出版，译者为该书撰写了前言。

是年下半年，中国社会科学院掀起了时任院长称为"不叫运动的运动"。

1990年

1月，《川端康成〈春天的景色〉》一文被收入由教育出版社组织选编的《外国现当代文学名著50篇》一书；译作《蟹工船》收入高等教育出版社1月出版的《外国现当代文学名著50篇》。论文《冲突·并存融合的文化模式——再论日本的传统与现代化》发表于《日本问题》杂志1990年第2期。与夫人唐月梅合译的柳田圣山著《沙门良宽》一书由北京大学出版社出版。

8月，论文《日本文化中的自我》发表于《日本研究》杂志1990年4期。

9月，游记作品《初秋伊豆纪行》发表于《散文》杂志1990年第9期。

11月，学术专著《日本文学散论》由吉林人民出版社出版。

是年，在那场时任院长称为"不叫运动的运动"中，"说清楚"用了半年，整党重新登记用了半年。

1991年

2月，《读刘振赢先生〈日本文学论集〉》一文发表于2月22日的《人民日报·海外版》；论文《空幻的理想与不安的现实——论日本理想主义和新现实主义》发表于《日本学刊》杂志1991年第1期。

3月，评论文章《野间宏，我们崇敬的人》发表于3月23日的《文艺报》。

5月，赴美参加女儿在纽约市立大学研究生毕业典礼，先后访问纽约、华盛顿、纽约州等地；驾车从东部纽约到西部旧金山，途经新泽西、纽约、宾夕法尼亚、俄亥俄、印第安纳、伊利诺斯、明尼苏达、南达科他、威斯康星、怀俄明、犹他、内华达、亚利桑那、加利福尼亚等十四个州和芝加哥、拉斯维加斯等许多大大小小城市，饱览各地的自然奇景和人文景观。与夫人唐月梅合译的丰增秀俊著《原始社会》一书由中国文联出版社出版。

6月，与夫人唐月梅合作撰写的《日本现代文学思潮史》一书由中国华侨出版社出版；与夫人唐月梅、日本学者加藤周一共同主编的《日本文化与现代化丛书》（全十卷）由吉林人民出版社出版。

10月，论文《艺术的再创造》发表于《世界文学》1991年第5期。

11月，论文《日本的现代化与传统》收入黄河出版社汇编的《回顾与展望——中日学者笔谈录》一书。

是年冬天，因常年积郁而罹患心脏病在美国入院就医。

1992年

3月，译作《雪国》收入江苏文艺出版社组织汇编的《诺贝尔文学奖获奖小说鉴赏大成》一书，译者为该书撰写了《川端康成〈雪国〉鉴赏》一文。

4月，《雪国》收入青岛出版社组织汇编的《古今中外文学名篇拔萃·外国中篇小说选》。

7月，作为访问学者、横滨市立大学客座教授，留日半年，从事日本文学史研究，并与日本学者、评论家、作家就《日本文学史》写作大纲和目次广泛交换意见。当时泊宿在友人矢野玲子的宅所，体验日本平民的日常生活。

9月，译作《雁》被收入海峡文艺出版社选编的《世界爱情小说精选》。

10月，论文《日本艺术美的主要形态》发表于《日本学刊》1992年第5期。

是年上半年，在美国养病期间，与夫人唐月梅一起在旧金山亚洲图书馆和胡佛研究中心图书馆收集日本文学史料和三岛由纪夫文学资料。

1993年

1月，从日本回国。获国务院表彰"为发展我国社会科学事业做出的特殊贡献"，颁发证书并给予政府特殊津贴。

3月，《日本文学史》（近代卷、现代卷）列入国家社会科学基金"八五"规划项目，与夫人唐月梅正式开始合作撰写该课题。

6月，论文《日本的国民性与调和美意识》发表于《日本学研究》杂志1993年第3期。翻译的《川端康成论》（中译本）由时代文艺出版社出版，为该书撰写了译者前言；论文《川端康成研究的几点思考》发表于《日本学刊》杂志1993年第4期。

8月，季羡林先生主持的"东方文化集成"成立编委会，应聘担任该集成丛书编委兼"日本文化编"主编；译作《川端康成散文选》（全二卷）由百花文艺出版社出版。

9月，《"三岛由纪夫热"的再思考》一文发表于9月4日的《文艺报》；出版与夫人唐月梅合作撰写的专著《日本人的美意识》一书由开明出版社出版。

1994年

4月，论文《"三岛由纪夫现象"辨析》发表于1994年第2期的《外国文学》杂志。与夫人唐月梅合译的《浮华世家》（全译本）由百花文艺出版社出版。

6月，译作《蟹工船》《雪国》收入贵州人民出版社6月出版的《世界中篇名著文库》。

8月，论文《日本文学研究方法论——以文学思潮史研究为中心》发表于《日本学刊》1994年第4期。

9月，作为访问学者、立命馆大学客座研究员赴京都，从事《源氏物语》与《红楼梦》的比较研究，并探访《源氏物语》舞台及其作者的遗迹。

12月，主编《三岛由纪夫文学系列》（全十卷），经政府主管部门批准，于1994年12月至翌年10月陆续由作家出版社出版。《"三岛由纪夫现象"辨析》一文作为作家出版社出版的《三岛由纪夫文学系列》的"代总序"发表。

是年，受聘担任汝信先生主持的国社科基全和中国社科院重点研究课题《世界文明大系》丛书编委会委员兼"日本文明"卷主编。

1995年

1月，所译川端康成著《伊豆的舞女》被收入四川人民出版社出版的《世界文学名著》丛书。论文《中日古代文学意识——以〈红楼梦〉与〈源氏物语〉比较为中心》发表于《日本学刊》1995年第1期。

4月，散文《雪国的诱惑》刊载于4月1日的《人民政协报·周末版》。

5月，编撰的《大江健三郎作品集》（全五卷）由光明日报出版社出版，撰写了题为《偶然与必然》的文章作为该作品集的前言。

7月，《震撼百年中国的文化伴侣》一书收录推介了我国百年内的四十对文化伴侣，先生与夫人唐月梅位列其中，该书在介绍叶唐伉俪时选用的标题是《违"天命"大展拳脚的伴侣》。

9月，与武汉大学合作计划召开的"三岛由纪夫文学国际研讨会"，遭人密告外交部亚洲司日本处，会议遭到行政干预被迫变更地点与议题。中宣部某副部长出于个人意志禁止发行经过合法审批出版手续的《三岛由纪夫文学系列》达五年之久；与夫人唐月梅合作翻译的日本学者加藤周一所著《日本文学史序说》（全二卷）由开明出版社出版；与加藤周一、唐月梅对谈《日本文化与文学》的谈话录发表在《世界文学》杂志当年第5期上。

1996年

1月，专著《日本古代文学思潮史》由中国社会科学出版社出版；编撰的《川端康成集》（全三卷）由东北师范大学出版，撰写了题为《日本文学的世界意义》的文章作为该书出版前言。

4月，主编的《川端康成文集》（全十卷，其中七卷系叶渭渠与夫人唐月梅合作翻译）由中国社会科学出版社出版；选编的《大江健三郎作品集》（全五卷）由作家出版社出版，撰写题为《大江健三郎文学的独特魅力》的署名文章作为该文集的出版前言；《雪国》被收入译林出版社出版的《雪国·古都·千只鹤》一书，该译本从1996年4月至2008年7月曾11次印刷。

5月，与日美学者合作编撰的《三岛由纪夫研究》一书由开明出版社出版。

6月，赴加拿大探望两位弟弟，参观了蒙特利尔、魁北克、渥太华、温哥华等城市和尼亚加拉大瀑布。是月，赴美旧金山湾区与儿女团聚。旅美期间，充分利用史坦福大学东亚图书馆的日文资料，撰写《日本文学史》。论文《关于加贺乙彦文学的特色》发表于8月17日的《文艺报》上；所译《伊豆的舞女》被收入百花洲文艺出版社出版的《诺贝尔文学奖获奖作家中篇小说精品》一书。《安部公房与存在主义》一文发表于《外国文学》1996年第3期；《林林而立于大半个世纪的人》一文发表于《人物》1996年第5期。

8月，专著《冷艳文士川端康成传》（修订本）由中国社会出版社出版；译作《千只鹤》被收入海峡文艺出版社出版的《世界短篇小说精品文库·日本卷》；译作《雁》被收入四川文艺出版社选编的《世界中篇名著金库》。

10月，《加藤周一的眼睛》发表于《世界文学》杂志1996年第5期。

12月，文章《川端康成的人生剪影》发表于《人物》1996年第6期；

所译三岛由纪夫著《雅典》《印度通讯》等文章收入百花文艺出版社出版的《外国名家随笔金库》。

是年，将被迫夭折的"三岛由纪夫文学国际研讨会"与会者原先准备的发言稿，合编成《三岛由纪夫研究》一书，公开出版。

1997年

1月，论文《日本吸收外来文学的模式》发表于《外国文学》1997年第1期。

3月，专著《日本文学思潮史》作为《东方文化丛书》之一种由经济日报出版社出版；译作《伊豆的舞女》被收入上海文艺出版社出版的《世界文学大师小说名作典藏本·川端康成》一书。

4月，译作《雪国·古都·千只鹤》由译林出版社出版，撰写了题为《川端文学的意义和价值——以〈雪国〉〈古都〉〈千只鹤〉为中心》的署名文章作为该小说集的代译序。

6月，《以白氏及其〈长恨歌〉的影响为中心》发表于《中国比较文学》1997年第3期。选编的《大江健三郎短篇集·人羊》由浙江文艺出版社出版，撰写了题为《大江健三郎的存在主义文学》的署名文章作为《人羊》中译本前言。

7月，主编《安部公房文集》（全三卷）由珠海出版社出版，撰写了题为《安部公房的艺术世界》的署名文章作为该文集的前言。

8月，主编的《川端康成作品集》由漓江出版社出版；翌年2月，该书全新十卷本全部出齐，撰写了题为《川端康成的东方美》的文章作为该作品集的代总序。

11月，赴夏威夷旅行，游历瓦胡岛檀香山（火奴鲁鲁）、毛伊岛、夏威夷岛。

12月，主编的《大江健三郎作品集》（全新五卷）出版；选编的《大江健三郎小说随笔集·个人的体验》由漓江出版社出版，撰写了题为《战后日本存在主义与大江健三郎》的署名文章作为该随笔集的译本前言；译编日本学者千叶宣一所著《日本现代主义的比较文学研究》一书由中国社会科学出版社出版，撰写了题为《日本现代主义的比较文学研究》的署名文章作为译本序。

1998年

1月，离美返京。与夫人唐月梅合作研究课题《日本文学史》（古代卷、近古卷）列入"国家社会科学基金'十五'规划项目"。

4月，译作《雪国》《千只鹤》以及与人合译的《再婚的女人》《天授之子》《美的存在与发现》等作品被收入漓江出版社出版的《川端康成作品集》一书。

5月4日，参加北京大学百年校庆。《人物》刊出专刊，季羡林先生为《人物》专刊题写"百年北大"。"五·四"一期刊登《从未名湖畔到寒士斋——日本文学研究专家叶渭渠、唐月梅夫妇》一文。

6月，论文《中日古代诗歌学的传统与交流》发表于《日本研究》1988年第3期。

7月《川端康成的遗产》一文发表于《好书》1998年第7—8期。

8月，主编《芥川龙之介文集》（全二卷，分为小说卷、随笔卷）由世界语出版社出版。

10月，与夫人唐月梅合著的《20世纪日本文学史》，由青岛出版社出版；译作《雪国》被收入外国文学出版社编纂的《20世纪外国文学丛书》。

1999年

1月，论文《从汉风到和风——简论平安时代文明的成熟》发表于《日本学刊》1999年第1期；《与三岛文学邂逅的命运》一文发表于1999年第1期《金三角》杂志。

2月，主编《川端康成少男少女小说集》（全二卷）由中国文联出版社出版。

3月，专著《川端康成传》收入《20世纪文学泰斗丛书》由四川人民出版社出版。

4月，选编的《川端康成散文选集》（全二卷）由中国广播电视出版社出版。

6月，与日美学者合作主编的《不灭之美——川端康成研究》一书由中国文联出版社出版；所译《伊豆的舞女》被收入人民日报出版社出版的《历届诺贝尔文学奖获得者中短篇小说金库》一书；所译川端康成著《波千鸟》刊载于《世界文学》1999年第3期。

7月，译作《雪国》《伊豆的舞女》《千只鹤》《山音》被收入人民文学出版社编纂的《川端康成小说经典》（全三卷，与唐月梅合译）。

8月，《新感觉派的骁将横光利一》一文发表于《外国文学》1999年第4期。

9月，担任主编（与人合著）的《日本文明》一书由中国社会科学出版社出版；主编的《三岛由纪夫作品集》（全十卷）由中国文联出版社出版；《东方情调日本之美——日本文学百年回顾》一文发表于9月17日的《环球时报》。

10月，主编的《世界文明大系·日本文明》由中国社会科学出版社出版。

11月，《拾得良宽一醉梦》一文发表于《散文》1999年第11期。

12月，《20世纪日本文学的回顾与思考》一文发表于《日本学刊》1999年第6期。

2000年

1月，与夫人唐月梅合著的《日本文学史》（近代卷、现代卷）作为《东方文化丛书》之一种由经济日报出版社出版；与夫人唐月梅共同翻译的日本女性学者水田宗子所著《女性的自我与表现》一书由中国文联出版社出版；《雪国》被收入由上海文艺出版社·香港明报出版社·台湾远流出版公司联合出版的《世界文学精粹（随身读）书系》。

2月，纪行文《谒紫式部墓》发表于《散文》2000年第2期。

4月，主编的《三岛由纪夫作品集》（全新十卷），经主管部门批难，合法出版。

6月，《不灭的东方之美——写在川端康成诞辰百年之际》一文发表于6月11日的《环球时报》。

8月，主编的《谷崎润一郎文集》（全四卷）由中国文联出版社出版；译作《伊豆的舞女》被收入译林出版社出版的《世界文学名著选读》一书；纪行文《两宫漫步》发表于《散文》2000年第8期。

9月，参加《环球时报》举办的"中日作家四人谈"，与大江健三郎、林林、唐月梅四人对谈（刊在9月29日的《环球时报》上）。

10月，参加福冈联合国教科文组织协会在福冈市举办的"第十一届日本研究国际研讨会——2000"（主题"世界的日本研究与加藤周一"），在大会上，做了题为《加藤周一与中国》发言。会后飞赴北海道札幌市探视病中的千叶宣一先生；《燃烧着的生命——大江健三郎访华纪实》一文发表于10月4日的《天津日报》。

11月，离京赴美探亲。

12月，《日本杂种文化与现代化》发表于12月22日的《环球时报》。

2001年

1月，第一部散文随笔集《樱园拾叶》由中国电影出版社出版；主编的《横光利一文集》（全四卷）由作家出版社出版；主编的《大江健三郎自选集》（全四卷）由河北教育出版社出版。

5月，《千只鹤》被收入南海出版社汇编的《大师文库》丛书。

6月，纪行文《上野赏樱》发表于《散文》2001年第6期。

7月，译作《雪国》《千只鹤》《山音》《波千鸟》由北京燕山出版社出版。从2001年至2007年，该社共计出版了《雪国》的三种版本。

10月，《东方美的礼赞》一文发表于10月4日的《中国图书商报》。

11月，翻译日本画家东山魁夷所著《中国纪行——水墨画的世界》由河北教育出版社、花山文艺出版社出版。

2002年

1月，译作《雪国》收入《教育部指定大学生必读书》目录；担任主编（与人合著）的《世界文明图库·樱花之国》由上海文艺出版社出版；《浅议〈源氏物语〉的文学渊源》一文发表于北京大学出版社1月出版的《日本学》第12辑集刊。

2月，译作川端康成的《伊豆的舞娘》《雪国》《千羽鹤》《睡美人》《名人》《山之音》《掌中小说》繁体字本，由台湾木马文化事业有限公司出版；《雪国》《千只鹤》《伊豆的舞女》《山音》《花未眠》《人的脚步声》等译作被收入广西师大出版社出版的《川端康成文集》一书。

4月，所撰《从单一流派形态走向多样化——20世纪日本文学回顾与思考》一文发表于《译林》2002年第2期。

5月，第二部散文随笔集《扶桑掇琐》由湖北教育出版社出版。

6月，主编的《东瀛美文之旅》（全十五卷）由河北教育出版社出版（所译以川端康成诺贝尔文学奖获奖致辞《我在美丽的日本》作为题名的文卷收入其中）。

7月，2日至6日赴日参加"第十三届野间文学翻译奖"评委会评选工作。与加藤周一进行的文学对谈录发表在《环球时报》上；纪行文《走过死亡谷》发表于《散文》2002年第7期。

8月，译作《雪国》在风雨中前行二十一年，被教育部列入大学生必读书目，由人民文学出版社出版。

9月，与夫人唐月梅合作撰写并于1993年由开明出版社出版的专著《日本人的美意识》由广西师范大学出版社再度出版。

是年，担任主编并主笔翻译的《平山郁夫全集》（全七卷）由河北教育出版社出版；所撰《川端康成与〈雪国〉》一文收入清华大学出版社当年出版的《永远的乌托邦》一书；《川端康成与四个千代的爱与怨》一文收入解放军文艺出版社2002年出版的《文学大师的故事》。

2003年

1月，译作《雪国》《伊豆的舞女》被收入浙江文艺出版社出版的《经典印象·川端康成小说》一书。译作《波千鸟》被收入新华出版社选编的《世界文学五十年作品选》。

4月，《新儒学文学观的流变》一文发表于《日本学刊》2003年第2期。专著《日本文化史》（插图本）由广西师范大学出版社出版；与夫人唐月梅合译的《大师图文馆·川端康成》（全四卷）、《大师图文馆·三岛由纪夫》（全四卷）由北京出版社出版；《雪国》《千只鹤》《伊豆的舞女》由北京出版社出版图文本。

5月，专著《日本文学思潮史》（繁体字本）由台湾五南出版社出版。

6月，翻译主编《平山郁夫全集》（全七卷）河北教育出版社出版；《川端康成其人与文》一文发表于6月25日的《中华读书报》；《伊豆的舞女》被收入人民文学出版社出版的《外国短篇小说百年精华》一书。

9月，《茶道净化日本人》一文发表于9月26日的《环球时报》。

10月，《川端康成传》（插图本）收入《20世纪外国经典作家传记》丛书由新世界出版社出版；《写在〈日本文学史〉完成之后》一文发表于10月29日的《中华读书报》。

11月，第三部散文随笔集《雪国的诱惑》由东方出版社出版。

12月，论文《日本近古审美体系的确立》被收入北京大学出版社出版的《日本学》第12辑集刊。

2004年

1月，与夫人唐月梅合著的《日本文学史》（古代卷、近古卷）由昆仑出版社出版。至此，《日本文学史》全四卷共六册全部出齐。该著作课题结项时评为优秀，获第五届全国优秀外国文学奖、中国社科院离退休人员优秀科研成果一等奖。

4月，与夫人唐月梅偕游英、法、意大利、梵蒂冈、瑞士等欧洲国家。

11月，被中国翻译家协会授予"资深翻译家"称号。

12月，与夫人及女儿一家赴墨西哥尤卡坦半岛的坎昆、奇琴伊察、图伦、库巴等古玛雅文明遗迹旅游。

2005年

2月，论文《白居易的诗与日本文学》被收入经济日报出版社出版的《东方研究·中日文学比较研究专辑》一书；《译介〈雪国〉的甘苦》一文被收入昆仑出版社出版的《一本书和一个世界》一书；《彼此包容、互相感动——中日文化交流感言》一文发表于2月22日的《人民日报·国际副刊》。

5月，赴港探视病中的五妹。是月，主编的《日本古典名著图读书系》（全五卷）由上海三联书店陆续出版，至2005年8月份出齐，主笔编译的《源氏物语图典》收入其中；《雪国》《千只鹤》《伊豆的舞女》《山音》被收入天津人民出版社出版的《大师名作坊·川端康成》一书。

8月，专著《日本文化史》（第二版彩图本）由广西师范大学出版社出版（该书出版后曾连续印刷五次之多）；与夫人唐月梅合译的《大师图文馆·川端康成》（全四卷）出版；专著《谷崎润一郎传》（图文本）收入《20世纪外国经典作家传记》丛书由新世界出版社出版。

是年，与夫人唐月梅开始合译《源氏物语》；为人民文学出版社出版的《大江健三郎的文学世界》一书撰写了序言；《古代中日文学交流的模式》一文被收入经济日本出版社出版的《东方研究》集刊。

2006年

1月，专著《日本建筑》《日本绘画》《日本工艺美术》作为《东瀛艺术图库》丛书中的三种分别由上海三联书店出版。

2月，主编《东瀛艺术图库》（全五卷）出版（编著其中的《日本建筑》《日本绘画》《日本工艺美术》三卷）。

3月，台湾八方出版机构出版了《源氏物语图典》的繁体字本。

4月，与夫人唐月梅合著的《日本文学简史》由上海外语教育社出版。

6月，译作《伊豆的舞女》《千只鹤》《山音》由国际文化出版公司·中国书籍出版社出版单行本。

7月，编选《日本小说经典》《日本随笔经典》各一卷，由上海文艺出版社出版。

8月，撰写《大江健三郎的四次访华》一文。

10月，第四部散文随笔集《周游织梦》由上海三联书店出版；《世界领先地位的东方学基础研究》一文被收入北京图书馆出版社出版的《集成十年》一书。

11月，《雪国》被收入作家出版社出版的《雪国·古都》一书。

12月，赴美探亲，与女儿一家访美国南部城市迈阿密、奥兰多、基韦斯特，乘邮轮游历加勒比海的巴哈马、圣托马斯、圣玛丁诸岛。与夫人唐月梅合译的《浮华世家》（全译本）第三次新版由东方出版社出版。

是年，2005年由上海三联书店出版的《日本古典名著图典》（全五卷）由台湾八方出版繁体字本；参与并主持策划的《东方文化集成·日本文化编》计划由五十种著述组成，截至2006年年底业已出版十三种共十八卷，出版任务分别由经济日报出版社、天津人民出版社、昆仑出版社等三家出版机构承担。

2007年

1月，专著《日本文学大花园》由湖北教育出版社出版。

4月，离美返京。

7月，国家社科基金项目、由中国社科出版社出版的《中国人文社会科学学术影响力报告》（2000—2004）所列示的专家学者中，在外国文学学科论文引用频率最高的前十名作者中序列排名第六位。

8月，《中日古代文学交流的历史经验》一文发表于《日本研究》2007年第4期（总第69期）。

11月，主编《闲读世界人文书系》（三种）由上海三联书店出版。

2008年

1月，迁居百子湾南二路A派公寓，书斋名为"倚梅斋"。《日本文学史》（全书四卷六册）获第二届中国社会科学院离退休人员优秀科研成果奖一等奖。

4月，曾经于1999年由中国社会科学出版社出版的叶渭渠主编《日本文明》一书由福建教育出版社重出新版。

5月，《雪国》《千只鹤》《伊豆的舞女》《山音》被收入复旦大学出版社出版的《川端康成精品集》（与夫人唐月梅合译）一书。

6月，赴美探亲，与儿子一家乘邮轮访美国最北部阿拉斯加州的朱诺、哈巴特冰原冰川、锡特卡和凯奇坎小镇、华盛顿州的西雅图以及加拿大维多利亚港等。

7月，《大江健三郎文学的传统与现代》一文被收入百花文艺出版社出版的《大江健三郎文学研究》一书。

2009年

1月，译作《蟹工船》由译林出版社出版单行本。

2月，《小林多喜二与〈蟹工船〉》一文发表于2月17日的《人民日报·国际副刊》；纪念文章《伟哉，加藤周一先生》发表于2月26日的《中文导报》。

5月，《日本"新穷人"热捧〈蟹工船〉》一文发表于5月29日的《世界新闻报》。

6月，《当代日本文化和社会意识浅议》一文发表于2009年第3期《日本学刊》。

7月，北京大学出版社出版《叶渭渠著作集》（三卷本），收入的著作分别为《日本文化通史》《日本文学思潮史》《日本小说史》；纪念文章《回忆恩师季羡林二三事》发表于7月21日的《世界新闻报》；7月31日，中国社科院日本研究所在京主办"叶渭渠先生日本文化研究研讨会——暨80寿辰著作集出版纪念"。

12月19日，突发心肌梗死入北京医院治疗。

2010年

1月，病愈出院。

12月11日因心脏病不治辞世，享年八十一岁。

叶渭渠先生作品一览 [1]

竺家荣　整理

一　叶渭渠主编·编选 [2]

1. 《日本文化与现代化丛书》（全十卷，与加藤周一、唐月梅合作编著），吉林人民出版社1991年。

2. 《三岛由纪夫文学系列》（全十卷），作家出版社1994年12月—1995年10月。

3. 《大江健三郎作品集》（全五卷），光明日报出版社 1995 年 5 月。

4. 《川端康成集》（全三卷），东北师范大学出版1996年1月。

5. 《大江健三郎新作品集》（全五卷），作家出版社1996年4月。

6. 《川端康成文集》（全十卷），中国社会科学出版社 1996 年 4 月。

---

[1]　26卷个人专著共约552万字，扣除修订版、缩写版、缩写图文版等外，实约460万字。

[2]　共 154 卷。

7.《三岛由纪夫研究》（与日美学者合编），开明出版社1996年5月。

8.《不灭之美——川端康成研究》（与日美学者合编），中国文联出版社1999年6月。

9.《大江健三郎短篇集·人羊》，浙江文艺出版社1997年6月。

10.《安部公房文集》（全三卷），珠海出版社1997年7月。

11.《大江健三郎小说随笔集·个人的体验》，漓江出版社1997年12月。

12.《日本现代主义的比较文学研究》（千叶宣一著），中国社会科学出版社1997年12月。

13.《川端康成作品集》（全十卷），漓江出版社1997年8月—1998年2月。

14.《芥川龙之介文集》（小说卷、随笔卷，全二卷），世界语出版社1998年8月。

15.《川端康成少男少女小说集》（全二卷），中国文联出版社1998年。

16.《三岛由纪夫作品集》（全十卷），中国文联出版社1999年1月—9月。

17.《世界文明大系·日本文明》；中国社会科学出版社1999年10月初版，福建教育出版社2008年4月再版。

18.《女性的自我与表现》（水田宗子著），中国文联出版社2000年1月。未列入编年。

19.《谷崎润一郎文集》（全四卷），中国文联出版社2000年8月。

20.《横光利一文集》（全四卷），作家出版社2001年1月。

21.《大江健三郎自选集》（全四卷），河北教育出版社2001年1月。

22.《世界文明图库·樱花之国》，上海文艺出版社2002年1月。

23.《东瀛美文之旅》（全十五卷），河北教育出版社2002年6月。

24.《大师图文馆·川端康成》（全四卷），北京出版社2003年4月。

25.《大师图文馆·三岛由纪夫》（全四卷），北京出版社2003年4月。

26.《平山郁夫全集》（全七卷，翻译、主编），河北教育出版社2002年。

27.《日本古典名著图读书系》（全五卷），上海三联书店2005年5—8月。

28.《东瀛艺术图库》（全五卷），上海三联书店2006年1月。

29.《东方文化集成·日本文化编》，经济日报出版社、天津人民社、昆仑出版社出版。

30.《日本小说经典》，上海文艺出版社2006年7月。

31.《日本随笔经典》，上海文艺出版社2006年7月。

32.《闲读世界人文书系》（目前已出版三种），上海三联书店2007年11月。

33.《世界文明大系·日本文明》（重版），福建教育出版社2008年4月。

二　叶渭渠译作

1.《蟹工船》（小林多喜二著）

人民文学出版社1973年10月。

收入《文学小丛书》，外国文学出版社1980年3月。

收入《小林多喜二小说选》，人民文学出版社1983年7月。

收入《外国现当代文学名著50篇》，高等教育出版社1990年1月。

收入《世界中篇名著文库》，贵州人民出版社1994年6月、译林出版社2009年1月。

2.《雪国》（川端康成著）

收入《古都·雪国》，山东人民出版社1981年9月。

收入《外国中篇小说丛刊》，安徽人民出版社1981年12月。

收入《外国古今文学名著丛书》，山东人民出版社1983年7月。

收入《川端康成小说选》，人民文学出版社1985年1月。

收入《诺贝尔文学奖获奖小说鉴赏大成》，江苏人民出版社1992年3月。

收入《古今中外文学名篇拔萃·外国中篇小说选》，青岛出版社1992年4月。

收入《世界中篇名著文库》，贵州人民出版社1994年6月，

收入《川端康成集》（全三卷），东北师大出版社1996年1月。

收入《川端康成文集》（全十卷），中国社会科学出版社1996年4月。

收入《雪国·古都·千只鹤》，译林出版社1996年4月至2008年7月（11次印刷）。

收入《川端康成作品集》，漓江出版社1998年4月。

收入《20世纪外国文学丛书》，外国文学出版社1998年10月。

收入《川端康成小说经典》（一），人民文学出版社1999年7月。

收入《世界文学精粹（随身读）书系》，上海文艺出版社、香港明报出版社、台湾远流出版公司2000年1月。

收入《教育部指定大学生必读书》，人民文学出版社2002年1月。

《雪国》（繁体版），台湾木马文化事业有限公司2002年2月。

收入《川端康成文集》，广西师范大学出版社2002年2月。

收入《经典印象·川端康成小说》，浙江文艺出版社2003年1月。

收入《雪国》（图文本），北京出版社2003年4月。

收入《外国中篇小说百年精华》，人民文学出版社2003年8月。

收入《大师名作坊·川端康成》，天津人民出版社2005年5月。

收入《雪国·古都》，作家出版社2006年11月。

收入《雪国》，北京燕山出版社2001年1月、2006年6月、2007年11月
（三个版本）。

收入《川端康成精品集》，复旦大学出版社2008年5月。

3. 《伊豆的舞女》（川端康成著）

收入《川端康成小说选》，人民文学出版社1985年1月。

收入《世界文学名著》（上），四川人民出版社1995年1月。

收入《川端康成集》，东北师大出版社1996年1月。

收入《伊豆的舞女》（短篇集），中国社会科学出版社1996年4月。

收入《诺贝尔文学奖获奖作家中篇小说精品》，百花洲文艺出版社
1996年6月。

收入《历届诺贝尔文学奖获得者中短篇小说金库》（下），人民日报
出版社1999年2月。

收入《世界文学大师小说名作典藏本·川端康成》，上海文艺出版社
1997年3月。

收入《川端康成小说经典》（三）人民文学出版社1999年7月。

收入《世界文学名著选读》，译林出版社2000年8月。

收入《川端康成文集》，广西师大出版社2002年2月。

收入《经典印象·川端康成小说》，浙江文艺出版社2003年1月。

收入《伊豆的舞女》（图文本），北京出版社2003年4月。

收入《外国短篇小说百年精华》，人民文学出版社2003年6月。

收入《大师名作坊·川端康成》，天津人民出版社2005年5月。

收入《伊豆的舞女》，北京燕山出版社2001年1月、2006年6月、2007年11月（3个版本）。

收入《伊豆的舞女》，国际文化出版公司、中国书籍出版社2006年6月。

收入《川端康成精品集》，复旦大学出版社2008年5月。

收入《伊豆的舞娘》（繁体版），台湾木马文化事业有限公司2002年2月。

4.《千只鹤》（川端康成著）

收入《川端康成文集》，中国社会科学出版社1996年4月。

收入《川端康成集》，东北师大出版社1996年1月。

收入《雪国·古都·千只鹤》，译林出版社1996年4月至2008年7月（11次印刷）。

收入《世界短篇小说精品文库》（日本卷），海峡文艺出版社1996年8月。

收入《川端康成作品》，漓江出版社1998年4月。

收入《川端康成小说经典》（二），人民文学出版社1999年7月。

收入《波千鸟》（《千只鹤》续篇，川端康成著），《世界文学》1999年3期。

收入《千只鹤》，北京燕山出版社2001年1月、2006年6月、2007年11月（三个版本）。

收入《大师经典》，南海出版社2001年5月。

收入《川端康成文集》，广西师大出版社2002年2月。

收入《千羽鹤》（繁体版），台湾木马文化事业有限公司2002年2月。

收入《世界文学五十年作品选》，新华出版社2003年1月。

收入《千只鹤》（图文本），北京出版社2003年4月。

收入《大师名作坊·川端康成》，天津人民出版社2005年5月。

收入《千只鹤》，国际文化出版公司、中国书籍出版社2006年6月。

收入《川端康成精品集》，复旦大学出版社2008年5月。

收入《千只鹤》，北京燕山出版社2001年1月、2006年6月、2007年11月（三个版本）。

5. 《**睡美人**》（川端康成著）

收入《川端康成集》，东北师范大学出版社1996年1月。

收入《川端康成文集》，中国社会科学出版社1996年4月。

收入《川端康成作品》，漓江出版社1998年4月。

收入《川端康成小说经典》（二），人民文学出版社1999年7月。

收入《睡美人》，北京燕山出版社2001年1月、2006年6月、2007年11月（三个版本）。

收入《川端康成文集》，广西师范大学出版社2002年2月。

收入《睡美人》（繁体版），台湾木马文化事业有限公司2002年2月。

收入《大师名作坊·川端康成》，天津人民出版社2005年5月。

收入《睡美人》，国际文化出版公司·中国书籍出版社2006年6月。

6. 《**名人**》（川端康成著）

收入《外国文学》（季刊）1983年3期。

收入《川端康成小说选》，人民文学出版社1985年1月。

收入《世界体育小说精选》，人民体育出版社1988年2月

收入《川端康成集》，东北师范大学出版社1996年1月。

收入《川端康成文集》，中国社会科学出版社1996年4月。

收入《川端康成小说经典》（一），人民文学出版社1999年7月。

收入《川端康成文集》，广西师范大学出版社2002年2月。

收入《名人》（繁体版），台湾木马文化事业有限公司 2002 年 2 月。

收入《名人》，国际文化出版公司·中国书籍出版社2006年6月。

收入《川端康成精品集》，复旦大学出版社2008年5月。

7. 《山音》（川端康成著）

收入《川端康成文集》，中国社会科学出版社1996年4月。

收入《川端康成集》，东北师范大学出版社1996年1月。

收入《川端康成小说经典》（二），人民文学出版社1999年7月。

收入《川端康成文集》，广西师范大学出版社2002年2月。

收入《山音》，北京燕山出版社2001年1月、2006年6月、2007年11月（三个版本）。

收入《大师名作坊·川端康成》，天津人民出版社2005年5月。

收入《山音》，国际文化出版公司·中国书籍出版社2006年6月。

《山之音》（繁体版），台湾木马文化事业有限公司2002年2月。

8. 其他

《川端康成小说选》（与唐月梅合译），人民文学出版社 1985 年 1 月。

《川端康成小说经典》（全三卷，与唐月梅合译），人民文学出版社1999年7月。

《川端康成精品集》（与唐月梅合译），复旦大学出版社 2008 年 5 月。

《川端康成掌小说百篇》，生活·读书·新知三联书店1989年12月。

《川端康成文集·掌小说全集》，中国社会科学出版社 1996 年 4 月。

《川端康成文集·掌小说全集·人的脚步声》，广西师范大学出版社2002年2月。

《掌中小说》（繁体版），台湾木马文化事业有限公司 2002 年 2 月。

《再婚的女人》（短篇小说集，多人合译），漓江出版社 1998 年 4 月。

《天授之子》（自传体小说、报告小说、家书、日记，多人合译），漓江出版社1998年4月。

《川端康成谈创作》，生活·读书·新知三联书店1988年12月。

《川端康成散文选》，百花文艺出版社1988年3月（3个版本）。

《川端康成集·散文随笔卷·临终的眼》，东北师范大学出版社1966年1月。

《川端康成文集·散文卷·美的存在与发现》，中国社会科学出版社1996年4月。

《美的存在与发现》（散文、文论集，合译），漓江出版社 1998 年 4 月。

《川端康成散文选集》（全二卷），中国广播电视出版社 1999 年 4 月。

《川端康成散文集·花未眠》，广西师范大学出版社2002年2月。

《东瀛美文之旅·我在美丽的日本》（川端康成散文集），河北教育出版社2002年6月。

《德尔苏·乌扎拉》（上）（黑泽明、尤利·纳吉宾改编，内部发行），人民文学出版社1975年3月。

《恍惚的人》（有吉佐和子著，多人合译；内部发行），人民文学出版社1975年4月。

《砂器》（桥本忍、山田洋次改编，内部发行），人民文学出版社1976年1月。

《日本电影剧本选·砂器》，人民文学出版社1979年9月。

《油断》（坑屋太一著，多人合译；内部发行），人民文学出版社1976年8月。

《鲁迅书信集·鲁迅致日本友人书信（部分）》，人民文学出版社1976年8月。

《还我北方领土》（更科源藏著），收入《世界文学》1977年1期。

《有吉佐和子小说选》（合译），人民文学出版社1977年11月。

《恍惚的人》（有吉佐和子著，合译）；香港朝阳出版社1979年5月，人民文学出版社1979年6月。

《浮华世家》（三卷；山崎丰子著，与唐月梅合译）；上海译文出版社1981年3月，百花文艺出版社1994年4月（二卷，全译本），东方出版社2006年12月（二卷，全译本）。

《雁》（森鸥外著），原载于《春风译丛》1981年3期；后收入《外国中篇小说丛刊》，安徽人民出版社1982年7月；收入《世界爱情小说精选》，海峡文艺出版社1992年9月；收入《世界中篇名著金库》，四川文艺出版社1996年8月。

《日本当代小说选·三个老太婆》（有吉佐和子著），人民文学出版社1981年7月。

《青瓷瓶》（有吉佐和子著），《外国文学季刊》1982年1期。

《日本短篇小说选·阿绢和她的哥哥》（佐藤春夫著），中国青年出版社1983年3月。

《日本散文选·小豆岛文学漫记》（藤枝静男著），江苏人民出版社

1985年1月。

《外国诗5·新川和江诗抄》，外国文学出版社1986年8月。

《巨星陨落》（东山魁夷著），《世界文学》1988年6期。

《我的道路》（东山魁夷著），《世界文学》1988年6期。

《沙门良宽》（柳田圣山著，与唐月梅合译），北京大学出版社1990年4月。

《原始社会》（丰增秀俊著，与唐月梅合译），中国文联出版社1991年5月。

《外国名家随笔金库·雅典》（三岛由纪夫著），百花文艺出版社1996年12月。

《外国名家随笔金库·印度通讯》（三岛由纪夫著），百花文艺出版社1996年12月。

《中国纪行——水墨画的世界》（东山魁夷著），河北教育出版社、花山文艺社2001年11月。

《平山郁夫全集·日本的山河》（第1卷），河北教育出版社2002年。

《源氏物语图典》（繁体版，选译约5万字）；上海三联书店2005年5月，台湾八方出版2006年3月。

三　叶渭渠著作

1.《东方美的现代探索者川端康成评传》，中国社会科学出版社1989年6月。

2.《日本文学散论》，吉林人民出版社1990年11月。

3.《日本人的美意识》（与唐月梅合著）；开明出版社1993年9月，

广西师范大学出版社2002年9月。

4.《日本现代文学思潮史》（与唐月梅合著），中国华侨出版社1991年。

5.《日本古代文学思潮史》，中国社会科学出版社1996年1月。

6.《冷艳文士川端康成传》（修订版），中国社会科学出版社1996年8月。

7.《日本文学思潮史》；经济日报出版社1997年3月，台湾五南出版社2003年4月（繁体版），北京大学出版社2009年7月（叶渭渠文集3）。

8.《20世纪日本文学史》（与唐月梅合著），青岛出版社1998年10月。

9.《日本文明》（主编，五人合著）；中国社会科学出版社1999年9月，福建教育出版社2008年4月。

10.《20世纪文学泰斗丛书·川端康成传》，四川人民出版社1999年3月。

11.《日本文学史》（全六卷）；经济日报出版社2000年1月，昆仑出版社2004年1月。

12.《樱园拾叶》（散文集），中国电影出版社2001年1月。

13.《世界文明图库·樱花之国》（主编，三人合著），上海文艺出版社2002年1月。

14.《扶桑掇琐》（散文集），湖北教育出版社2002年5月。

15.《日本文化史》；广西师范大学出版社2003年4月、2004年12月（2次印刷），广西师范大学出版社2005年8月（第二版彩图本）、2006年3月（2次印刷）。

16.《20世纪外国经典作家传记·川端康成传》（图文本），新世界出版社2003年10月。

17.《雪国的诱惑》（散文集），东方出版社2003年11月。

18.《20世纪外国经典作家传记•谷崎润一郎传》（图文本），新世界出版社2005年8月。

19.《日本文学简史》（与唐月梅合著），上海外语教育出版社2006年4月。

20.《东瀛艺术图库•日本建筑》，上海三联书店2006年1月。

21.《东瀛艺术图库•日本绘画》，上海三联书店2006年1月。

22.《东瀛艺术图库•日本工艺美术》，上海三联书店 2006 年 1 月。

23.《周游织梦》（散文集），上海三联书店2006年10月。

24.《日本文学大花园》，湖北教育出版社2007年1月。

25.《叶渭渠文集 1•日本文化通史》，北京大学出版社 2009 年 7 月。

26.《叶渭渠文集 3•日本小说史》，北京大学出版社 2009 年 7 月。

四　叶渭渠论文（含文章、序跋）

1.《美国对日文化渗透概况》，对外文委研究室编印，1960 年 8 月。

2.《反对日美"安全条约"斗争后的日本文化形势》，对外文委研究室编印，1962年6月。

3.《美元支配下的日本对中国问题"研究"》，《大公报》1962年8月24日。

4.《日美反动派伸向日本大学》，《学园大公报》1962 年 8 月 29 日。

5.《美日科学"合作"的真相》，《光明日报》1963年5月30日。

6.《日本文化界在反美斗争的激流中》，《光明日报》1963 年 7 月 8 日。

7.《美国新闻处在日本干什么》，《光明日报》1964年12月29日。

8.《日本革命文学在前进》，《光明日报》1966年8月25日。

9.《美日压制日本舆论种种》，《光明日报》1966年1月6日。

10.《〈蟹工船〉序》，人民文学出版社1973年10月。

11.《〈德尔苏·乌扎拉〉序》，人民文学出版社1975年3月。

12.《日本民族的正义呼声——评〈北方城寨〉》，《人民日报》1977年7月10日。

13.《日本的推理小说及其代表作家》，《读书》1979年第4期。

14.《当代日本文学浅谈》，《光明日报》1979年5月15日。

15.《平安王朝的历史画卷》，《世界文学》1980年5期。

16.《〈源氏物语〉前言》（中译本），人民文学出版社1980年12月。

17.《川端康成的〈古都〉〈雪国〉》，山东人民出版社1980年9月。

18.《川端康成和他的〈雪国〉〈古都〉》（代序），山东人民出版社1981年9月。

19.《川端康成创作的艺术特色》，《国外社会科学》1981年5期；后收入《外国文艺思潮》，陕西人民出版社1983年1月。

20.《川端康成創作の芸術的特色について》（日文），《川端康成研究》第22号，1981年11月。

21.《日本当代文学的趋向》，《当代文学》1981年2期。

22.《写人民的欢乐与苦恼——访有吉佐和子、水上勉》，《外国文学》（季刊）1981年2期。

23.《〈源氏物语〉与物语》，文学百科知识1982年1期。

24.《中国における日本文学の翻訳と研究》（日文），《外国文学研究资料馆报》1982年3月。

25.《访〈浮华世家〉作者山崎丰子》（合著），《外国文学》（季刊）1982年2期。

26.《读川端康成的〈雪国〉》，《日本文学》1983年1期。

27.《守戒与破戒——评〈破戒〉》，《外国文学》季刊1983年1期。

28.《试谈新感觉派的特征》，《当代外国文学》1983年3期。

29.《什么是新感觉派》，《中国青年报》（星期刊）1983年8月14日。

30.《论川端康成的创作》，《外国文学研究》1984年1期。

31.《〈舞姬〉——爱情·生活·事业》，《外国文学研究》1984年4期。

32.《日本文学翻译的过去和现在》，《翻译通讯》1984年5期。

33.《创造美的抒情世界——评〈伊豆的舞女〉》，《日本研究》1985年1期。

34.《〈舞姬〉前言》，外国文学出版社1985年1月。

35.《〈川端康成小说选〉序》，人民文学出版社1985年1月。

36.《创造美的抒情世界——评〈伊豆的舞女〉》，《日本研究》1985年1期。

37.《战后日本文学思潮概观》，《日本问题》1985年3期。

38.《战后日本文化40年》，《日本问题资料》1985年3期。

39.《〈大罢工〉序》，吉林人民出版社1985年6月。

40.《〈南伊豆纪行〉赏析》，《散文世界》1985年9期。

41.《面向友谊、面向文学》，《日本问题》1986年1期。

42.《文学百题·什么是新感觉派》，上海文艺出版社1986年2月。

43.《〈雪国〉论》，《日本研究》1987年1—2期。

44.《川端康成与日本文学传统》，《外国文学评论》1987年3期。

45.《川端康成的审美情趣》，《外国文学报道》1987年5期。

46.《试论日本自然主义文学思潮》，《日本问题》1987年5期。

47.《文化他山の石》（日文），《産業新潮》1987年第4期。

48.《文化他山之石》，《日本问题资料》1987年8月。

49.《川端康成小说的思想倾向》，《日本问题》1988年1期。

50.《略论无赖派的本质》，《日本问题》1988年3期。

51.《日本近代文学里程碑——评〈浮云〉》，《日本研究》1988年3期。

52.《〈川端康成散文选〉序》，百花文艺出版社1988年3月。

53.《战后派文学运动诸问题》，《日本问题》1988年5期。

54.《日本的文学传统与电影〈日本电影回顾展〉》，中国电影资料馆，1988年10月。

55.《川端文学的美与传统东瀛》，《求索》（第2号）1998年10月。

56.《〈日本新感觉派作品选〉前言》，作家出版社1988年9月。

57.《〈川端康成谈创作〉序》，生活·读书·新知三联书店1988年12月。

58.《〈春天的景色〉赏析》，收入《外国文学名著五十篇》；百花文艺出版社1989年1月。

59.《〈蟹工船〉赏析》，收入《外国文学名著五十篇》；百花文艺出版社1989年1月。

60.《日本文化与现代化》，《人民日报》1989年3月10日。

61.《生的变奏曲——从〈千只鹤〉到〈睡美人〉》，《外国文学评论》1989年3期。

62.《近代的自我觉醒与悲哀——日本浪漫主义概观》，《日本问题》1989年3期。

63.《日本文化创造的主体——日本文化现代化问题的思考》，《日本问题》1989年3期。

64.《传统与现代：外国文学工作笔谈》，《世界文学》1989年6期。

65．《〈川端康成掌小说百篇〉前言》，生活·读书·新知三联书店1989年12月。

66．《日本概览·日本战后文学》，国际文化出版社1989年12月。

67．《日本的传统与现代化》（合著），日本问题1989年6期。

68．《川端康成〈春天的景色〉》，收入《外国现当代文学名著五十篇》；教育出版社1990年1月。

69．《初秋伊豆纪行》（散文），《散文》1990年9期。

70．《冲突·并存融合的文化模式——再论日本的传统与现代化》，《日本问题》1990年2期。

71．《日本文化中的自我》，《日本研究》1990年4期。

72．《读刘振赢先生〈日本文学论集〉》，《人民日报》（海外版）1991年2月22日。

73．《空幻的理想与不安的现实——论日本理想主义和新现实主义》，《日本学刊》1991年1期。

74．《野间宏，我们崇敬的人》，《文艺报》1991年3月23日。

75．《艺术的再创造》，《世界文学》1991年5期。

76．《日本的现代化与传统》，收入《回顾与展望——中日学者笔谈录》；黄河出版社1991年11月。

77．《川端康成〈雪国〉鉴赏》，收入《诺贝尔文学奖获奖小说鉴赏大成》，江苏文艺出版社1992年3月。

78．《日本艺术美的主要形态》，《日本学刊》1992年5期。

79．《日本的国民性与调和美意识》，《日本学研究》（3期），1993年。

80．《川端康成研究的几点思考》，《日本学刊》1993年4期。

81．《〈川端康成论〉（中译本）前言》，时代文艺出版社1993年6月。

82. 《"三岛由纪夫热"的再思考》，《文艺报》1993年9月4日。

83. 《"三岛由纪夫现象"辨析》，《外国文学》1994年第2期；后作为《〈三岛由纪夫文学系列〉代总序》，作家出版社1994年12月。

84. 《日本文学研究方法论——以文学思潮史研究为中心》，《日本学刊》1994年第4期。

85. 《雪国的诱惑》（散文），《人民政协报》（周末版）1995年4月1日。

86. 《中日古代文学意识——以《红楼梦》与《源氏物语》比较为中心》，《日本学刊》1995年第1期。

87. 《偶然与必然》（《大江健三郎作品集》前言），光明日报出版社1995年5月。

88. 《林林而立于大半个世纪的人》，《人物》1996年第5期。

89. 《日本文化与文学（与加藤周一、唐月梅对谈录）》，《世界文学》1995年第5期。

90. 《加藤周一的眼睛》，《世界文学》1995年第5期。

91. 《关于加贺乙彦文学的特色》，《文艺报》1996年6月17日。

92. 《日本文学的世界意义》（《川端康成集》前言），东北师范大学出版1996年1月。

93. 《安部公房与存在主义》，《外国文学》1996年第3期。

94. 《大江健三郎文学的独特魅力》（《大江健三郎新作品集》前言），作家出版社1996年4月。

95. 《主编者的话》（《川端康成文集》前言），中国社会科学出版社1996年4月。

96. 《川端康成的人生剪影》，《人物》1996年第6期。

97.《中国文学与〈源氏物语〉——以白氏及其〈长恨歌〉的影响为中心》,《中国比较文学》1997年第3期。

98.《川端文学的意义和价值——以〈雪国〉〈古都〉〈千只鹤〉为中心》(《雪国·古都·千只鹤》代译序),译林出版社1997年4月。

99.《日本吸收外来文学的模式》,《外国文学》1997年第1期。

100.《大江健三郎的存在主义文学》(《人羊》译本前言),浙江文艺出版社1997年6月。

101.《安部公房的艺术世界》(《安部公房文集》前言),珠海出版社1997年7月。

102.《战后日本存在主义与大江健三郎》(《个人的体验》译本前言),漓江出版社1997年12月。

103.《川端康成的东方美》(《川端康成作品集》代总序),漓江出版社1997年8月—1998年2月。

104.《〈日本现代主义的比较文学研究〉中译本序》,中国社会科学出版社1997年12月。

105.《日本吸收外来文学的模式》,外国文学1997年第1期。

106.《中日古代诗歌学的传统与交流》,《日本研究》1998年第3期。

107.《川端康成的遗产》,《好书》1998年7—8期。

108.《从汉风到和风——简论平安时代文明的成熟》,《日本学刊》1999年第1期。

109.《与三岛文学邂逅的命运》,《金三角》1999年第1期。

110.《新感觉派的骁将横光利一》,《外国文学》1999年第4期。

111.《20世纪日本文学的回顾与思考》,《日本学刊》1999年第6期。

112.《东方情调日本之美——日本文学百年回顾》，《环球时报》1999年9月17日。

113.《拾得良宽一醉梦》，《散文》1999年第11期

114.《加藤周一と中国（日文）——日本文化の雑種性論と日本文学序説》，福岡ユネスコ協会第37号2000年。

115.《川端文学と日本文化》（日文），特集ニッポン研究第64号2000年。

116.《燃烧着的生命——大江健三郎访华纪实》，《天津日报》2000年10月4日。

117.《谒紫式部墓》，《散文》2000年第2期。

118.《两宫漫步》，《散文》2000年第8期。

119.《上野赏樱》，《散文》2001年第6期。

120.《不灭的东方之美——写在川端康成诞辰百年之际》，《环球时报》1999年6月11日。

121.《日本杂种文化与现代化》，《环球时报》2000年12月22日。

122.《东方美的礼赞》，《中国图书商报》2001年10月4日。

123.《川端康成与〈雪国〉》，收入《永远的乌托邦》，清华大学出版社2002年。

124.《川端康成与四个千代的爱与怨》，收入《文学大师的故事》，解放军文艺出版社2002年。

125.《小议〈源氏物语〉的文学渊源》，收入《日本学》第12辑，北京大学出版社2002年1月。

126.《从单一流派形态走向多样化——20世纪日本文学回顾与思考》，《译林》2002年第2期。

127.《走过死亡谷》，《散文》2002年第7期。

128.《新儒学文学观的流变》，《日本学刊》2003年2期。

129.《川端康成其人与文》，《中华读书报》2003年6月25日。

130.《茶道净化日本人》，《环球时报》2003年9月26日。

131.《白居易的诗与日本文学》，收入《东方研究·中日文学比较研究专辑》，经济日报出版社2005年2月。

132.《日本近古审美体系的确立》，收入《日本学》第12辑，北京大学出版社2003年12月。

133.《译介〈雪国〉的甘苦》，收入《一本书和一个世界》，昆仑出版社2005年2月。

134.《写在〈日本文学史〉完成之后》，《中华读书报》2003年10月29日。

135.《彼此包容，互相感动》，《人民日报》（国际副刊）2005年2月22日。

136.《〈大江健三郎的文学世界〉序》，人民文学出版社2005年。

137.《古代中日文学交流的模式》，收入《东方研究》，经济日本出版社2005年。

138.《大江健三郎的四次访华》，《出版人》2006年8月。

139.《白楽天の詩文と日本文学》（日文），《火鍋子》（65期）2005年夏。

140.《中日古代文学交流的历史经验》，《日本研究》（69期）2007年4期。

141.《俳句漢装欲斗艶——俳句翻訳家、中国語俳句の創始者の一人·林林》，《火鍋子》2007春。

142.《小林多喜二与〈蟹工船〉》，《人民日报》（国际副刊）2009年2月17日。

143.《21世纪东方文化复兴与走向世界——谈季羡林先生的三十年河东论》，《人民政协报》2010年5月24日。

144.《奈良重温盛唐气象》，《人民日报》2010年8月13日。

图书在版编目（CIP）数据

融化的雪国：叶渭渠先生纪念文集 / 许金龙编 . —
太原：北岳文艺出版社 ,2015.11

ISBN 978-7-5378-4595-3

Ⅰ . ①融… Ⅱ . ①许… Ⅲ . ①叶渭渠（1929～2010）
－纪念文集 Ⅳ . ① K825.6-53

中国版本图书馆 CIP 数据核字 (2015) 第 263992 号

| 书名：融化的雪国 | 编者：许金龙 | 责任编辑　庞咏平 |
| ——叶渭渠先生纪念文集 | | 装帧设计　张永文 |

出版发行：山西出版传媒集团·北岳文艺出版社

地　　址：山西省太原市并州南路 57 号

邮　　编：030012

电　　话：0351-5628696（营销部）

　　　　　0351-5628688（总编办）

传　　真：0351-5628680

网　　址：http://www.bywy.com

E－mail：bywycbs@163.com

印刷装订：山西人民印刷有限责任公司

开　　本：787×1092　1/16

字　　数：312 千字

印　　张：26.25

版　　次：2015 年 11 月第 1 版

印　　次：2015 年 11 月太原第 1 次印刷

书　　号：ISBN 978-7-5378-4595-3

定　　价：49.80 元